CURSO DE ESPAÑOL

# VITAMINA BÁSICO

**Aída Rodríguez**   **Elvira A. Viz**   **Sara Almuíña**

Español Lengua Extranjera

SGEL

Primera edición, 2022

Produce: SGEL Libros
Avda. Valdelaparra, 29
28108 Alcobendas (Madrid)

© Aída Rodríguez Martínez, Elvira Almuíña Viz, Sara Almuíña Viz
© SGEL Libros, S. L., 2022
Avda. Valdelaparra, 29, 28108 Alcobendas (Madrid)

Director editorial: Javier Lahuerta
Coordinación editorial: Jaime Corpas
Edición: Yolanda Prieto
Corrección: Belén Cabal

Diseño de cubierta e interior: Verónica Sosa
Fotografías de cubierta y portadillas: José Luis Santalla
Maquetación: Verónica Sosa

Ilustraciones: Pablo Torrecilla (págs. 24, 49, 60, 84 y 128). SHUTTERSTOCK: resto de ilustraciones.
Fotografías: CORDON PRESS: pág. 18 Garbiñe Muguruza; pág. 25 Gabriel García Márquez; pág. 98 foto de Rigoberta Menchú. GTRESONLINE: pág. 18 David Muñoz; pág. 23 fotos 2 y 4. JOSÉ LUIS SANTALLA: fotos de comienzo de unidades 1-18. SHUTTERSTOCK: resto de fotografías, de las cuales, solo para uso de contenido editorial: pág. 14 metro de Santiago de Chile (Matyas Rehak / Shutterstock.com); pág. 18 Sofía Vergara (s_bukley / Shutterstock.com) y Leo Messi (Alizada Studios / Shutterstock.com); pág. 23 fotos 1 (Denis Makarenko / Shutterstock.com) y 3 (Featureflash Photo Agency / Shutterstock.com); pág. 31 barrio de San Telmo (gary yim / Shutterstock.com) y avenida de Corrientes y Obelisco (Dudarev Mikhail / Shutterstock.com); pág. 47 restaurante (ver0nicka / Shutterstock.com); pág. 75 foto "h" (dmitro2009 / Shutterstock.com); pág. 77 foto anticuario (Luca Lorenzelli / Shutterstock.com); pág. 89 texto C (Kagan Kaya / Shutterstock.com); pág. 91 fotos bicicletas (DrimaFilm / Shutterstock.com) y calle (IRStone / Shutterstock.com); pág. 110 foto 7 (Words / Shutterstock.com) y 8 (joyfull / Shutterstock.com); pág. 114 foto peatones (Víctor Torres / Shutterstock.com); pág. 120 (Elzbieta Sekowska / Shutterstock.com).

Para cumplir con la función educativa del libro, se han utilizado algunas imágenes procedentes de internet: pág. 19 (carteles de las películas Una familia de Tokio, Captain Fantastic y La familia Bélier), pág. 106 (logo Food Lovers) y pág. 127 (logo Fundación para la Diabetes).

Audio: CARGO MUSIC

ISBN: 978-84-19065-24-7

Depósito legal: M-13137-2022
Printed en Spain – Impreso en España
Impresión: Gómez Aparicio Grupo Gráfico

Cualquier forma de reproducción, distribución, comunicación pública o transformación de esta obra solo puede ser realizada con la autorización de sus titulares, salvo excepción prevista por la ley. Diríjase a CEDRO (Centro Español de Derechos Reprográficos) si necesita fotocopiar o escanear algún fragmento de esta obra (www.conlicencia.com; 91 702 19 70 / 93 272 04 47).

# CONTENIDOS

| | | |
|---|---|---|
| Índice de actividades de preparación al DELE | | 4 |
| Unidad 1 | HOLA, ¿QUÉ TAL? | 6 |
| Unidad 2 | ESTUDIO ESPAÑOL | 13 |
| Unidad 3 | MIS SERES QUERIDOS | 19 |
| Unidad 4 | ESTO ME GUSTA | 24 |
| Unidad 5 | DE AQUÍ PARA ALLÁ | 30 |
| Unidad 6 | SOMOS ASÍ | 37 |
| Unidad 7 | ¿QUÉ HACEMOS? | 45 |
| Unidad 8 | TIEMPO DE COLORES | 52 |
| Unidad 9 | BIENVENIDOS A MI CASA | 60 |
| Unidad 10 | CIUDADANOS DEL MUNDO | 68 |
| Unidad 11 | LA VIDA SECRETA DE LOS OBJETOS | 77 |
| Unidad 12 | TIEMPO DE OCIO | 84 |
| Unidad 13 | BIOGRAFÍAS | 93 |
| Unidad 14 | GASTRONOMÍA | 100 |
| Unidad 15 | DE COMPRAS | 108 |
| Unidad 16 | OTRAS ÉPOCAS | 116 |
| Unidad 17 | LA SALUD | 124 |
| Unidad 18 | CULTURAS | 131 |
| Transcripciones | | 138 |
| Soluciones | | 146 |

# El examen para obtener el DELE A1 (unidades 1-10)

En el libro proponemos actividades para preparar el examen DELE A1, acompañadas de estrategias que te ayuden a hacer las diferentes tareas. Aquí tienes un índice con las partes del examen y las páginas del libro donde están las actividades para practicar.

| PRUEBA 1. Comprensión de lectura (45 minutos) | Página |
|---|---|
| **Tarea 1** <br> Leer un texto (correo electrónico, postal…) y responder a cinco preguntas de cuatro opciones. | 44 |
| **Tarea 2** <br> Leer nueve textos muy cortos (anotaciones, anuncios…) y relacionar con seis frases. | 38 |
| **Tarea 3** <br> Leer nueve textos cortos (de folletos, catálogos…) y relacionar con seis declaraciones de personas. | 75 |
| **Tarea 4** <br> Leer un programa, un cartel, publicidad… y completar ocho huecos en frases. | 63 |
| **PRUEBA 2. Comprensión auditiva (20 minutos)** | |
| **Tarea 1** <br> Escuchar cinco diálogos cortos y responder a una pregunta sobre cada uno. Hay cuatro opciones de respuesta. | 27 |
| **Tarea 2** <br> Escuchar cinco mensajes y relacionar cada mensaje con una imagen. Hay ocho imágenes para elegir. | 50 |
| **Tarea 3** <br> Escuchar frases de un monólogo y relacionar ocho datos del monólogo con información corta. | 21 |
| **Tarea 4** <br> Escuchar una conversación o un monólogo y completar siete huecos en frases. | 35 |
| **PRUEBA 3. Expresión e interacción escritas (25 minutos)** | |
| **Tarea 1** <br> Completar un formulario con información personal básica (15 - 25 palabras). | 67 |
| **Tarea 2** <br> Escribir un texto (correo electrónico, anuncio, nota…) sobre el ámbito personal o público (30 - 40 palabras). | 55 |
| **PRUEBA 4. Expresión e interacción orales (15 minutos + 15 minutos de preparación)** | |
| **Tarea 1** <br> Hacer un monólogo de presentación personal (1 - 2 minutos). | 16 |
| **Tarea 2** <br> Hacer un monólogo sobre tres temas personales. Hay cinco opciones de temas (2 - 3 minutos). | 41 |
| **Tarea 3** <br> Hablar con el entrevistador sobre la información de las tareas 1 y 2 (3 - 4 minutos). | 42 |
| **Tarea 4** <br> Hacer cuatro diálogos cortos con el entrevistador con ayuda de la información de unas láminas (2 - 3 minutos). | 47 |

# El examen para obtener el DELE A2 (unidades 11-18)

En el libro proponemos actividades para preparar el examen DELE A2, acompañadas de estrategias que te ayudan a hacer las diferentes tareas. Aquí tienes un índice con las partes del examen y las páginas del libro donde están las actividades para practicar.

| PRUEBA 1. Comprensión de lectura (60 minutos) | Página |
|---|---|
| **Tarea 1**<br>Leer un texto (correo electrónico, postal…) y responder a cinco preguntas con tres opciones de respuesta. | 91 |
| **Tarea 2**<br>Leer ocho textos cortos (folletos, anuncios…) y contestar a una pregunta sobre cada texto con tres opciones de respuesta. | 104-105 |
| **Tarea 3**<br>Leer tres textos (folletos, anuncios…) y relacionarlos con seis enunciados. | 117 |
| **Tarea 4**<br>Leer un texto largo (reseña biográfica, entrada de blog…) y contestar a seis preguntas con tres opciones de respuesta. | 98 |
| **PRUEBA 2. Comprensión auditiva (40 minutos)** | |
| **Tarea 1**<br>Escuchar seis conversaciones cortas y contestar a una pregunta sobre cada conversación con tres opciones de respuesta (imágenes). | 137 |
| **Tarea 2**<br>Escuchar seis mensajes cortos y contestar a una pregunta sobre cada mensaje con tres opciones de respuesta. | 127 |
| **Tarea 3**<br>Escuchar una conversación y relacionar seis enunciados con las personas de la conversación. | 88 |
| **Tarea 4**<br>Escuchar siete mensajes cortos y relacionar con siete de diez enunciados. | 133 |
| **PRUEBA 3. Expresión e interacción escritas (45 minutos)** | |
| **Tarea 1**<br>Escribir un texto (correo electrónico, nota…) para responder a otro texto dado (60 - 70 palabras). | 80 |
| **Tarea 2**<br>Escribir un texto (70 - 80 palabras). Hay dos opciones: a) tema personal cotidiano; b) tema biográfico a partir de fotos o datos. | 114 (a)<br>85 (b) |
| **PRUEBA 4. Expresión e interacción orales (12 minutos + 12 minutos de preparación)** | |
| **Tarea 1**<br>Hacer un monólogo sobre un tema a elegir entre dos (2 - 3 minutos). | 102 |
| **Tarea 2**<br>Describir una imagen (2 - 3 minutos). | 112 |
| **Tarea 3**<br>Mantener una conversación con el entrevistador a partir de la imagen de la Tarea 2 (3 - 4 minutos). | 112 |

# 1 HOLA, ¿QUÉ TAL?

## A ¡ENCANTADO! ¡ENCANTADA!

**1** Escribe las preguntas.

1 • ¿_____?
  ▪ Soy francesa.
2 • ¿_____?
  ▪ Javier, encantado.
3 • ¿_____?
  ▪ Muy bien, ¿y tú?
4 • ¿_____?
  ▪ Yo, Sophie, ¿y tú?

**2a** Escribe las nacionalidades.

1 Veronika es de Novosibirsk, Rusia: ella es _____.
  Alexey también es de Rusia: él es _____.
2 Laurent es de Lyon, Francia: él es _____.
  Audrey también es de Francia: ella es _____.
3 Hyun es de Busan, Corea: él es _____.
  Lily también es de Corea: ella es _____.
4 Marisa es de Cáceres, España: ella es _____.
  Rubén también es de España: él es _____.
5 Mike es de Winnipeg, Canadá: él es _____.
  Jillian también es de Canadá: ella es _____.

**2b** ¿Y tú?

Soy de _____, _____. Soy
         (ciudad)        (país)
_____.
(nacionalidad)

**3** Ordena y escribe frases y preguntas.

1 dónde / ¿ / de / eres / ?
  _____
2 Ana / llamo / yo / me
  _____
3 estás / ? / tal / qué / ¿
  _____
4 italiana / soy
  _____
5 mañana, / Roberto / hasta
  _____
6 tú / soy / ¿ / yo / y / ? / Laura,
  _____
7 la / profesora / soy / de / español
  _____
8 luego, / hasta / Max
  _____

### ¿Sabes que...?
En español usamos **dos interrogaciones** (¿?): *¿Qué tal?* / *¿Cómo te llamas?*; y **dos admiraciones** (¡!): *¡Qué bien!* / *¡Encantado!*

**4** Escribe la opción correcta.

¡Buenos días! - ¡Buenas tardes! - ¡Buenas noches!

1 _____

2 _____

3 _____

4 _____

# 1 HOLA, ¿QUÉ TAL?

**5** 🔊 1 Escucha y marca.

1 El chico se llama...
  a Carlos.
  b Marcos.
2 La chica se llama...
  a Marina.
  b Catarina.
3 La chica es...
  a de Francia.
  b de España.
4 El chico es...
  a mexicano.
  b español.

**6** Completa el diálogo.

**Lucy:** Hola, ¿cómo te llamas?
**Tú:** _____
**Lucy:** Yo soy Lucy. ¿De dónde eres?
**Tú:** _____
**Lucy:** Yo soy peruana. ¡Encantada!
**Tú:** _____

## B PALABRAS Y NÚMEROS

**7** Escribe las palabras en el crucigrama. Fíjate en el número de letras.

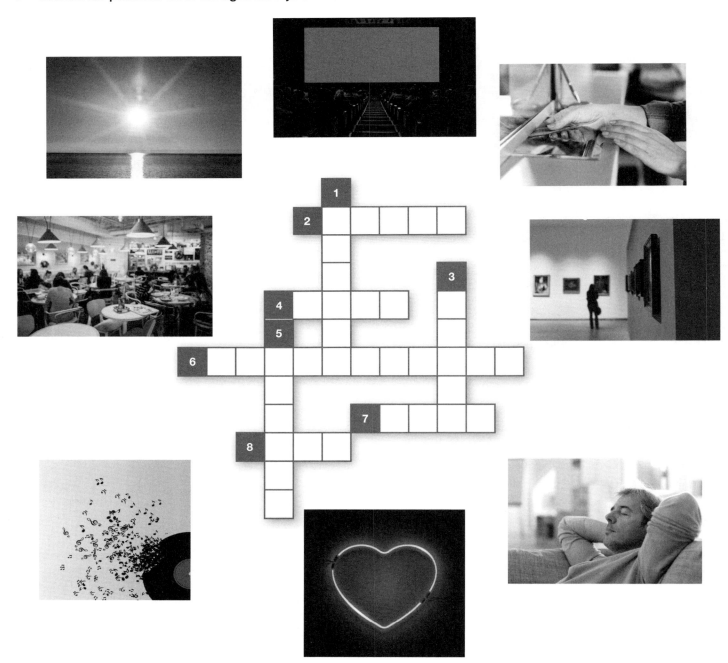

HOLA, ¿QUÉ TAL? **1**

**8a** Escribe el nombre de los países de América Latina.

Ce - o - ele - o - eme - be - i - a: *COLOMBIA*
1. Ge - u - a - te - e - eme - a - ele - a: _____
2. Hache - o - ene - de - u - erre - a - ese: _____
3. Be - o - ele - i - uve - i - a: _____
4. Pe - e - erre - u con acento: _____
5. U - erre - u - ge - u - a - i griega: _____
6. Uve - e - ene - e - zeta - u - e - ele - a: _____
7. A - erre - ge - e - ene - te - i - ene - a: _____
8. Eme - e con acento - equis - i - ce - o: _____

**¡Fíjate!**

á → **a** con acento / **a** con tilde

**8b** Escribe los nombres de los países en el mapa.

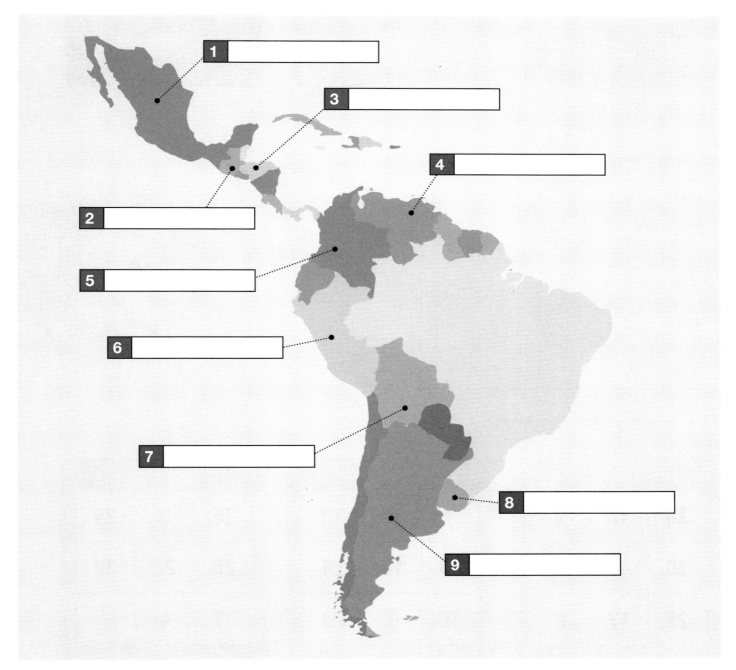

# HOLA, ¿QUÉ TAL?

**9** ¿Es correcto? Escribe las letras en el orden correcto.

~~jota~~ - u - i - te - a - erre - erre - a
*ge - u - i - te - a - erre - erre - a*

1  pe - erre - a - zeta - a
_____

2  ka - i - uve - i
_____

3  pe - ele - a - jota - a
_____

4  te - o - eme - a - te - o - e
_____

5  zeta - i - ene - e
_____

**10** Busca y escribe seis números de 0 a 30.

*cuatro (4)*
_____
_____
_____
_____
_____

**11** 🔊 2 Escucha. ¿Quién tiene bingo?

Lucas ☐          Manuel ☐          Javier ☐

| BINGO | | |
|---|---|---|
| 26 | 13 | 9 |
| 30 | 🎡 | 4 |
| 25 | 17 | 0 |

| BINGO | | |
|---|---|---|
| 🎡 | 8 | 12 |
| 13 | 15 | 26 |
| 30 | 0 | 29 |

| BINGO | | |
|---|---|---|
| 15 | 9 | 29 |
| 25 | 22 | 30 |
| 17 | 4 | 🎡 |

# HOLA, ¿QUÉ TAL?

**12** Escribe los números.

1 _____  2 _____

3 _____  4 _____

5 _____  6 _____

7 _____  8 _____

**13** Completa.

1 tres + tres = _____
2 diez + _____ = veintitrés
3 treinta - siete = _____
4 _____ + nueve = veintiuno
5 ocho + ocho = _____

### ¡Fíjate!
+ más    − menos    = igual a

**14** Ordena el diálogo.

___ a · Ce - u - a - de - e - erre - ene - o.
___ b · ¡Uy! ¿Puedes repetir, por favor?
___ c · Perfecto, gracias.
___ d · Claro, "cuaderno".
___ e · Uff… Y, ¿cómo se escribe?
___ f · Se dice "cuaderno".
_1_ g · Marta, ¿cómo se dice esto [ ] en español?

## C APELLIDOS

**15** Marca el verbo correcto.

1 Yo **me llamo / es** Julio.
2 ¿Tú **eres / se llama** Mario?
3 La cantante **soy / se llama** Ana Torroja.
4 ¿Ella **se llama / es** directora de cine?
5 Yo **me llamo / soy** actriz.
6 Perdón, ¿tú **te llamas / se llama** Clara o Lara?

**16** Completa con los verbos en la forma correcta.

1 El cine _____ (ser) pequeño.
2 ¿Cómo _____ (llamarse) tú: Vicente o Vincent?
3 El actor _____ (llamarse) Gael García Bernal. _____ (ser) de México.
4 • ¿Tú _____ (ser) Manuel?
  ▪ No, _____ (ser) Ramón.
5 El restaurante _____ (llamarse) "Apolo".
6 ¿Jennifer López _____ (ser) cantante o actriz?
7 Hola, ¿qué tal? Yo _____ (llamarse) Sarela. Y tú, ¿cómo _____ (llamarse)?
8 Olivia _____ (ser) de Bolivia.

**17** Lee los apellidos y marca las letras que no se pronuncian.

Aguado  **Guevara**  Duque  **Heras**
Lahuerta  **Cuarón**  Bruguera

### ¿Sabes que…?
En la cultura hispana es común tener dos apellidos:

Jesús Brandariz Díaz ⟷ Esther Otero Penas

Inés Brandariz Otero

**18** Clasifica los nombres.

Cristóbal - Jimena - Zacarías - Gerardo - Gabriela - Celia
Carlos - Julia - Quique - Guillermo - Gladis - Zoé

| /k/ | /θ/ o /s/ | /g/ | /x/ |
|---|---|---|---|
|  |  |  |  |
|  |  |  |  |
|  |  |  |  |

# 1 HOLA, ¿QUÉ TAL?

## EN ACCIÓN

**19** Completa.

> "hola" en portugués - escribe - significa "siesta" - repetir, por favor - no entiendo - al servicio

1 ¿Qué _____?

2 ¿Qué?, ¡_____!

3 ¿Cómo se dice _____?

4 Perdón, ¿puedo ir _____?

5 ¿Cómo se _____?

6 ¿Puedes _____?

**20** Relaciona estas palabras con un ejemplo.

1 ☐ Marca
2 ☐ Une / Relaciona
3 ☐ Completa
4 ☐ Clasifica
5 ☐ Ordena

a) llamo / me / Lola → Me llamo Lola

b) José es de Valencia. Es _español_.

c) Concha Buika.

d) 20 ✕ treinta / 30 veinte

e) Gijón - Galicia

| /g/ | /x/ |
|---|---|
| Galicia | Gijón |

## Y PARA ACABAR...

Tu número favorito:

Una letra difícil en español:

Tres apellidos frecuentes en Latinoamérica:

Información interesante de esta unidad:

# 2 ESTUDIO ESPAÑOL

## A IDIOMAS EN EL MUNDO

**1** ¿Qué idioma es?

1. Merci _____
2. ありがとう (Arigatō) _____
3. Thank you _____
4. धन्यवाद (Dhanyavaad) _____
5. Obrigado _____
6. شكرا (Shukraan) _____
7. 谢谢 (Xièxiè) _____
8. Danke _____

En español se dice: _____

**2** Completa con los números ordinales.

### EL ALFABETO

A B C D E F G H I
J K L M N Ñ O P Q
R S T U V W X Y Z

### Curso 2.º A
Profesora: *Martina Casas Vázquez*

| 1 | Abuín Lavandeira, Martín |
| 2 | Adrán Tomé, Laura |
| 3 | Alfonso Hernández, Silvia |
| 4 | Boquete Iglesias, Óscar |

La A es la *primera* letra del alfabeto.

1. La C es la _____ letra del alfabeto.

2. El _____ estudiante de la lista de clase es Óscar.

### MIS LIBROS FAVORITOS

1. *Cien años de soledad* (Gabriel García Márquez)
2. *Ana Karenina* (León Tolstoi)
3. *El principito* (Antoine de Saint-Exupéry)

### LAS MEJORES TENISTAS DE LA HISTORIA

- 1.ª Martina Navratilova
- 2.ª Chris Evert
- 3.ª Steffi Graf
- 4.ª Margaret Smith Court

3. *Ana Karenina* es mi _____ libro favorito.

4. Martina Navratilova es la _____ tenista de la lista.

# 2 ESTUDIO ESPAÑOL

**3a** 🔊 3 Escucha la conversación y completa con la información.

1. Lucia es de _____. Habla _____ español, pero solo habla _____ danés.
2. Matthias es de _____ y habla _____ danés.
3. Sofía es de _____ y habla _____ inglés.

**3b** Ahora escribe sobre ti.

- Yo soy de _____ y hablo _____.
- Mi amigo/a _____ es de _____ y habla _____.
- Y mi amigo/a _____ es de _____ y habla _____.

**4** 🔊 4 Escucha información sobre Santiago de Chile y escribe los números.

a _____ hoteles
b _____ estaciones de metro
c _____ cines
d _____ bancos
e _____ restaurantes y bares
f _____ de personas

Estación de metro de Santiago de Chile

**5** Completa la cadena con un número.

1. noventa, ciento noventa, doscientos noventa, _____
2. mil, novecientos, ochocientos, _____
3. doscientos veinte, trescientos treinta, cuatrocientos cuarenta, _____
4. treinta, cuarenta, cincuenta, _____

**6** Escribe el número con palabras.

800: *ochocientas* plazas ♀
     *ochocientos* restaurantes ♂

1. 200: _____ guitarras ♀
2. 700: _____ hoteles ♂
3. 41: _____ playas ♀
4. 450: _____ cines ♂
5. 571: _____ personas ♀
6. 680: _____ habitantes ♂
7. 320: _____ restaurantes ♂
8. 935: _____ cafeterías ♀

**7** Contesta a estas preguntas.

1. ¿Cuántas personas hablan inglés en tu clase?
2. ¿Cuál es el país con más hispanohablantes?
3. ¿Cuál es la cuarta lengua más hablada en el mundo?
4. ¿Cuántos idiomas hablas?
5. ¿Qué idioma es tu favorito?
6. ¿En qué países en Europa hablan inglés?

## B ¿POR QUÉ ESTUDIAS ESPAÑOL?

**8** 🔊 5 Escucha a estas personas. ¿Por qué estudian idiomas?

___ a Por placer.
___ b Para conocer otras culturas.
___ c Para viajar.
_1_ d Por el trabajo.
___ e Porque me interesa la literatura.
___ f Por amor.
___ g Para tener la mente activa.
___ h Porque me interesa la música.

## ESTUDIO ESPAÑOL 2

**9** ¿Qué opción **no** es posible?

1 Estudio chino…
   a  por el trabajo.
   b  porque tengo familia en China.
   c  para ir a Japón.
2 Leo libros en inglés…
   a  para practicar la pronunciación.
   b  para aprender palabras nuevas.
   c  porque me interesa la literatura en inglés.
3 Estudio español…
   a  para comprender las canciones de Brasil.
   b  por mis viajes a Cuba.
   c  porque me interesa conocer la cultura mexicana.
4 Veo películas en versión original…
   a  para escuchar a personas de diferentes países.
   b  por placer.
   c  porque trabajo en un banco.
5 Aprendo francés…
   a  por amor, mi marido es de Senegal.
   b  porque no me interesa estudiar.
   c  para tener una mente activa.
6 Viajo a Polonia…
   a  para hablar sueco.
   b  porque me interesa la cultura.
   c  por mi amigo Andrzej, él es de allí.

**10** Completa con información sobre ti. Usa *para, por* y *porque*.

*Vivo en Zambia por la cultura.*

• Vivo en _____.

• Estudio español _____.

• Escucho música en español _____.

• Es importante aprender idiomas _____.

**11** Completa el diálogo con las preguntas.

**Juana:** Tino, ¿y tú **(1)** _____?
**Tino:** 56.
**Juana:** Ah. ¿Y **(2)** _____?
**Tino:** Soy profesor de español.
**Juana:** ¡Qué interesante! **(3)** ¿_____?
**Tino:** En Lima.
**Juana:** **(4)** ¿_____?
**Tino:** Es tino@vitotero.pe.
**Juana:** Y… **(5)** ¿_____?
**Tino:** Sí, es el 0051 293806.

**12** Lee las frases. ¿Cuál es la forma de los verbos: *yo, tú, él, ella, usted*?

1 Mi profesora Carmen **trabaja** en la universidad. _____
2 **Soy** venezolano, pero vivo en Florida, Estados Unidos. _____
3 ¿**Vives** en Santiago de Chile? ¡Qué interesante! _____
4 Señor García, ¿qué lenguas **habla**? _____
5 Mi compañero de clase **tiene** treinta y dos años. _____
6 ¡Hola! ¿Qué tal? ¿Cómo **te llamas**? _____
7 ¿De dónde **es** Juan? _____
8 Carolina **habla** chino. _____

**13** Completa con los verbos en la forma correcta.

1 _____ (escuchar) canciones en español porque me interesa la música latina.
2 Jorge, ¿dónde _____ (trabajar)?
3 _____ (ser) colombiana, pero vivo en Francia.
4 Mi colegio _____ (llamarse) Colegio Internacional de Valencia.
5 Mi amiga Laura _____ (ser) muy inteligente para los idiomas: _____ (hablar) chino, inglés, francés… ¡y español, claro!
6 _____ (estudiar) español porque es muy importante para mi trabajo.
7 Señor Pereira, usted _____ (ser) uruguayo, ¿verdad? _____ (tener) un acento muy bonito.
8 La estudiante _____ (comprender) muy bien la diferencia entre "por" y "para".
9 Yo no _____ (tener) teléfono móvil.
10 Mi correo electrónico _____ (ser) antoniorodriguez95@micorreo.org

## 2 ESTUDIO ESPAÑOL

**14** Clasifica estas informaciones en la tabla. Puede haber más de una opción.

- muchos idiomas diferentes
- profesor de griego
- muchos seguidores en Instagram
- una profesión muy interesante
- dos lenguas extranjeras
- en un museo de historia
- bastante bien francés
- teléfono móvil
- en El Salvador
- en un bar
- 40 años
- en Barcelona
- de Italia
- alemán
- familia en Turquía
- despacio

| soy / eres / es | tengo / tienes / tiene | vivo / vives / vive | trabajo / trabajas / trabaja | hablo / hablas / habla |
|---|---|---|---|---|
| | | | | |

**15** DELE Prepara una presentación sobre este tema. Graba con el móvil y escucha. Repite si es necesario.

### ESTRATEGIAS PARA EL EXAMEN

Este ejercicio corresponde a la Tarea 1 de la Prueba 4 del DELE A1. Hablas uno o dos minutos sobre ti con el entrevistador.

**16a** Lee el texto y señala verdadero (V) o falso (F).

¡Hola a todos!

¿Qué tal? Me llamo Manuela Linetti y soy de Rosario, Argentina, pero ahora vivo en Barcelona. Vivo en el centro de la ciudad con Pumuki, mi perro, y Tambor, mi gato.

Tengo veintinueve años y soy diseñadora gráfica: trabajo en casa con mi ordenador. Por mi trabajo hablo inglés, porque trabajo para compañías internacionales. También hablo italiano y ahora estudio japonés, ¡es muy difícil! Uso cuatro redes sociales diferentes porque son muy importantes para mi trabajo.

¿Qué más? ¡Ah! En mi tiempo libre hablo con mis amigos y mi familia en Argentina, veo películas y viajo.

Y esto es todo por hoy.
¡Hasta mañana!

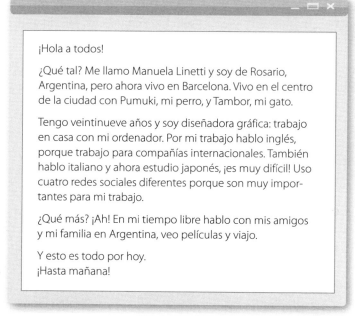

mlinetti_ar Con mi perro, Pumuki

mlinetti_ar Mi gato Tambor trabaja con el ordenador

1. ☐ Manuela es española.
2. ☐ Vive en Argentina.
3. ☐ Tiene dos animales en casa.
4. ☐ Manuela trabaja en un banco.
5. ☐ Habla un poco de japonés.
6. ☐ La familia de Manuela vive en Argentina.

**16b** Escribe en tu cuaderno un texto similar sobre ti.

# ESTUDIO ESPAÑOL 2

## 17 Escucha y señala la opción correcta.

| | Frase afirmativa | Pregunta |
|---|---|---|
| 1 | ☐ | ☐ |
| 2 | ☐ | ☐ |
| 3 | ☐ | ☐ |
| 4 | ☐ | ☐ |
| 5 | ☐ | ☐ |

**Recuerda**
- Jyoti es de Nepal.
- ¿Jyoti es de Nepal?

## C MUY TÍPICO

### 18 Marca la opción correcta.

1 Son españolas.

a la sangría

b las tapas

2 Son mexicanos.

a los tacos

b el guacamole

3 Es japonés.

a las geishas

b el sushi

4 Es argentino.

a la Pampa

b el tango

5 Son estadounidenses.

a los donuts

b la hamburguesa

### 19 Clasifica estas palabras.

el café - el tango - la pasta - el fútbol - la salsa - la sangría
la hamburguesa - el flamenco - el té - el hockey - el tenis

| Una comida | Una bebida |
|---|---|
| | |
| | |

| Un deporte | Un baile |
|---|---|
| | |
| | |

### 20 Marca la opción correcta.

1 **La / Una** cumbia es **el / un** baile típico de Colombia.
2 **El / Un** peso es **la / una** moneda de México.
3 Quito es **la / una** capital de Ecuador.
4 **El / Un** español, **el / un** quechua y **el / un** aimara son **las / unas** lenguas oficiales de Bolivia.
5 **Las / Unas** arepas son **la / una** comida típica de Venezuela y Colombia.
6 **El / Un** español es **la / una** lengua de Guinea Ecuatorial. La gente también habla lenguas bantúes, francés y portugués.
7 Me interesa **la / una** cultura de **los / unos** incas.
8 **La / Una** Pampa es **la / una** región de Argentina.

### 21a Completa con los artículos (el, la, los, las, un, una, unos, unas).

1 ¿Qué son _____ arepas?
2 ¿_____ burritos son _____ animales de México?
3 ¿Dónde es típico _____ mate?
4 ¿_____ flamenco es _____ baile típico de Argentina?
5 ¿Cuáles son _____ lenguas oficiales de Bolivia?
6 ¿_____ peso es _____ moneda de Guatemala?
7 ¿Cuál es _____ moneda de tu país?

### 21b Ahora contesta a las preguntas anteriores.

1 _____
2 _____
3 _____
4 _____
5 _____
6 _____
7 _____

# 2 ESTUDIO ESPAÑOL

## EN ACCIÓN

**22** Relaciona las informaciones con las personas famosas. Tienes ayuda en internet.

- es español
- es colombiana
- es argentino
- es venezolana y española
- es futbolista
- es tenista
- es cocinero
- es actriz
- trabaja en una pista de tenis
- trabaja en un estadio de fútbol
- trabaja en un restaurante
- trabaja en películas y series
- vive en Los Ángeles
- vive en Barcelona
- vive en Suiza
- vive en Madrid

**Sofía Vergara**

**David Muñoz**

**Garbiñe Muguruza**

**Leo Messi**

## Y PARA ACABAR...

El idioma (o los idiomas) de tu país:

Tu comida favorita:

Algo muy típico de tu país:

Información interesante de esta unidad:

# 3 MIS SERES QUERIDOS

## A LA FAMILIA EN EL CINE

**1** Lee otra vez las descripciones de las películas de la página 26 del libro del alumno y marca las respuestas correctas.

|   | Una familia de Tokio | Captain Fantastic | La familia Bélier |
|---|---|---|---|
| 1 La familia no vive en la sociedad de consumo. | | | |
| 2 Hay una familia francesa. | | | |
| 3 Los abuelos no viven en una gran ciudad. | | | |
| 4 Hay un problema entre marido y mujer. | | | |
| 5 La música es importante en esta película. | | | |
| 6 Hay una familia estadounidense. | | | |
| 7 Hay una familia japonesa. | | | |

**2a** Completa el árbol genealógico de la familia de Tina.

¡Hola! Me llamo Tina y vivo con mi madre y mi hermano Rubén en Salamanca. Mi madre se llama Ana y mi padre se llama Claudio, pero él no vive con nosotros. Mis abuelos, los padres de mi madre, son Rosa y Vicente. Además tengo dos primos: Mateo es hijo de mi tía Candela (una hermana de mi madre), y mi prima Alicia es hija de mi tía Laura (la otra hermana de mi madre) y su marido, Alberto. ¡Mi familia es genial!

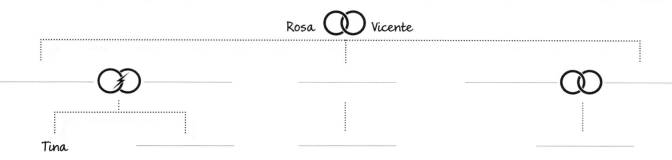

# 3 MIS SERES QUERIDOS

**2b** Completa las frases.

1. Rosa y Vicente tienen tres _____ y cuatro _____.
2. Laura tiene dos _____.
3. Alberto es el _____ de Laura.
4. Candela es la _____ de Mateo.
5. Rosa y Vicente son los _____ de Tina, Rubén, Mateo y Alicia.
6. Alberto es el _____ de Alicia, y Laura es su _____.
7. Mateo y Alicia no tienen _____, pero tienen tres _____.
8. Tina, Rubén, Mateo y Alicia tienen dos _____.
9. Mateo y Alicia son los _____ de Ana.

### ¿Sabes que...?
El matrimonio entre personas del mismo sexo es legal en España desde 2005. Otros países hispanos donde también es legal son Argentina (2010), Uruguay (2013) o Colombia (2016).

**2c** Escribe en tu cuaderno un texto similar al de Tina con información sobre tu familia.

**3** ¿Quién es?

Es el padre de tu madre: *mi abuelo*
1. Es la madre de tu hermana: _____
2. Son las hijas de tu hijo: _____
3. Es el hermano de tu padre: _____
4. Es el hijo de tu tía: _____
5. Es la hija de tu hermana: _____
6. Es la otra hija de tu padre: _____

**4** Completa con los posesivos.

1. María y Thomas hablan español y alemán con _____ hijos.
2. _____ marido y yo vivimos en O Grove, pero _____ hijo vive con _____ novio en Santiago.
3. Ángela tiene 31 años y _____ hermano, 27.
4. • ¡Qué bonita foto! ¿El chico es _____ hermano?
   ▪ Sí, y estos son _____ padres.
5. Fer, ¿cómo se llama _____ prima: Juliana o Julia?
6. ¡Chicos! _____ primos van al cine con vosotros.
7. Andrea, ¿cómo se llaman _____ películas favoritas?
8. Chicas, ¿ _____ hermana vive en Santiago con vosotras?

## B FAMILIA DE ARTISTAS

**5** Clasifica estas características físicas.

> el pelo rubio - bigote - morena - los ojos claros
> el pelo blanco - bajito - el pelo liso - gafas
> dos tatuajes - el pelo castaño - los ojos verdes
> el pelo rizado - un poco gordito - barba
> joven - pelirroja - guapa - muy mayor

| Es | Tiene | Lleva |
|---|---|---|
|  |  |  |

**6a** ¿Qué opción es correcta?

1. Alberto no **es / tiene** joven, vive en Finlandia y trabaja en una empresa multinacional. **Es / Lleva** alto y delgado, **lleva / tiene** los ojos claros y **tiene / es** el pelo bastante corto. ¡Ah! Alberto trabaja mucho con el ordenador, por eso también **es / lleva** gafas.
2. Karl es músico y vive en Nueva York. **Tiene / Es** veintiocho años: **tiene / es** joven. **Es / Tiene** pelirrojo y alto. **Lleva / Tiene** el pelo corto y también **es / lleva** bigote y barba. **Tiene / Lleva** los ojos azules.
3. Mariana es profesora de francés. **Tiene / Lleva** sesenta y dos años: **es / lleva** un poco mayor. **Tiene / Lleva** los ojos negros y **es / tiene** el pelo blanco y rizado. Además, también **tiene / lleva** gafas.
4. Rachel **lleva / es** joven, vive en Liverpool y estudia español en la universidad. **Es / Tiene** rubia y **tiene / lleva** el pelo largo y liso. **Son / Tiene** los ojos marrones y **lleva / es** un tatuaje en el pie.
5. Estefanía es doctora en un hospital. **Es / Tiene** cuarenta años, no **es / lleva** joven ni mayor. **Es / Lleva** bajita y **tiene / es** el pelo largo, negro y rizado.
6. Joseph es actor y trabaja en televisión. **Tiene / Lleva** cincuenta años, **es / tiene** un poco mayor y por eso **lleva / tiene** la barba un poco blanca. **Tiene / Lleva** los ojos oscuros y el pelo moreno y corto.

### ¡Fíjate!
Normalmente usamos **tener** con aspectos físicos naturales y llevar con aspectos físicos no naturales o no permanentes:

*Alicia **tiene** el pelo liso pero ahora **lleva** el pelo rizado.*
*Jacinto **lleva** barba. Ahora **tiene** la barba blanca.*

# MIS SERES QUERIDOS  3

**6b** Lee otra vez las descripciones y escribe los nombres de estas personas.

a _____

b _____

c _____

d _____

e _____  f _____

**6c** Escribe las descripciones de Juan y María Angélica.

**Juan:**
_____
_____
_____
_____

**María Angélica:**
_____
_____
_____
_____

**7a** Lee estas palabras y clasifica el sonido de la letra *r* marcada.

red - inte**r**esante - a**rr**oz - pe**rr**o - gene**r**oso - **r**epetir
ba**r** - **r**estaurante - a**r**epa - ta**r**de - p**r**imo - guita**rr**a

| Sonido fuerte /r̄/ | Sonido suave /r/ |
|---|---|
|  |  |
|  |  |
|  |  |
|  |  |

**7b** Ahora completa con *r* o *rr* estas palabras relacionadas con el cine.

| Sonido fuerte /r̄/ | Sonido suave /r/ |
|---|---|
| 1 na____ación | 1 deco____ado |
| 2 ____omántica | 2 vestua____io |
| 3 te____or | 3 di____ecto____a |

### Recuerda

La letra *r* tiene dos sonidos:
- *r* **suave**: dentro de una palabra, entre vocales.
- *r* **fuerte**: al principio de palabra o dentro de una palabra, entre vocales (se escribe con dos **r**).

## C  FAMILIA CON CARÁCTER

**8** 🔊 7-14 📄 **DELE** Jimena describe a sus primos. Escucha y relaciona.

1 Patricia
2 Rebeca
3 Daniel
4 Manuel
5 Carlota
6 Miguel Ángel
7 Rocío
8 Desiré

a Es muy alto.
b Es estudiante.
c Tiene el pelo rubio.
d Es venezolana.
e Tiene dieciséis años.
f Tiene pareja.
g Es divertido.
h Tiene seis años.
i Lleva bigote.
j Es profesora.

### ESTRATEGIAS PARA EL EXAMEN

Este ejercicio corresponde a la Tarea 3 de la Prueba 2 del DELE A1. Escuchas cada información dos veces. Dos frases no son necesarias.

# 3 MIS SERES QUERIDOS

**9** ¿Lucas o Raquel y Mario? Marca la opción correcta.

Lucas | Raquel y Mario

1 Parece tímido.
  a Lucas    b Raquel y Mario
2 Trabajan en un banco.
  a Lucas    b Raquel y Mario
3 Tiene los ojos verdes.
  a Lucas    b Raquel y Mario
4 Vive en Alicante.
  a Lucas    b Raquel y Mario
5 Llevan gafas.
  a Lucas    b Raquel y Mario
6 Parecen alegres.
  a Lucas    b Raquel y Mario

**10** Relaciona el sujeto con el verbo.

| 1 yo | a somos |
| 2 tú | b se dedican |
| 3 él / ella / usted | c hablan |
| 4 nosotros / nosotras | d vivís |
| 5 vosotros / vosotras | e cambias |
| 6 ellos / ellas / ustedes | f enseño |
| | g es |
| | h tenemos |

**11** Completa la tabla con las formas que faltan.

| bailar | comer | escribir |
| --- | --- | --- |
| | | escribo |
| bailas | | |
| | come | |
| | | escribimos |
| | coméis | |
| bailan | | |

**12** Completa las frases con la forma correcta del verbo.

1 Mi hermana _____ (vivir) en Berlín.
2 Luis _____ (ser) un poco egoísta.
3 Nuestros abuelos _____ (tener) el pelo blanco.
4 Nosotras _____ (trabajar) en un hotel en Menorca.
5 Tú _____ (parecer) un chico muy responsable.
6 Cristina y yo _____ (viajar) mucho por nuestro trabajo.
7 Mis tíos _____ (llamarse) Ana y Ángel.
8 ¡Vosotros _____ (preguntar) bastante!
9 ¿Juan Pablo y Enrique _____ (vivir) en Barranquilla o en Santa María?
10 Miranda y tú _____ (tener) un primo muy simpático.
11 Yo no _____ (comprender) las películas en japonés.

**13** Escribe la terminación correcta del adjetivo (-o/-a/-e/-os/-as/-es).

1 Lidia y Patricia son muy moren____.
2 Nicolás es un poco bajit____, pero es muy atractiv____.
3 Brais y Pedro parecen bastante simpátic____ y responsabl____.
4 Manuel es un poco egoíst____, pero también es muy divertid____.
5 Laura es rubi____ y tiene el pelo cort____. Parece una persona muy amabl____.
6 Carolina y Alejandra no hablan mucho porque son tímid____.
7 Mi amiga Ángela es un poco irresponsabl____, pero es muy buen____ persona.
8 Tomás tiene los ojos clar____ pero, ¿son verd____ o azul____?

**14** Describe a tu pareja ideal.

*Mi pareja ideal es una persona muy generosa y amable...*

_____
_____
_____
_____
_____

# MIS SERES QUERIDOS  3

# EN ACCIÓN

**15a** 🔊 15 Dos amigos hablan sobre películas y actores. Escucha y escribe quién es quién.

Ricardo Darín - Héctor Alterio - Javier Cámara - Eduardo Blanco

1 _____  2 _____  3 _____  4 _____

**15b** 🔊 15 Escucha otra vez y completa las palabras que faltan.

1 Ricardo Darín y Javier Cámara son a_____ en la película *Truman*.
2 Ricardo Darín es de A_____ y trabaja en muchas p_____.
3 Además, parece un hombre am_____.
4 Héctor Alterio es también un actor f_____. Él es m_____.
5 Eduardo Blanco parece s_____.
6 Javier Cámara es el actor de *Hable con e_____*, de Almodóvar.

## Y PARA ACABAR…

Tus películas favoritas (¡títulos en español!):

Información interesante de esta unidad:

Una persona de tu familia especial para ti (¿cómo es?):

Tu carácter, en tres palabras:

# 4 ESTO ME GUSTA

## A ME GUSTA

**1a** 🔊 16-19 Escucha a Bárbara, Susana, Luismi y Jaime y relaciona cada persona con una imagen (hay una imagen que no necesitas).

a _____

b _____

c _____

d _____

e _____

**1b** 🔊 20 Escribe ahora la información para Raquel (imagen **b** de la actividad anterior). Después, escucha y compara.

_____
_____
_____

### Recuerda

El verbo **encantar** significa *gustar mucho*. Es incorrecto *me encanta mucho* porque es redundante.

venticuatro

# ESTO ME GUSTA 4

**2** Ordena las siguientes frases.

1  las / no / tristes / gustan / me / películas

2  con / encanta / jugar / mi / me / tenis / al / padre

3  mucho / de / no / gustan / las / ciencia / me / novelas / ficción

4  bastante / gusta / a / conciertos / ir / me

5  tomar / no / café / nada / me / gusta /

6  encantan / deportes / los / me / videojuegos / de

**3** ¿De qué hablan? Marca la opción correcta.

1  ¡No me gustan nada!
   a  El gato de mi amiga Marta.
   b  Los calcetines de colores.
2  Me gusta bastante.
   a  El cine argentino.
   b  Las películas de ciencia ficción.
3  No me gusta mucho.
   a  Los perros pequeños.
   b  Ver conciertos en directo.
4  ¡Me encantan!
   a  El café con leche.
   b  Los helados.
5  No me gustan mucho.
   a  Escribir correos electrónicos.
   b  Las redes sociales.
6  Me gusta mucho.
   a  Cenar con mi familia.
   b  Los libros de Gabriel García Márquez.

### ¿Sabes que...?

Gabriel García Márquez (1927-2014), escritor colombiano, recibe el Premio Nobel de Literatura en 1982. Algunos de sus libros son *Cien años de soledad*, *El otoño del patriarca* o *El amor en los tiempos del cólera*.

**4** Escribe las posibles reacciones como en el ejemplo.

No me gustan nada los gatos, ¿y a ti?
  (1) *A mí sí.*      (3) *A mí no.*
  (2) *A mí también.*  (4) *A mí tampoco.*

a  Me encanta hacer deporte, ¿y a ti?
   (1) _____   (3) _____
   (2) _____   (4) _____

b  Me gusta bastante leer biografías, ¿y a ti?
   (1) _____   (3) _____
   (2) _____   (4) _____

c  No me gusta bailar, ¿y a ti?
   (1) _____   (3) _____
   (2) _____   (4) _____

**5** ¿Qué prefieres? Escribe frases como en el ejemplo.

*Me gusta la playa, pero prefiero la montaña.*

la playa         la montaña

1  _____

cocinar          ir a restaurantes

2  _____

la pasta         el arroz

3  _____

el invierno      el verano

4  _____

# 4 ESTO ME GUSTA

## B NO SOLO TRABAJO

**6** Completa las frases con el vocabulario que falta. Tienes ayuda en las fotos. Atención a la forma de los verbos.

1  Mi amiga Ángela y yo _____ cada día.

2  Me gusta _____ 20 minutos después de comer.

3  Tomás _____ cada noche un plato diferente.

4  El yoga es bueno para el _____ y la mente.

5  Muchas personas _____ para relajarse.

6  _____ con amigos es una actividad muy divertida.

**7** Relaciona las frases.

1  En la oficina, el trabajo…
2  A Julieta no le gusta perder…
3  Es necesario dedicar…
4  Un poco de meditación cada…
5  Es necesario tener tiempo para tomar…

a  ☐ día es bueno para la mente.
b  ☐ decisiones responsables.
c  ☐ tiempo a actividades sociales para ser más feliz.
d  ☐ en equipo mejora la productividad.
e  ☐ tiempo con la televisión, prefiere leer.

**8** Completa las frases con el pronombre correcto: *me, te, le, nos, os, les*.

1  A Carolina _____ gusta bailar en las fiestas.
2  A mis primos Alberto y Raúl _____ encanta preparar platos internacionales.
3  El arte de Picasso _____ interesa mucho a José, pero a mí _____ gusta más el impresionismo.
4  Por la mañana, a Mario y a mí _____ gusta correr.
5  ¿A vosotras _____ interesan los deportes de aventura? ¡A nosotros _____ encantan!
6  A ti no _____ interesa mucho la economía, ¿verdad?

### Recuerda

En las frases con *gustar, encantar* e *interesar* la persona que experimenta la emoción lleva la preposición *a*.
A *mí* me encanta el sushi.
A *Lucas* le gusta bailar tango.
A *las chicas* les interesa la tecnología.

**9** Completa con el verbo en la forma correcta.

1  A mí me _____ (gustar) mucho pintar.
2  A los estudiantes de mi clase les _____ (interesar) la literatura.
3  A la señora Rodríguez le _____ (encantar) los viajes a ciudades.
4  A mi hermano y a mí nos _____ (encantar) dormir.
5  A Ignacio le _____ (gustar) los videojuegos de aventuras.

**10** Escribe el ámbito de trabajo de estas personas. Busca información en internet si es necesario.

> el deporte - la música - la literatura
> la medicina - la gastronomía - el arte

1  César Milstein (Argentina) _____
2  Mireia Belmonte (España) _____
3  Ferran Adrià (España) _____
4  Gabriela Mistral (Chile) _____
5  Chavela Vargas (México) _____
6  Frida Kahlo (México) _____

### ¿Sabes que…?

Hay cinco personas hispanohablantes con un Premio Nobel de Fisiología o Medicina: los españoles Santiago Ramón y Cajal (1906) y Severo Ochoa (1959), los argentinos Bernardo Alberto Houssay (1947) y César Milstein (1984) y el venezolano Baruj Benacerraf (1980).

**11** ¿Qué temas les interesan? Mira la gráfica y escribe frases con estas palabras.

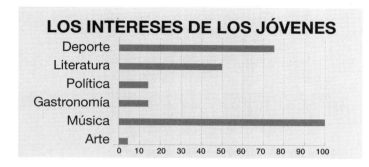

a todos - a la mayoría - a casi nadie - a muchos - a pocos

*A pocos les interesa la política.*

## C ESTE FIN DE SEMANA YO QUIERO...

**12** 🔊 21-25 📄 DELE  Escucha los diálogos y marca la respuesta correcta.

1  ¿Qué quiere hacer el fin de semana?

2  ¿Qué le gusta hacer al hombre?

3  ¿Adónde quieren ir?

4  ¿Qué quiere hacer la mujer?

5  ¿Qué quiere comprar el hombre?

a ☐   b ☐   c ☐   d ☐

### ESTRATEGIAS PARA EL EXAMEN

Este ejercicio corresponde a la Tarea 1 de la Prueba 2 del DELE A1. En ella escuchas cada diálogo dos veces. Solo hay una respuesta correcta para cada pregunta.

# 4 ESTO ME GUSTA

**13** Completa con los verbos *querer* y *gustar*.

Este fin de semana nosotros **(1)** _____ ir a bailar. ¡Nos **(2)** _____ mucho la salsa! Y vosotros, ¿**(3)** _____ bailar también?

Mi padre **(4)** _____ ir de excursión al campo, mis hermanos **(5)** _____ salir con sus amigos… Genial, porque a mí me **(6)** _____ estar sola y **(7)** _____ jugar a los videojuegos.

No me **(8)** _____ los deportes, pero sí la bicicleta, y este fin de semana **(9)** _____ montar en bici. ¿Y tú? ¿**(10)** _____ hacer una excursión conmigo?

**14** ¿Qué combinaciones son posibles?

> un maratón - de compras - yoga - con los hijos
> solo/a - de excursión - a la montaña
> deporte - en casa - al cine - una fiesta
> cansado/a - una excursión - tranquilo/a

| hacer | estar | ir |
|---|---|---|
|  |  |  |
|  |  |  |
|  |  |  |

**15** Completa las frases con los verbos en la forma correcta. Puede haber más de una opción.

> cenar - cocinar - conocer - descansar - hacer
> montar - pasar - quedar - querer - tomar

1 Rafael, ¿_____ un té o un café?
2 A mi amiga Lola le interesa mucho la gastronomía y _____ muy bien.
3 • ¿Qué _____ (vosotros) hacer este fin de semana?
   ▪ No tenemos planes. ¿Por qué no _____ (nosotros) en un restaurante?
4 Félix y Alejo _____ una fiesta este fin de semana en su casa.
5 Oye, ¿tú normalmente _____ gente nueva en tus viajes?
6 El fin de semana, mi mujer y yo normalmente _____ en casa y _____ tiempo con nuestros hijos.
7 Vosotros _____ con vuestros amigos el sábado, ¿no?
8 Leonor los fines de semana _____ en bici.

**16** Responde con tu opinión.

   • Este fin de semana no quiero ir a la playa.
   ▪ *Yo tampoco.*
1 • Este fin de semana Adriana y yo no queremos cocinar.
   ▪ _____
2 • No me gusta mucho la playa, prefiero el campo. ¿Y tú?
   ▪ _____
3 • Me interesa mucho la política.
   ▪ _____
4 • No me gusta nada estar solo, ¿y a ti?
   ▪ _____
5 • Normalmente el fin de semana quedo con amigos.
   ▪ _____

## ESTO ME GUSTA 4

# EN ACCIÓN

**17a** Lee el texto y escribe las comas y los puntos.

### En busca de amigos
INICIAR SESIÓN / REGISTRARSE

INICIO    MIEMBROS    ACTIVIDADES    GRUPOS    CHAT

**Grupo de amigos para salir**

**SOFÍA**
**33 años**

Hola a todos:
Me llamo Sofía soy de Valencia (España) y tengo 33 años Soy nueva en Montevideo y busco personas para pasar el tiempo libre Soy una persona alegre tranquila y responsable pero un poco tímida
Trabajo como bióloga y el fin de semana me gusta mucho ir de excursión a la montaña montar en bici o ir al cine Además por mi profesión me interesan la medicina la salud y la ecología ¡Ah! Me encanta cocinar pero también me gusta ir a cenar a restaurantes
Normalmente no leo mucho y no me gusta mucho ir de compras Tampoco me gusta pintar pero sí me gusta visitar exposiciones de arte
Si tienes gustos o intereses similares ¡escríbeme! ☺
¡Un saludo!

**17b** Marca la opción correcta.

1 Sofía vive…
  a en Valencia.
  b en Montevideo.
2 Sofía busca…
  a amigos.
  b pareja.
3 Sofía se dedica…
  a a la medicina.
  b a la biología.
4 El fin de semana a Sofía le gusta…
  a pasar tiempo en la naturaleza.
  b pasar tiempo tranquila en casa.
5 A Sofía no le interesa mucho…
  a la gastronomía.
  b la literatura.
6 A veces Sofía quiere…
  a ir de compras.
  b visitar una exposición.

**17c** Escribe en tu cuaderno un texto similar sobre ti.

## Y PARA ACABAR…

Tres cosas que no te gustan:

Tres *hobbies*:

Tus tres planes favoritos para el fin de semana:

Información interesante de esta unidad:

# 5 DE AQUÍ PARA ALLÁ

## A AQUÍ VIVO

**1** Relaciona las frases.

1 Vivo en el centro y hay muchas casas...
2 Me encanta tomar algo en terrazas al...
3 La zona antigua tiene una vida...
4 Mi pueblo está en el...
5 Para mis vacaciones busco un clima...
6 En nuestro hotel hay unas vistas...

a templado y playa.
b antiguas en mi barrio.
c aire libre con mis amigos.
d maravillosas de la costa.
e nocturna muy interesante.
f sur del país.

**2** 🔊 26 Mira la foto, escucha las frases y marca verdadero (V) o falso (F).

Puerto Vallarta (México)

**3** Completa las frases con el verbo correcto: *hay (haber), ser* o *estar*.

1 Los Andes _____ en Sudamérica.
2 Tegucigalpa _____ la capital de Honduras.
3 ¿_____ mercados al aire libre en tu ciudad?
4 Alicante _____ en la costa mediterránea de España.
5 En Guinea Ecuatorial _____ hablantes de español.
6 Las islas Galápagos _____ en Ecuador.
7 Las vistas de Bogotá desde el cerro de Monserrate _____ espectaculares.
8 En Vitoria-Gasteiz _____ muchos parques y jardines.

### Recuerda

Usamos:
- *hay* para hablar de la existencia de algo,
- *ser* para describir o definir y
- *estar* para ubicar en el espacio.

# DE AQUÍ PARA ALLÁ 5

**4** Mira estas imágenes de Buenos Aires (Argentina) y describe la ciudad. ¿Dónde está? ¿Cómo es? ¿Qué hay?

**Buenos Aires**

*Avenida de Corrientes y Obelisco*

*Barrio de San Telmo*

*Puente de la Mujer en Puerto Madero*

_____
_____
_____
_____

**5a** Marca en estas frases las letras de palabras diferentes que se pronuncian unidas.

*La cocina es increíble.*

1. Rosario es una ciudad en Argentina.
2. La arquitectura de los incas es impresionante.
3. Los mercados al aire libre de la zona antigua parecen interesantes.
4. En Madrid hay muchos museos de arte.

**5b** 🔊 27-30 Escucha y comprueba. Luego lee y graba las frases con tu móvil. Escucha y repite para mejorar tu pronunciación.

# 5 DE AQUÍ PARA ALLÁ

**6a** Observa las palabras subrayadas en las frases y marca qué tipo de palabra son. Los espacios no son importantes.

1. La estación de metro está _____ cerca de mi casa.
   ☐ adjetivo ☐ nombre
   ☐ adverbio ☐ verbo

2. En la zona antigua hay _____ restaurantes excelentes.
   ☐ adjetivo ☐ nombre
   ☐ adverbio ☐ verbo

3. _____ personas viven en los barrios al oeste del centro.
   ☐ adjetivo ☐ nombre
   ☐ adverbio ☐ verbo

4. Vivo en una ciudad _____ cosmopolita. ¡Me encanta!
   ☐ adjetivo ☐ nombre
   ☐ adverbio ☐ verbo

5. Los turistas españoles visitan _____ la Costa del Sol.
   ☐ adjetivo ☐ nombre
   ☐ adverbio ☐ verbo

6. En el museo hay _____ arte del siglo XX.
   ☐ adjetivo ☐ nombre
   ☐ adverbio ☐ verbo

7. No me gustan los edificios _____ altos en los pueblos de la costa.
   ☐ adjetivo ☐ nombre
   ☐ adverbio ☐ verbo

8. Me gusta _____ mi ciudad, ¡es maravillosa!
   ☐ adjetivo ☐ nombre
   ☐ adverbio ☐ verbo

### Recuerda

Los **verbos** expresan acciones (*hablar, hacer, escribir…*); los **nombres** identifican personas, objetos, animales, ideas, etc. (*la estudiante, la película, el sol, la música, el gato, el amor…*); los **adjetivos** dan información sobre un nombre (*bajo/a, rizado/a, verde…*); los **adverbios** complementan verbos o adjetivos (*bastante, poco, cerca…*).

**6b** Ahora completa las frases anteriores con *muy* o *mucho/a/os/as*.

**7** Escribe la terminación de estas palabras si es necesario.

1. Es un pueblo muy especial_____, con much_____ jardines.
2. No me gusta esa ciudad. Es muy grand_____ y no tiene barrios interesant_____.
3. El nuev_____ edificio de la biblioteca es precios_____.
4. La catedral es muy alt_____ y tiene unas vistas muy buen_____ de la parte antigu_____ de la ciudad.
5. Mis amigos del barrio son divertid_____ y alegr_____.
6. En la costa norte hay much_____ playas increíbl_____.
7. En el mercado viej_____ de la ciudad se pueden comprar cosas muy barat_____ y original_____.
8. Los turistas extranjer_____ visitan mucho Barcelona porque les interesa la arquitectura modernist_____ y quieren ver los edificios famos_____.

### Recuerda

Los **adjetivos** complementan a un nombre y normalmente van detrás de él. La terminación del adjetivo depende del nombre:

- Los adjetivos en **-o** hacen la forma femenina en **-a**:

|  | masculino | femenino |
|---|---|---|
| singular | **el** pueblo pequeñ**o** | **la** ciudad pequeñ**a** |
| plural | **los** pueblos pequeñ**os** | **las** ciudades pequeñ**as** |

- Los adjetivos en **consonante**, **-ista** y **-e** solo tienen una forma para masculino y femenino:

|  | masculino | femenino |
|---|---|---|
| singular | **el** pueblo especial, color**ista**, grand**e** | **la** ciudad especial, color**ista**, grand**e** |
| plural | **los** pueblos especial**es**, color**istas**, grand**es** | **las** ciudades especial**es**, color**istas**, grand**es** |

## B ¿QUÉ SABES DE…?

**8** ¿Qué palabra no pertenece al grupo?

*francés - guaraní - español - ~~gigante~~ - portugués*

1. el jardín - la isla - el lago - la selva - el desierto
2. increíble - maravilloso/a - precioso/a - antiguo/a - espectacular
3. la catedral - el palacio - la ruina - la casa - el edificio
4. la galería de arte - las vistas - el festival - el museo - el centro comercial
5. oeste - sur - cerca - este - norte

## 9a Lee y completa el texto con estas palabras.

casas - increíbles - pueblo - turistas - pescadores - isla
familia - costa - lengua - famosa - océano - estatuas

### ISLA DE PASCUA

La isla de Pascua (o Rapa Nui) pertenece a Chile desde 1887. Está en el **(1)** _____ Pacífico, a unos 3700 km de la costa chilena. La isla solo tiene un **(2)** _____: Hanga Roa. Es la capital y allí viven los 5000 habitantes de la **(3)** _____. El 60 % de estos habitantes son chilenos continentales y el 40 % son polinesios y se llaman *rapanui*. La **(4)** _____ oficial de la isla es el español, pero muchas personas hablan también el rapanui.
La imagen típica de Hanga Roa son sus **(5)** _____ pequeñas y sus barcos de **(6)** _____. Además, la isla tiene una naturaleza fantástica, con tres volcanes y una **(7)** _____ maravillosa. Pero la isla de Pascua sobre todo es **(8)** _____ por los moáis. Estas **(9)** _____ gigantes están por toda la isla y hay más de 900. Hay muchas teorías sobre ellas. Quizás los habitantes polinesios hicieron en el pasado estas estatuas para representar a personas de su **(10)** _____. Su significado no está claro, pero sí está claro que son unos monumentos **(11)** _____ y muchos **(12)** _____ vienen a la isla para visitarlos.

## 9b Estas fotos son de la isla de Pascua. ¿De cuáles habla el texto?

# 5 DE AQUÍ PARA ALLÁ

**10a** Marca la opción correcta.

1. ¿**Qué / Cuál / Cuáles** es la cumbia?
2. ¿**Qué / Cuál / Cuáles** es tu ciudad o tu pueblo favorito?
3. ¿**Qué / Cuál / Cuáles** son el guaraní y el aimara?
4. ¿**Qué / Cuál / Cuáles** son las comidas más típicas de tu país?
5. ¿**Qué / Cuál / Cuáles** países de América Latina te interesan especialmente?
6. ¿**Qué / Cuál / Cuáles** son las lenguas oficiales de Perú?
7. ¿**Qué / Cuál / Cuáles** es la moneda de México?
8. ¿**Qué / Cuál / Cuáles** bebida es típica de Argentina?
9. ¿**Qué / Cuál / Cuáles** son las ruinas más famosas de Perú?

**10b** Ahora contesta a las preguntas anteriores. Tienes ayuda en la unidad 2.

1. _____
2. _____
3. _____
4. _____
5. _____
6. _____
7. _____
8. _____
9. _____

### Recuerda

- Si queremos **definir**, preguntamos ¿**Qué** + verbo? (respuesta con **un / una / unos / unas** o sin artículo).
- Si queremos **identificar**, preguntamos ¿**Cuál / Cuáles** + verbo? o ¿**Qué** + nombre? (respuesta con **el / la / los / las** o nombre propio).

**11** Escribe preguntas con *Qué / Cuál / Cuáles / Dónde*.

1. • _____
   ▪ La Habana.
2. • _____
   ▪ Estatuas gigantes.
3. • _____
   ▪ Es una ciudad en la costa norte de Colombia.
4. • _____
   ▪ En el océano Pacífico, a 3700 km de Chile.
5. • _____
   ▪ El español y el rapanui.
6. • _____
   ▪ Las ruinas de Machu Picchu.

**12** Relaciona las preguntas con las respuestas.

1. ¿Cuántas lenguas oficiales hay en Paraguay?
2. ¿De dónde es Shakira?
3. ¿Cuáles son los lugares más turísticos de Chile?
4. ¿Dónde está el salar de Uyuni?
5. ¿A qué se dedica Shakira?
6. ¿Qué lenguas se hablan en Paraguay?
7. ¿Cómo es el clima en La Habana?
8. ¿El salar de Uyuni está en Chile?
9. ¿Cuál es la capital de Chile?
10. ¿Qué es la Feria de las Flores?

a. ☐ No, está en Bolivia.
b. ☐ Es Santiago de Chile.
c. ☐ El guaraní y el español.
d. ☐ De Barranquilla, Colombia.
e. ☐ Es una fiesta de Medellín, Colombia.
f. ☐ Está en el oeste de Bolivia.
g. ☐ Es cantante.
h. ☐ Dos: el guaraní y el español.
i. ☐ Es templado todo el año.
j. ☐ La isla de Pascua y el parque nacional Lauca, entre otros.

### ¿Sabes que...?

La Feria de las Flores se celebra en el mes de agosto en Medellín, Colombia. Durante diez días hay muchas actividades en la ciudad: exposiciones de flores, festivales de música, desfile de coches antiguos, fiestas al aire libre… La actividad más importante es el desfile de silleteros (en las fotos). Muchos turistas de todo el mundo visitan la Feria.

## C TU DESTINO IDEAL

**13** Elige la opción correcta.

1 Andrés quiere relajarse en sus vacaciones y por eso siempre visita pueblos con mucha **gastronomía / tranquilidad**.
2 La **naturaleza / arquitectura** de Barcelona es impresionante: puedes ver monumentos modernos y clásicos de muchos artistas internacionales.
3 Todos los años me gusta pasar unos días en mi **pueblo / ciudad**: no hay mucha gente, es muy pequeño y no hay estrés.
4 Perú es muy famoso por su gastronomía. Si visitas este país, tienes que **probar / montar** sus platos típicos, como el cebiche.
5 En verano me encanta ir a la **montaña / playa**: tomar el sol, escuchar el mar, relajarme… ¡es fantástico!
6 Me gusta vivir en Buenos Aires porque es una ciudad con mucha **ubicación / animación**: siempre hay conciertos, exposiciones, fiestas, etc.
7 Cuando el clima es muy bueno muchas personas prefieren tomar algo en una **estación / terraza** en la calle al aire libre.
8 Mi ciudad tiene una **arquitectura / ubicación** perfecta: está cerca de la playa, no está lejos de la montaña y además tiene un aeropuerto internacional.

**14** Contesta a estas preguntas con la información de los comentarios de la página 46 del libro del alumno.

1 ¿En qué lugar puedo escuchar música en directo?
2 ¿Qué lugar es ideal para ir con mi pareja?
3 ¿Dónde puedo practicar un deporte de invierno?
4 ¿En qué lugares puedo nadar en el mar?
5 ¿Qué lugares tengo que visitar si me gusta probar comida típica?
6 ¿Dónde puedo encontrar un ambiente internacional?
7 ¿Qué lugar es más interesante por su naturaleza?
8 ¿Qué lugar es ideal para vacaciones en familia?

**15** Relaciona estas recomendaciones.

1 Si te gusta la naturaleza,…
2 Si quieres practicar tu español,…
3 Si te gusta comer bien,…
4 Si tienes mucho estrés,…
5 Si quieres vivir una experiencia auténtica,…
6 Si te interesa el arte,…

a ☐ tienes que visitar el Museo del Prado, en Madrid.
b ☐ puedes ir a un intercambio de idiomas o hacer un curso intensivo.
c ☐ puedes visitar Costa Rica o los parques nacionales de Estados Unidos.
d ☐ tienes que probar la gastronomía típica del País Vasco.
e ☐ tienes que viajar a destinos poco turísticos.
f ☐ puedes ir a la playa o a un *spa*.

**16** Escribe recomendaciones sobre tu ciudad. ¿Qué puede o tiene que hacer la gente allí?

*En mi ciudad tienes que visitar la catedral. Es muy grande y famosa. También…*

**17** 🔊 31 📄 **DELE** Una chica habla sobre el pueblo donde pasa sus vacaciones. Completa las frases con la información que escuchas.

1 El pueblo es _____.
2 En el pueblo no hay _____ turistas.
3 Hay una _____ cerca del hotel.
4 Los restaurantes del pueblo son _____.
5 En el pueblo hay _____ tiendas.
6 En el pueblo se puede _____ del estrés.
7 La conexión a internet es _____.

### ESTRATEGIAS PARA EL EXAMEN

Este ejercicio corresponde a la Tarea 4 de la Prueba 2 del DELE A1.
- Primero lee las frases y piensa qué palabra necesitas.
- Después escucha con atención para saber dónde está la información importante.
- Luego escucha otra vez para saber las palabras que necesitas.
- Escuchas el texto tres veces en total.

# 5 DE AQUÍ PARA ALLÁ

## EN ACCIÓN

**18a** Lee la presentación de Marco. ¿Sabes de qué ciudad habla?

La ciudad es _____.

### ¡Hola a todos!

Mi ciudad favorita está en el oeste de Portugal, cerca de la costa. Es la segunda ciudad del país. El río Duero es muy importante allí y hay muchos puentes. Me gusta mucho el puente de Don Luis I porque es muy alto y hay unas vistas espectaculares de la ciudad y el río. También hay barcos para turistas.

La zona antigua de la ciudad tiene casas de colores muy bonitas y hay muchas terrazas al aire libre. En las terrazas tienes que probar la gastronomía portuguesa, ¡es deliciosa!, especialmente el bacalao, un pescado típico de este país. Además, esta ciudad es famosa por un vino que tiene el nombre de la ciudad. Puedes visitar bodegas y probar el vino.

La gente en esta ciudad habla portugués, claro, pero también comprenden un poco de español porque está muy cerca de España.

**18b** Ahora contesta a las preguntas.

1. ¿Dónde está la ciudad?
2. ¿Dónde hay buenas vistas de la ciudad?
3. ¿Qué pueden hacer los turistas?
4. ¿Qué hay en la parte vieja de la ciudad?
5. ¿Qué comida tienes que probar en esta ciudad?
6. ¿Qué producto es famoso?

## Y PARA ACABAR...

Tres características que te gustan en un lugar para vivir:

Tu lugar favorito de tu pueblo o ciudad:

Un viaje que quieres hacer:

Información interesante de esta unidad:

# 6 SOMOS ASÍ

## A RUTINAS

**1a** Escribe los días de la semana.

| OSABDÁ | EVUJES | SULEN | ROCIESÉML | SETRAM |

1 _____  2 _____  3 _____  4 _____  5 _____

**1b** ¿Cuál es tu día favorito de la semana? ¿Por qué?

_____
_____

**2** 🔊 32-33 Dos personas hablan sobre su rutina. Escucha y escribe en qué orden hacen estas acciones.

|  | Lara | Néstor |
|---|---|---|
| levantarse | 1 | 1 |
| ducharse | ___ | ___ |
| desayunar | ___ | ___ |
| descansar | ___ | ___ |
| empezar a trabajar | ___ | ___ |
| cocinar | ___ | ___ |
| comer | ___ | ___ |
| terminar de trabajar | ___ | ___ |
| ir al gimnasio | ___ | ___ |
| quedar con amigos | ___ | ___ |
| hacer la compra | ___ | ___ |
| ordenar la casa | ___ | ___ |
| cenar | ___ | ___ |
| leer | ___ | ___ |
| ver una película | ___ | ___ |
| acostarse | ___ | ___ |

### ¿Sabes que...?

En España, en las oficinas públicas normalmente se trabaja de 8 a 15. En el sector privado es normal empezar a trabajar a las 9, hacer una pausa de entre una y dos horas a mediodía, y trabajar por la tarde hasta las 18 o 19. La gente cena tarde y también se acuesta tarde, sobre todo en las ciudades. Los programas de máxima audiencia en televisión empiezan a las 22:30.

**3** Relaciona las frases.

1 Todos hacemos cosas de forma…
2 Normalmente cada día es igual…
3 Nos levantamos o desayunamos…
4 Algunas personas creen que la rutina es…
5 Tener hábitos es importante para…
6 Un cambio en las costumbres, es…
7 Necesitamos los hábitos para sentirnos…
8 Automatizar las actividades del día…

a funcionar bien y es bueno para el cuerpo.
b que el anterior, o muy similar.
c decir, en la rutina, puede alterar el cuerpo.
d automática, sin pensarlas.
e siempre a la misma hora.
f a día es una ayuda para organizar el tiempo.
g aburrida, no les gusta.
h seguros y ser más rápidos.

# 6 SOMOS ASÍ

**4** ¿Qué hora es?

1 *Son las ocho y cuarto de la mañana.*
2 _____
3 _____
4 _____
5 _____
6 _____

**5** Completa con la preposición correcta, si es necesario: Ø, a, de, por.

1 _____ los miércoles _____ la tarde tengo clase de francés.
2 Normalmente comemos _____ las dos y media _____ la tarde.
3 Mañana _____ la noche ceno con Almudena.
4 ¿_____ qué hora empezáis a trabajar _____ la mañana?
5 _____ las nueve _____ la noche cenamos.
6 Rubén siempre queda con sus amigos _____ los jueves _____ las ocho.
7 _____ el martes tengo que ir al dentista.
8 En mi empresa terminamos de trabajar _____ las cinco _____ la tarde.

### ¡Fíjate!

**los** lunes = todos los lunes
**el** lunes = el próximo lunes, solo un lunes
Los días de la semana **no llevan preposición**: ~~En El~~ *viernes no trabajo.*

**6** Escribe las preguntas.

1 • _____
▪ Pues normalmente ceno a las diez y media.
2 • _____
▪ Son las siete y cuarto.
3 • _____
▪ Quedo con mis amigos los viernes por la noche.
4 • _____
▪ Sí, son las tres y veinte.

**7** 📄 **DELE** Lee estas notas. Relaciona cada nota con una frase. Hay tres notas que no necesitas.

**a** Supermercado: leche, arroz, champú...

**b** Martes: ir a trabajar más temprano (a las 8:00)

**c** A las 17:15 ir al gimnasio con Lucía

**d** Llamar a Lola por su cumpleaños

**e** Jueves: comprar billetes y reservar hotel

**f** 18:30: partido de fútbol de los niños

**g** Por la noche, cine con Ángel a las 20:30

**h** Excursión al Chorro (noche allí)

**i** Domingo a las 14, comida con mi hermano y las niñas

**j** Cena con Víctor, Laura y demás amigos del instituto (viernes, 22:00)

1 [i] Comer en familia
2 ☐ Quedar con amigos.
3 ☐ Pasar el día en otro lugar.
4 ☐ Hacer deporte.
5 ☐ Hacer la compra.
6 ☐ Hablar por teléfono.
7 ☐ Salir de casa a una hora diferente.

### ESTRATEGIAS PARA EL EXAMEN

Este ejercicio corresponde a la Tarea 2 de la Prueba 1 del DELE A1.
- Primero lee bien las notas.
- Luego lee las frases y relaciona. No tienes que comprender todas las palabras. ¡Atención! Algunas palabras pueden ser confusas. Por ejemplo, "comprar billetes" no es "hacer la compra", porque "hacer la compra" significa "comprar en el mercado o similar".

## B MI DÍA A DÍA

**8** Completa con la conjugación de los verbos regulares en presente.

|  | cocinar | desayunar | leer | beber | vivir | escribir |
|---|---|---|---|---|---|---|
| yo |  |  |  |  | vivo |  |
| tú |  | desayunas |  |  |  |  |
| él / ella / usted |  |  |  | bebe |  |  |
| nosotros/as | cocinamos |  |  |  |  |  |
| vosotros/as |  |  | leéis |  |  |  |
| ellos / ellas / ustedes |  |  |  |  |  | escriben |

**9** ¿A qué persona *(yo, tú, él...)* corresponden estas frases?

1  A las cinco de la tarde sale de clase y va al gimnasio.
2  Señor Esteban, ¿a qué hora se levanta normalmente?
3  No duermo mucho porque tengo que estudiar para mis exámenes.
4  ¿Coméis en casa o preferís comer en la universidad?
5  Mis padres y yo cenamos en un restaurante todos los sábados por la noche.
6  ¿Qué haces normalmente por la mañana?
7  Los españoles comen más tarde que otros europeos.
8  ¿Cuándo vuelven tus padres de sus vacaciones?

**10** Piensa en un verbo adecuado y completa las frases. A veces hay varias opciones posibles.

1  Por la noche, antes de dormir, Laura _____ un libro en la cama.
2  Ignacio _____ a las 7 de la mañana todos los días.
3  Todos los días, mi mujer y yo _____ una serie en la televisión.
4  Mis amigos Aoife y James _____ en España, pero son de Irlanda.
5  Mi hermano pequeño _____ pronto, a las nueve de la noche siempre está en la cama.
6  Mis clases en la universidad _____ a las nueve y terminan a las dos de la tarde.
7  Los estudiantes _____ a la universidad en autobús.
8  Soy vegetariana, por eso no _____ carne ni pescado.
9  Chicos, ¿cuándo _____ a vuestro país? ¿En julio o en agosto?
10  Luisa, ¿a qué hora _____ de casa normalmente?

**11** Completa esta tabla con verbos irregulares en presente.

|  | empezar | querer | volver | poder | jugar | salir |
|---|---|---|---|---|---|---|
| yo |  |  |  |  |  |  |
| tú |  |  |  |  |  |  |
| él / ella / usted |  |  |  |  |  |  |
| nosotros/as |  |  |  |  |  |  |
| vosotros/as |  |  |  |  |  |  |
| ellos / ellas / ustedes |  |  |  |  |  |  |

# 6 SOMOS ASÍ

**12a** Esta es la rutina de Antonio. Completa las frases con el verbo en la forma correcta. Después, escribe el orden de las acciones.

a  ③ A las siete y media *salgo* (salir) de casa. _____ (ir) a trabajar en moto porque _____ (vivir) cerca de mi trabajo.

b  ☐ Después de hacer gimnasia, _____ (volver) a casa, _____ (ducharse) otra vez y _____ (cenar).

c  ☐ _____ (leer) mi email, _____ (hablar) con mis compañeros y _____ (trabajar) en mis proyectos hasta las doce.

d  ☐ _____ (levantarse) a las seis y media de la mañana. _____ (ducharse), _____ (afeitarse) y _____ (ponerse) la ropa.

e  ☐ A las dos _____ (comer) con mis compañeros en un restaurante y después _____ (volver) a la oficina.

f  ☐ A las doce _____ (salir) de la oficina y _____ (tomar) otro café en un bar que está cerca. Luego _____ (trabajar) un poco más.

g  ☐ A las seis _____ (terminar) de trabajar. Antes de volver a casa, _____ (hacer) deporte en el gimnasio de siete a ocho de la tarde.

h  ☐ Después de vestirme, _____ (desayunar) un café con leche y una tostada.

i  ☐ A las ocho normalmente _____ (llegar) a la oficina y _____ (empezar) a trabajar.

j  ☐ Después de cenar, _____ (ver) una película o _____ (escuchar) música. A las once _____ (acostarse).

> **¡Fíjate!**
> Podemos **ordenar las acciones** con *antes de* y *después de* y el verbo en infinitivo.
> **Antes de** comer me lavo las manos.
> **Después de** desayunar voy a trabajar.

**12b** Compara tu rutina con la de Antonio. ¿Qué cosas son similares?, ¿qué cosas son diferentes?

*Yo también me levanto a las seis y media de la mañana. Después de cenar, yo hablo con mi familia y no veo la televisión.*

**13** Clasifica los siguientes verbos. Dos de ellos tienen doble irregularidad.

empezar - trabajar - levantarse - acostarse - escribir
volver - pedir - venir - estudiar - tener - ver - querer
vestirse - leer - dormir - poder - terminar - salir

| Verbos regulares | | | |
|---|---|---|---|
| | | | |

| Verbos irregulares | | | |
|---|---|---|---|
| e > ie | o > ue | e > i | irregular en "yo" |
| | | | |

## SOMES ASÍ 6

**14** Escribe dos frases diferentes para estos verbos.

1  acostar(se)
a _____
b _____

2  vestir(se)
a _____
b _____

3  maquillar(se)
a _____
b _____

4  duchar(se)
a _____
b _____

### Recuerda

Hay verbos que funcionan como **reflexivos** y como **no reflexivos**:
- Si son reflexivos (llevan pronombre), expresan que la persona hace y recibe la acción: *Carlos se levanta a las ocho* (él se levanta a sí mismo).
- Si no son reflexivos (no llevan pronombre), expresan que una persona hace la acción y una persona diferente recibe esa acción: *Carlos levanta a su hija* (Carlos levanta a ella).

**15a** 📄 **DELE** Elige tres de estos temas y graba en tu móvil una presentación de dos o tres minutos. Después, escucha, anota los aspectos que puedes mejorar y graba otra vez.

**Puedes hablar de…**
- ¿Qué haces?
- ¿Cuándo?
- ¿Con quién?

### ESTRATEGIAS PARA EL EXAMEN

Este ejercicio corresponde a la Tarea 2 de la Prueba 4 del DELE A1. En esta tarea tienes que hacer una presentación de dos o tres minutos para el entrevistador.
- Para preparar las tareas 1 y 2 de la prueba 4 tienes 15 minutos antes del examen.
- En el tiempo de preparación puedes tomar notas, pero en el examen no puedes leer.

### ¡Fíjate!

Estos son algunos medios de transporte:

la bicicleta · la moto · el coche

el autobús · el tren · el avión

Con los medios de transporte usamos la **preposición en**, pero decimos *ir a pie*.
*Voy al trabajo **en** bicicleta, pero al cine voy **a** pie. Cuando voy a otra ciudad, voy **en** autobús o **en** tren.*

# 6 SOMOS ASÍ

**15b** DELE Ahora lee estas preguntas y graba tus respuestas con el móvil. Después, escucha, anota los aspectos que puedes mejorar y graba otra vez.

- ¿A qué hora te levantas y te acuestas cuando trabajas / tienes clase?
- ¿Qué haces normalmente después del trabajo / de las clases?
- ¿Ves con frecuencia a tu familia?
- ¿Tienes coche?
- ¿Dónde comes normalmente?

### ESTRATEGIAS PARA EL EXAMEN

Este ejercicio corresponde a la Tarea 3 de la Prueba 4 del DELE A1. El entrevistador te pregunta sobre algunos aspectos de tu presentación (Tarea 2) y tenéis una conversación. Puedes usar expresiones típicas de la lengua oral:

- **Bueno**, normalmente salgo de casa a las siete.
- **La verdad es que** me acuesto cada día a una hora diferente.
- No tengo coche, **es que** en mi ciudad siempre puedo ir a pie o en autobús.
- **Pues** a veces como en un restaurante, pero casi siempre como en casa.

## C FUERTES Y CON DETERMINACIÓN

**16a** Relaciona las imágenes con estos deportes.

fútbol - tenis - natación - esquí - ciclismo - voleibol - baloncesto - golf

1   2   3   4   5   6   7   8

1 _____  2 _____  3 _____  4 _____
5 _____  6 _____  7 _____  8 _____

**16b** ¿Qué deportes te gusta practicar? ¿Y qué deportes te gusta ver en directo o en la tele?

_____
_____

**17** Lee las pistas y completa el crucigrama.

1 Costumbres o hábitos que repetimos.
2 La primera comida del día.
3 Persona que hace deporte.
4 En los Juegos Olímpicos puedes ganar una (…) de oro, plata o bronce.
5 Persona que va en bicicleta.
6 Los donuts y el chocolate son (…).
7 Algunas mujeres se pintan las (…) de colores.
8 Imagen permanente pintada en el cuerpo.

# SOMOS ASÍ 6

**18a** Relaciona las imágenes con las frases. Los espacios de las frases no son importantes.

1. ☐ Voy al gimnasio _____ por la mañana, antes de trabajar.
2. ☐ Rodrigo _____ canta cuando se ducha.
3. ☐ En mi casa _____ cenamos en familia.
4. ☐ La verdad es que no desayuno en la cama, _____ es muy incómodo.
5. ☐ Mi novio y yo vemos películas en casa _____.
6. ☐ No hago la compra por internet _____, prefiero ir al supermercado.

**18b** Ahora mira los porcentajes y completa las frases anteriores con estos indicadores de frecuencia.

casi siempre

a menudo

casi nunca    a veces

nunca    siempre

**19** Usa algunas de estas palabras para escribir frases sobre ti.

> ir al gimnasio - comer dulces - montar en bici
> volver a casa - hacer la compra - levantarse
> pintarse las uñas - empezar a trabajar
> acostarse tarde - dormir la siesta

Nunca        *Nunca me levanto temprano los sábados.*
1. Casi nunca _____
2. A veces _____
3. A menudo _____
4. Normalmente _____
5. Casi siempre _____
6. Siempre _____

**20** 🔊 34 Escucha a Alba y marca verdadero (V) o falso (F).

|   |   | V | F |
|---|---|---|---|
| 1 | Alba va en bicicleta al trabajo. | ☐ | ☐ |
| 2 | Alicia siempre hace yoga los lunes y jueves. | ☐ | ☐ |
| 3 | A Alba le gusta nadar los fines de semana. | ☐ | ☐ |
| 4 | Normalmente Alba duerme ocho horas. | ☐ | ☐ |
| 5 | Alba desayuna solo un café. | ☐ | ☐ |
| 6 | Alba practica esquí a menudo. | ☐ | ☐ |

# 6 SOMOS ASÍ

## EN ACCIÓN

**21a** 📄 **DELE** Lee el correo electrónico de Lena y contesta a las preguntas.

Hola, David:

¿Qué tal? Yo, feliz, de vacaciones en este paraíso 😊. Menorca es una isla preciosa, la gente es tranquila y amable y, además, ahora todavía no hay muchos turistas.

Y la vida en vacaciones… ¡es maravillosa! Imagínate… No nos levantamos muy tarde, a las nueve o nueve y media, y yo cojo el libro y voy a la playa a leer. A veces nado en el mar (¡el agua es transparente!) o ando por la orilla. Anna, la deportista, casi siempre sale a correr un poco. Luego, más o menos a las doce, desayunamos bien y después hacemos una excursión a algún lugar de la isla. Hay muchos parques naturales y la naturaleza es increíble. ¡Nos encanta!

Por la noche, los españoles cenáis muy tarde, pero nosotras cenamos pronto. A veces es un problema encontrar un restaurante abierto, pero siempre podemos ir de tapas a un bar 😊. Y después de cenar, damos un paseo al lado del mar.

Como ves, es una vida sin tele, sin mucho móvil, sin estrés… ¡¡es genial!!

¿Qué tal tú? ¿Cuándo tienes vacaciones?

Un abrazo,
Lena

1 Lena escribe un correo sobre…
  a su rutina.
  b las costumbres de los españoles.
  c sus vacaciones en una isla.
  d los paisajes de Menorca.
2 Normalmente por la mañana…
  a hace una excursión con Anna.
  b lee un libro.
  c hace mucho deporte.
  d desayuna en la cama.
3 Lena y Anna desayunan…
  a tarde.
  b en la playa.
  c pronto.
  d poco.
4 Por las noches a veces…
  a cenan tarde.
  b no encuentran bares de tapas.
  c no cenan.
  d no encuentran restaurantes abiertos.
5 Por las noches no…

a b c d

### ESTRATEGIAS PARA EL EXAMEN

Este ejercicio corresponde a la Tarea 1 de la Prueba 1 del DELE A1. Hay un texto y cinco preguntas. La pregunta 5 tiene imágenes.
- Primero lee el texto para tener una idea general. No tienes que comprender todas las palabras.
- Después, lee las preguntas.
- Si la respuesta no está clara, piensa qué respuestas no son correctas.
- Luego lee con atención el lugar del texto que tiene la información importante.

**21b** ¿Cómo es para ti un día ideal? Escribe en tu cuaderno un pequeño texto.

## Y PARA ACABAR…

¿Qué haces normalmente a las seis de la tarde?

Tus dos actividades favoritas del día a día:

Una curiosidad sobre ti:

Información interesante de esta unidad:

# 7 ¿QUÉ HACEMOS?

## A ¿CÓMO ESTÁS?

**1** ¿Cómo están estas personas en estas situaciones?

1. Esta semana tengo mucho trabajo y no tengo tiempo para comer. Además, siento que no tengo energía… ¡Necesito vacaciones! O un fin de semana en un *spa*.
   a Estoy triste.
   b Estoy cansada.
2. La temperatura es muy alta y hace mucho sol.
   a Tengo calor.
   b Tengo sueño.
3. Mañana tengo el examen más importante de mis estudios. Creo que tengo que estudiar más…
   a Tengo hambre.
   b Estoy nervioso.
4. No bebo nada en toda la mañana, hace calor, quiero un poco de agua.
   a Tengo sed.
   b Estoy cansado.
5. No sé qué hacer: no quiero leer, no quiero salir, no quiero ver la tele, no quiero escuchar música…
   a Estoy enfadada.
   b Estoy aburrida.

**2** Clasifica estas palabras con los verbos *tener* o *estar*.

> frío - cansado/a - hambre - sueño - estresado/a
> miedo - triste - contento/a - sed - nervioso/a
> enfadado/a - calor - aburrido/a

| tener | estar |
|---|---|
|  |  |

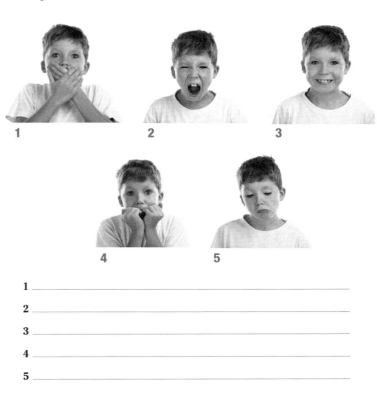

**3** ¿Cómo está Luis? Escribe su estado de ánimo.

1 _____
2 _____
3 _____
4 _____
5 _____

**4** Completa esta tabla con los adjetivos y sustantivos correspondientes.

|   | Adjetivo | Sustantivo |
|---|---|---|
| 1 |  | la alegría |
| 2 | triste |  |
| 3 |  | el aburrimiento |
| 4 | estresado/a |  |
| 5 |  | el cansancio |
| 6 | deprimido/a |  |
| 7 |  | la felicidad |

# 7 ¿QUÉ HACEMOS?

**5** Lee estas recomendaciones y escribe un posible problema.

- • *Estoy muy nervioso porque tengo un examen.*
- ▪ Puedes tomar un té verde y hacer un poco de yoga.

1 • _____

▪ Tienes que acostarte un poco antes.

2 • _____

▪ Debes ir al médico inmediatamente.

3 • _____

▪ Puedes cambiar tu dieta y empezar a comer comida más sana.

4 • _____

▪ Tienes que buscar un *hobby*, como correr o pintar.

5 • _____

▪ Debes estudiar más todos los días, no solo antes del examen.

6 • _____

▪ Puedes apuntarte a clases de idiomas, hacer un curso de cocina, ir al gimnasio…

**6a** Lee otra vez el texto de la página 59 del libro del alumno y escribe el nombre de estos productos.

1 la q _ _ n _ a    2 el s _ _ m _ n    3 el _ _ á _ _ n _    4 el c _ o _ _ l _ t _    5 la _ _ n _ n _

6 los _ _ u _ _ s _ e _ _ s    7 el _ u _ _ o    8 las s _ _ _ i _ _ s    9 el _ _ _ o _

**6b** ¿De qué productos de la actividad anterior se habla? Tienes ayuda en el texto de la página 59.

1 Sus grasas te ayudan a estar más contento/a: el _____ y las _____.
2 Tenemos más energía si tomamos cereales como el trigo o la _____.
3 Debes tomar este alimento cuando te levantas: el _____.
4 Si tomamos estos alimentos, nuestro estado de ánimo cambia positivamente: el _____ integral, el _____ y los _____.
5 Si tu estado físico y de ánimo no es muy bueno debes comer _____, _____ y otras frutas.

# B ¿QUÉ TOMAMOS?

**7** Lee el texto de la página 60 del libro del alumno y marca verdadero (V) o falso (F).

|   |   | V | F |
|---|---|---|---|
| 1 | España tiene más bares y restaurantes que el resto de países de la Unión Europea. | ☐ | ☐ |
| 2 | En Estados Unidos hay un bar por cada 175 personas. | ☐ | ☐ |
| 3 | Las tapas siempre son gratis. | ☐ | ☐ |
| 4 | La tapa más popular es el pincho de tortilla. | ☐ | ☐ |
| 5 | Los turistas prefieren una cena tradicional en un restaurante. | ☐ | ☐ |
| 6 | Algunos chefs adaptan sus platos al formato "tapa". | ☐ | ☐ |

## ¿QUÉ HACEMOS? 7

**8** Marca la palabra que **no** está relacionada con el grupo.

1. agua - leche - zumo - aceite
2. pulpo - bacalao - tortilla - anchoa
3. sándwich - café con leche - ensalada - pincho
4. avena - trigo - huevo - quinoa
5. higo - aceituna - plátano - manzana
6. croqueta - patata - cebolla - pimiento

**9a** Señala qué comidas puede comer un vegetariano.

☐ patatas bravas
☐ ensalada
☐ hamburguesa de pollo
☐ bacalao con tomate
☐ tortilla de patata
☐ croquetas de queso
☐ verduras a la plancha
☐ croquetas de jamón
☐ sándwich vegetal
☐ pimientos con huevo

**9b** ¿Cuáles de las comidas vegetarianas anteriores no puede comer una persona vegana? ¿Por qué?

_____

**10a** Completa el diálogo con estas expresiones.

> para mí - nada más - qué vais a tomar - cuánto es
> qué llevan - me pones - de segundo

**Camarero:** Buenos días. Aquí tenéis la carta. ¿(1) _____?

**Lidia:** Hola, (2) _____ la sopa de verduras y (3) _____ el bacalao, por favor.

**Lola:** ¿(4) _____ las croquetas?

**Camarero:** Son de jamón.

**Lola:** Entonces, (5) _____ las croquetas y la ensalada.

(...)

**Camarero:** ¿Queréis algo más? ¿Algo de postre?

**Lola:** (6) _____, gracias.

**Lidia:** ¿(7) _____?

**Camarero:** Son 24,75 euros.

**10b** Marca las palabras donde ves si hablan de *tú / vosotros* o *usted / ustedes*, ¿qué formas usan? Cambia las formas para hacer el diálogo con la otra forma.

### ¿Sabes que...?

En Latinoamérica y en algunas regiones de España no se usan *vosotros* ni sus formas verbales. Se usa la forma de *ustedes* para las situaciones formales y también para las informales. En algunas regiones de Latinoamérica también se utiliza *usted* y no *tú* para situaciones informales.

**11a** DELE Mira las imágenes y piensa la pregunta y la respuesta para cada lámina.

### ESTRATEGIAS PARA EL EXAMEN

Este ejercicio corresponde a la Tarea 4 de la Prueba 4 del DELE A1. En esta prueba tienes cuatro láminas con imágenes e información para hacer cuatro minidiálogos con el entrevistador. - Para esta tarea no tienes tiempo de preparación.
- En las láminas 1 y 2 el entrevistador pregunta y tú respondes. En las láminas 3 y 4 tú preguntas y el entrevistador responde.
- Al final tienes que despedirte del entrevistador porque esta es la última tarea de expresión oral.

#### LÁMINA 1

El entrevistador pregunta / Tú respondes

Restaurante Galia

 ¿  miércoles?

Domingo a jueves:
10:00 - 22:00
Viernes y sábado:
10:00 - 00:00

#### LÁMINA 2

El entrevistador pregunta / Tú respondes

¿  ?

#### LÁMINA 3

Tú preguntas / El entrevistador responde

 ¿  ?
 = 2,50 €

#### LÁMINA 4

Tú preguntas / El entrevistador responde

¿Ingredientes?

 =
 +

# 7 ¿QUÉ HACEMOS?

**11b** Estas son las preguntas y respuestas del entrevistador. Completa los minidiálogos.

### LÁMINA 1
• ¿A qué hora abre el restaurante Galia los miércoles?
▪ _____

### LÁMINA 2
• ¿Qué quieres tomar?
▪ _____

### LÁMINA 3
• _____
▪ Son 2,50 euros.

### LÁMINA 4
• _____
▪ Lleva huevo y patatas.

**12a** A Óscar le interesa la gastronomía y, cuando va a un restaurante, escribe una ficha de los platos que le gustan. Completa la ficha con estas palabras.

> está bueno con - tradicional - postre
> plato - restaurante - lleva

## Mis platos favoritos

- **(1)** _____ : Bacalao con tomate
- **(2)** _____ : Las Palomas (San Sebastián)
- Cocina: ☐ Moderna  ☑ **(3)** _____
- Vegetariano: ☐ Sí  ☑ No
- ☐ Primero  ☑ Segundo  ☐ **(4)** _____
- **(5)** _____ : bacalao, tomate, cebolla, ajo, aceite de oliva, sal y perejil
- **(6)** _____ : patatas

El perejil

**12b** Ahora piensa en un plato que te gusta y escribe una ficha similar.

## C ¿DÓNDE VAMOS?

**13** Completa el programa de cine del centro cultural Gaviota con estas palabras.

> carnet - cerrado - espectador - horario - lugar
> mayores - precio - próxima

### Semana de cine clásico en el Gaviota

La **(1)** _____ semana disfruta de los clásicos del cine estadounidense otra vez en la gran pantalla.

**Domingo y lunes** - **(2)** _____.
**Martes** - *Ciudadano Kane.*
**Miércoles** - *Cantando bajo la lluvia.*
**Jueves** - *Con faldas y a lo loco.*
**Viernes** - *Lo que el viento se llevó.*
**Sábado** - *Casablanca.*

**(3)** _____ : Centro cultural Gaviota, Paseo Marítimo, 18.
**(4)** _____ : 18:30 y 21:00 horas.
**(5)** _____ : 2,50 euros. **(6)** _____ joven y **(7)** _____ de 65 años: 1,50 euros.
Miércoles, día del **(8)** _____ : 1 euro.

**14** Escribe qué van a hacer estas personas.

**1 LA NIÑA**

_____
_____

**2 VÍCTOR Y ÁLEX**

_____
_____

**3 MAGDA**

_____
_____

**4 LA FAMILIA**

_____
_____

**15** Completa la información.

1 Hoy es _____.
2 Mañana es _____.
3 Pasado mañana es _____.
4 El año que viene es _____.
5 Son las _____.
6 En una hora van a ser _____.

**16a** Completa con la forma correcta de *ir a*.

1 • Chicos, ¿_____ correr en el maratón del año que viene?
  ▪ Sí, queremos participar, ¡pero _____ tener que entrenar mucho!

2 • Juliana _____ ir al concierto de Lila Downs pasado mañana. ¿Tú _____ ir con ella?
  ▪ ¡Uy, no! Creo que yo _____ descansar en casa. ¡Estoy muy cansada!

3 Mis hijos _____ pasar el próximo fin de semana con su padre, así que yo _____ quedar con amigas e ir a tomar algo.

4 Lino y Rebeca _____ salir de fiesta, pero Chema y yo no tenemos dinero, por eso _____ ver una película en casa.

5 • Niñas, hoy _____ pasar la tarde con el tío Pepe, ¿vale?
  ▪ ¡Qué bien!

# 7 ¿QUÉ HACEMOS?

**16b** ¿Y tú? ¿Qué vas a hacer…

1   … mañana por la mañana?

2   … el sábado que viene?

3   … después de este ejercicio?

**17a** ¿Cómo se agrupan las palabras de estas frases? Marca como en el ejemplo.

*Vamos a ver el partido de las ocho.*

1   ¿Vas a ir hoy a casa de Lucas y Ana?

2   Si estáis aburridos, podéis hacer una excursión.

3   Olalla y Suso van a ir al teatro y yo voy a escuchar un concierto.

4   Quiero hablar con Antonia sobre el plan del domingo.

**17b** 🔊 35-38 Ahora, escucha y comprueba.

**18** Completa las frases con uno de estos verbos en la forma correcta.

> tener - estar - ir a - tomar

1   _____ un poco estresado, por eso hoy no quiero _____ casa de Ofelia.
2   • Papá, David y yo _____ hambre…
    ▪ ¡Pues, venga! ¡_____ (nosotros) preparar unos bocadillos!
3   Raquel _____ un novio muy simpático. Siempre _____ contento.
4   Para _____ Benalmádena tenemos que _____ un tren en el aeropuerto.
5   Rosana y Nilo quieren _____ la exposición, pero sus hijos prefieren _____ en la playa y _____ el sol.
6   Yo hoy _____ muy cansada y _____ sueño. Creo que _____ acostarme en cinco minutos.
7   Este fin de semana mi familia y yo _____ celebrar el cumpleaños de mi abuelo. Ahora _____ 89 años y cumple 90.
8   Juana y María Luisa _____ ir a un bar a _____ algo después de clase. ¿Vamos con ellas?

**19** 🔊 39-43 📄 **DELE** Vas a escuchar cinco mensajes muy cortos. Relaciona cada mensaje con una imagen. Hay tres imágenes que no necesitas.

a ☐

b ☐

c ☐

d ☐

e ☐

f ☐

g ☐

h ☐

## ESTRATEGIAS PARA EL EXAMEN

Este ejercicio corresponde a la Tarea 2 de la Prueba 2 del DELE A1.

- Primero mira las imágenes y piensa qué situación representa (pedir en un bar, esperar el autobús…).
- Después escucha los mensajes y piensa: ¿quién habla, dónde está?
- Luego escucha otra vez con atención y fíjate en qué dice la persona. No es necesario comprender todas las palabras.
- Escuchas los mensajes dos veces en total.

# ¿QUÉ HACEMOS? 7

## EN ACCIÓN

**20** ¿Piensas que estas situaciones son formales o informales? ¿Qué pronombre usan en España? ¿Y en otros países hispanohablantes?

| | Tipo de situación | | Pronombre | |
|---|---|---|---|---|
| | Formal | Informal | En España | En otros países |
| 1 En una entrevista de trabajo. | | | | |
| 2 Cuando conoces a los padres de tu novia. | | | | |
| 3 En el autobús, con dos personas mayores. | | | | |
| 4 Con tus padres. | | | | |
| 5 Con el camarero de una cafetería. | | | | |
| 6 Con tu profesor de español. | | | | |

**21** ¿Qué palabras relacionas con "tú / vosotros" y cuáles con "usted / ustedes"?

> chicos - señora Pérez - les - vuestras - don Carlos
> su - os - tío - perdone - te - tus - perdona - se - le

| tú / vosotros | usted / ustedes |
|---|---|
| | |
| | |

### ¿Sabes que...?

Las palabras *tío* y *tía* se usan en España para referirse a un buen amigo o amiga en un contexto informal: *Bueno, tía, ¿a qué hora nos vemos para el concierto?*
En otros países se usan otras palabras: en Colombia *mijo/a*, en Argentina *pibe/a*, en México *güey*, etc.

**22** Transforma estas frases de "tú" a "usted" y de "vosotros" a "ustedes" o al revés.

1 ¿A qué hora se levanta usted?
　
2 Chicos, ¿os gustan las verduras o preferís la carne?
　
3 Si están cansados, deben hablar con su médico.
　
4 ¿Qué hace cuando está enfadado?
　
5 ¿Dónde vais a celebrar vuestro cumpleaños?
　
6 Puedes hacer deporte si no tienes mucha energía.
　
7 ¿Van a salir a cenar esta noche?
　
8 Tiene que hablar con su psicólogo si tiene mucho estrés.
　

## Y PARA ACABAR...

¿Qué haces cuando estás contento/a?

Información interesante de esta unidad:

Tus dos actividades del tiempo libre favoritas:

Tu comida favorita:

# 8 TIEMPO DE COLORES

## A DE COLORES

**1** Mira las pistas y completa el crucigrama.

1.
2. La estación del frío.
3.
4.

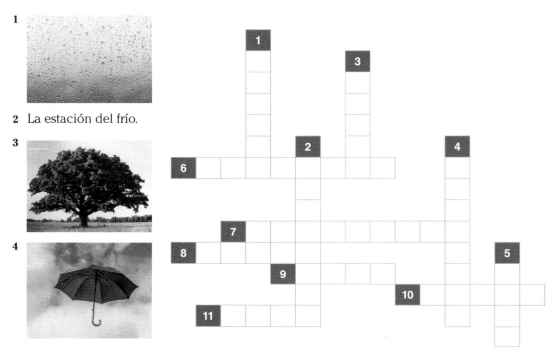

6. El color del sol.
7. La estación de las flores.
8. El color de la primavera.
9. El color del corazón.

**2** Contesta a las preguntas.

1. ¿Qué mes es el más corto? _____
2. ¿Qué meses no tienen la letra "r"? _____
3. ¿Qué meses tienen la letra "a"? _____
4. ¿Qué mes tiene más letras "e"? _____
5. ¿Qué mes es también un nombre de hombre? _____

**3** Escribe el mes de la celebración.

1. Día Internacional del Trabajo: _____
2. Día de la Paz: _____
3. Halloween: _____
4. Carnaval: _____
5. Año Nuevo: _____
6. Navidad: _____
7. Día Internacional del Libro: _____

### ¿Sabes que...?

El 23 de abril de 1616 es el día de la muerte de dos autores importantes para la literatura universal: Miguel de Cervantes (España, 1547-1616) y William Shakespeare (Inglaterra, 1564-1616). Desde 1996 ese día se celebra el Día Internacional del Libro.

## TIEMPO DE COLORES 8

**4a** 🔊 44 Vas a escuchar a tres personas. ¿De qué cosas habla cada una? Marca la opción correcta. ¡Ojo! Hay cosas que no se dicen.

1  ☐ Marcos
   ☐ Inés
   ☐ Eva
   ☐ No se dice

2  ☐ Marcos
   ☐ Inés
   ☐ Eva
   ☐ No se dice

3  ☐ Marcos
   ☐ Inés
   ☐ Eva
   ☐ No se dice

4  ☐ Marcos
   ☐ Inés
   ☐ Eva
   ☐ No se dice

5  ☐ Marcos
   ☐ Inés
   ☐ Eva
   ☐ No se dice

6  ☐ Marcos
   ☐ Inés
   ☐ Eva
   ☐ No se dice

7  ☐ Marcos
   ☐ Inés
   ☐ Eva
   ☐ No se dice

8  ☐ Marcos
   ☐ Inés
   ☐ Eva
   ☐ No se dice

**4b** 🔊 44 Escucha otra vez. ¿De qué estación del año habla cada persona?

a _____   b _____   c _____

**5** Lee el texto de la actividad **2d** de la página 67 del libro del alumno y completa estas frases.

1  El rojo parece _____ al lado del blanco.
2  Nuestro cerebro interpreta los colores dependiendo de _____.
3  El amarillo se ve más _____ en verano y más _____ en invierno.
4  Para ver, utilizamos nuestros _____ y nuestro _____.

**6** Escribe preguntas con *qué* para estas respuestas.

• ¿Qué hora es?
▪ Son las cuatro y media.

1 • _____
▪ Muy bien, gracias, ¿y tú?

2 • _____
▪ Hoy es dos de marzo.

3 • _____
▪ A la escuela llevo mi libro, un cuaderno y lápices.

4 • _____
▪ Es naranja.

5 • _____
▪ Leo un artículo de historia.

6 • _____
▪ Té, el café no me gusta.

**7** Une estas informaciones y escribe frases relativas con *que*. Mira el ejemplo.

La chica tiene un paraguas rosa. La chica se llama Claudia.
*La chica que tiene un paraguas rosa se llama Claudia.*

1  El hombre vive en la casa con árboles. El hombre es jardinero.

2  La habitación tiene cuatro ventanas. La habitación es muy grande.

3  Hay un restaurante cerca de mi casa. El restaurante es nigeriano.

4  Ese actor hace películas de acción. Ese actor me gusta mucho.

5  La arquitecta diseña nuestro jardín. La arquitecta es de Guatemala.

6  La casa tiene ventanas verdes. La casa está cerca de la playa.

cincuenta y tres 53

# 8 TIEMPO DE COLORES

## B ¿QUÉ TIEMPO HACE?

**8** 🔊 45 Escucha la información sobre el tiempo en América del Sur y dibuja los símbolos.

**9** ¿Qué tiempo hace en las imágenes?

1 _____  2 _____

3 _____  4 _____

5 _____  6 _____

7 _____  8 _____

### ¡Fíjate!

Para hablar de la temperatura decimos:
- 20°: *Hace 20 grados. / Tenemos 20 grados.*
- -4°: *Hace 4 grados bajo cero. / Tenemos 4 grados bajo cero.*

# TIEMPO DE COLORES 8

**10** En tu opinión, ¿cuál es el plan ideal para…

*Para mí, el plan ideal para una tarde de lluvia es ir al cine con amigos y luego tomar algo.*

1 … una tarde de lluvia?

2 … un domingo de sol y calor?

3 … una mañana de nieve?

4 … un día de demasiado calor?

### ¡Fíjate!

| verbo | sustantivo |
|---|---|
| llover (llueve) → | la lluvia |
| nevar (nieva) → | la nieve |

**11** ¿De qué tipo de clima se habla?

húmedo - seco - templado - tropical

1 No hay temperaturas extremas: _____
2 Llueve bastante: _____
3 Llueve poco o nada: _____
4 Es típico de las zonas cerca del ecuador: _____

**12** Completa las frases con los cuantificadores. A veces hay varias opciones posibles.

muy - mucho/a/os/as - bastante(s)
un poco de - un poco - nada

1 Hoy no podemos hacer surf porque no hace _____ viento.
2 Tener _____ nieve en Navidad es muy bonito, pero si hay mucha, hay problemas de transporte.
3 A veces cerca del río hay _____ niebla, ¡no puedes ver _____!
4 ¡Uy, qué mal tiempo hace hoy! ¡Está _____ nublado!
5 En mi pueblo hay _____ tormentas en verano, pero normalmente no son peligrosas.
6 Hace _____ frío. ¿Por qué no te pones calcetines con las sandalias?
7 En algunas regiones no llueve _____ durante meses y los habitantes tienen problemas de agua.
8 ¡Qué horror! ¡Llueve _____! ¡Yo no quiero salir ahora!
9 El fin de semana va a hacer _____ buen tiempo. ¿Por qué no vamos a la playa?
10 Llueve, pero solo _____. Creo que no necesitamos paraguas.

**13** DELE Estás de vacaciones y escribes una postal a un amigo (30 - 40 palabras). Escribe sobre:

- Dónde estás
- Cómo es el lugar
- Qué tiempo hace
- Qué actividades haces

### ESTRATEGIAS PARA EL EXAMEN

Este ejercicio corresponde a la Tarea 2 de la Prueba 3 del DELE A1.
- Lee bien la tarea porque es importante hablar en el texto sobre todos los aspectos y escribir 30 palabras como mínimo.
- Puedes hacer un esquema antes de escribir.
- El texto tiene que tener una buena estructura, puedes seguir el orden de las preguntas.
- Después de escribir, lee el texto y controla posibles errores (formas de los verbos, terminación de los adjetivos…).

# 8 TIEMPO DE COLORES

## C MI ROPA, MI ESTILO

**14** ¿Cómo se llaman estas prendas?

> los pantalones cortos - la camisa - la bolsa de deporte - las sandalias - el vestido - la blusa - las botas
> el biquini - la chaqueta - las gafas de sol - la corbata - el reloj - los calcetines - la gorra

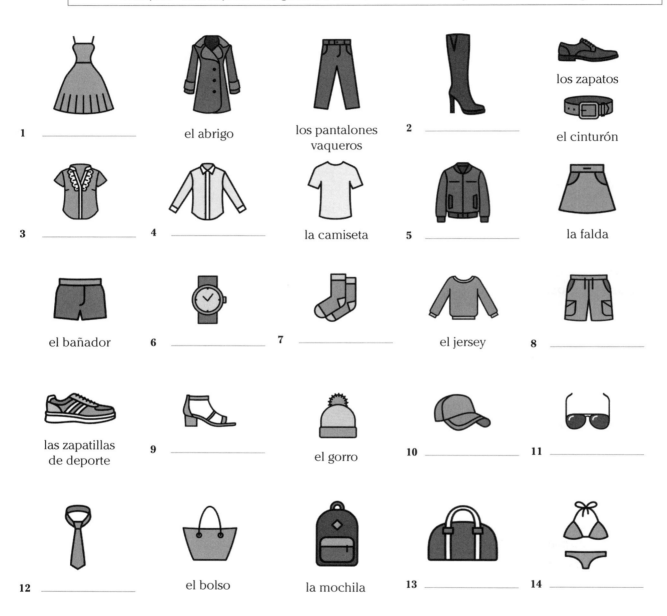

1 _____  el abrigo  los pantalones vaqueros  2 _____  los zapatos  el cinturón

3 _____  4 _____  la camiseta  5 _____  la falda

el bañador  6 _____  7 _____  el jersey  8 _____

las zapatillas de deporte  9 _____  el gorro  10 _____  11 _____

12 _____  el bolso  la mochila  13 _____  14 _____

**15** Marca la prenda de ropa que **no** está relacionada con las demás.

1 el zapato - el cinturón - las sandalias - las botas
2 la falda - la blusa - el vestido - las gafas de sol
3 el abrigo - el gorro - el biquini - la chaqueta
4 los calcetines - la camisa - la blusa - la camiseta
5 la gorra - el biquini - el bañador - el gorro
6 el reloj - el bolso - la mochila - la bolsa de deporte

### ¿Sabes que...?

Las palabras para la ropa pueden ser muy diferentes en los distintos países hispanohablantes. Por ejemplo, los **calcetines** se llaman **medias** en la mayoría de los países de Latinoamérica, los **pantalones vaqueros** pueden llamarse también **tejanos, jeans, pantalones de mezclilla**... y una **camiseta** puede ser una **remera**, una **playera**, una **polera**... dependiendo del país.

## 16a ¿Qué conjunto elige cada persona?

**A** Me llamo Sergio y me gusta mucho la moda. Todas las mañanas necesito más de quince minutos para pensar qué me pongo. Mi imagen me preocupa bastante, también por los clientes, claro..., es que soy abogado. ¿Que cómo es mi estilo? Yo creo que elegante y un poco informal. Algo básico para mí son unos buenos zapatos clásicos, son perfectos para todos mis *looks*.

**B** Me llamo Julia y soy diseñadora gráfica en una agencia de publicidad. Muchas veces puedo trabajar desde casa. Cuando pienso qué ropa ponerme, lo más importante es estar cómoda. No me gusta mucho ir de compras, así que siempre llevo cosas fáciles de combinar. Creo que mi estilo es muy sencillo, ¿no? Unos vaqueros, zapatillas y lista.

**C** Yo soy Carla, tengo 21 años. Estudio Ciencias del Deporte y trabajo como monitora. No puedo salir de casa sin mis zapatillas porque me encanta moverme. No pierdo mucho tiempo en pensar qué me pongo, pero me gusta comprar ropa de marca y, a veces, gasto bastante dinero. Y mi ropa de trabajo son unos pantalones cortos de deporte y una camiseta o top.

**D** Yo soy Jorge, soy español, pero ahora vivo en la República Dominicana y trabajo en un hotel con turistas de todo el mundo. Me encanta vivir aquí porque siempre hace buen tiempo. Por eso llevo todo el año ropa de verano. Me gusta combinar mi ropa y siempre llevo los mismos colores: azul, gris y blanco, ¡es la combinación perfecta para trabajar cerca del mar! Ah, y un sombrero, claro.

**E** Soy Susana, tengo 36 años y trabajo en una empresa farmacéutica. Para mí, la ropa no es solo qué llevo a trabajar o qué me pongo para cenar; para mí, la ropa habla de quién eres. Me interesa la moda y me gusta combinar estilos y colores muy diferentes: ¡la ropa negra es aburrida! ¿Mi complemento perfecto? Está claro: unas sandalias de tacón, ¡son un básico en todos los armarios!

1

2

3

4

5

# 8 TIEMPO DE COLORES

**16b** ¿Qué conjunto de los de la página anterior eliges tú? ¿Cómo defines tu estilo?

**16c** ¿Qué combinación **no** es posible? Tienes ayuda en los textos de la actividad **16a**.

1. Este fin de semana tengo que ir a comprar ropa **de marca / de trabajo / de tacón / de verano**.
2. Siempre necesito mucho tiempo para decidir qué ropa **combino / llevo / trabajo / me pongo**.
3. Tengo un estilo muy **perfecto / elegante / clásico / informal**.
4. Me interesa mucho la moda y siempre me preocupo por mi *look* / **imagen / estilo / complemento**.

**17** ¿De qué color son estas cosas?

1. El cielo es _____.
2. Los tomates son _____.
3. El sol es _____.
4. Las aceitunas son _____.
5. Las nubes son _____.
6. Los limones son _____.
7. La nieve es _____.
8. La sangría es _____.

**18** ¿A qué prenda de ropa o complemento se refieren estas frases? Fíjate en el pronombre.

1. Siempre **los** llevo en invierno, para protegerme del frío, aunque a veces también **los** llevo con sandalias en verano. _____
2. No **lo** puedo olvidar si voy a la piscina. _____
3. La verdad es que no puedo vivir sin ella. **La** uso para llevar mis libros, mi móvil, mi cartera, mi ropa…
   _____
4. Mucha gente **la** lleva como un accesorio de moda, pero realmente **la** usamos para proteger la cabeza del sol. _____
5. En la talla 38 **las** tienes con tacón o sin tacón, ¿cuáles prefieres? _____
6. Es verdad que **lo** tengo también en el móvil, pero siempre me **lo** pongo, es una costumbre…
   _____

**19** Visita la página web de alguna tienda de ropa española, busca un conjunto que te gusta y descríbelo.

> *En la tienda Mica hay un conjunto que me gusta mucho. La modelo lleva una minifalda negra con pequeñas flores azules, una camiseta blanca y una chaqueta azul. Lleva también unas medias y unas botas negras.*

# TIEMPO DE COLORES 8

# EN ACCIÓN

**20** Elige la frase que resume mejor el contenido del texto de la actividad **1c** de la página 72 del libro del alumno.

1. ☐ Cuando hace calor, la gente compra más productos para el jardín.
2. ☐ El clima influye en las cosas que compramos y en cuándo y cómo las compramos.
3. ☐ Los consumidores compran más cuando están contentos: en verano y en Navidad.

**21** Une las columnas para hacer frases.

1. El frío en invierno influye…
2. Martín está normalmente de buen…
3. Carolina no tiene ropa de trabajo, pero no quiere gastar dinero…
4. A veces la música en algunas tiendas me provoca…
5. Lorena tiene un concierto el sábado, por…
6. Creo que el hambre afecta…

a. sensación de ansiedad.
b. en mi ejercicio: no salgo a correr.
c. humor cuando se levanta.
d. eso quiere comprar un vestido nuevo.
e. en camisas elegantes.
f. a mi estado de ánimo, me pongo de mal humor.

**22** Completa el párrafo con los siguientes conectores.

> según - por lo general - en resumen - por eso

**(1)** _____, pensamos que podemos controlar nuestras acciones, pero muchos estudios hablan de las diferentes condiciones que influyen en nuestro comportamiento. **(2)** _____ los expertos en márketing, la distribución, la música o los olores en las tiendas afectan a nuestros hábitos de compra. Los negocios lo aprovechan y **(3)** _____ gastamos más. **(4)** _____, no podemos escapar a nuestro subconsciente.

# Y PARA ACABAR…

¿Qué mes te gusta menos? ¿Por qué?

¿Qué actividades te gusta hacer en tu estación del año favorita?

Describe tu prenda de ropa favorita:

Información interesante de esta unidad:

# 9 BIENVENIDOS A MI CASA

## A MI CASA Y YO

**1a** 🔊 46-50 **Escucha a las personas de la familia Rodríguez Arza. ¿Cuál es su parte favorita de la casa?**

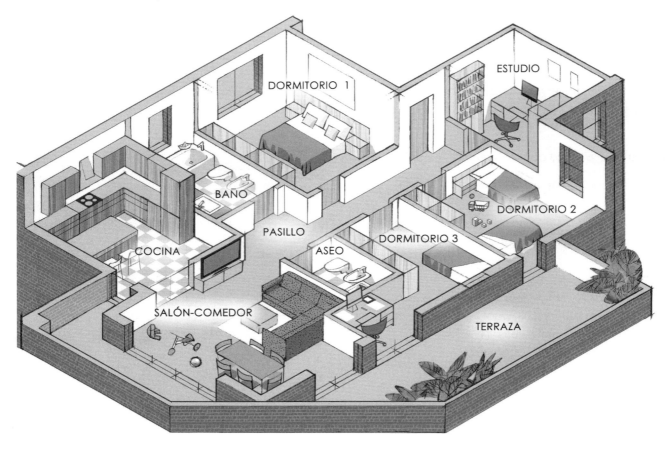

1  Laura (40 años) _____
2  Guillermo (8 años) _____
3  Felipe (8 años) _____
4  Anabel (16 años) _____
5  Carlos (39 años) _____

**1b** Ahora tú. ¿Cuál es tu parte favorita de la casa? ¿Qué haces allí?

_____

**2** Marca la palabra que **no** pertenece al grupo.

1  olores - sonidos - flores - sabores
2  práctico - sociable - ordenado - funcional
3  bañera - cuaderno - lavadora - lavaplatos
4  ver - escuchar - oler - vender
5  relajado - descanso - prisas - tranquilamente
6  sillas - frescas - camas - sofás

# BIENVENIDOS A MI CASA 9

**3a** ¿Cómo son estas personas? Atención a la forma del adjetivo.

> práctico/a - ordenado/a - sociable - caótico/a - moderno/a

1. Sergio es una persona muy _____. Siempre tiene las cosas en su lugar. Por ejemplo, siempre pone las llaves en el mismo sitio.
2. Siempre que veo a Rebeca en la calle, está con alguien. Además, muchas veces invita a amigos a su casa a tomar café. Es una chica muy _____.
3. Víctor y Ricardo viven en un piso muy luminoso y _____. Todos sus muebles son de diseño minimalista, superactual y, además, tienen muchos aparatos electrónicos.
4. Mi hermana Inma es muy _____. En su habitación hay ropa por todas partes, en la mesa tiene siempre muchísimas cosas… ¡Un desastre!
5. A Claudio no le gusta limpiar, por eso no tiene objetos innecesarios en su casa. Tiene todo lo que necesita, pero nada más que lo que necesita. Es un hombre muy _____.

**3b** ¿Con qué persona te identificas más? ¿Por qué?

_____
_____
_____

**4** Completa las frases con estos verbos en la forma correcta.

1. Roxana _____ (sentir) mucha paz en su nueva casa en el campo.
2. Mis hijos _____ (disfrutar) mucho de las comidas familiares. ¡Les encanta jugar con sus primos!
3. Yo muchas veces _____ (sentarse) en el sofá con el ordenador para trabajar.
4. Desde que viven en la ciudad, Alejandra y Valentina _____ (sentirse) un poco estresadas.
5. En invierno Rubén casi todas las semanas _____ (darse) un baño los viernes por la noche. Luego _____ (sentirse) muy relajado.
6. Mmm… ¡Qué bien, _____ (oler) a tarta de chocolate!
7. Mi pareja y yo _____ (relajarse) cuando cocinamos juntos por la noche mientras tomamos una copa de vino y escuchamos música.
8. ¿Dónde prefieres _____ (sentarse): en el sofá o en el sillón?

**5** Completa ahora con la preposición adecuada. A veces hay más de una opción.

> a - con - de - en - sin - sobre

1. En mi casa no hay muchas discusiones. Tenemos opiniones similares _____ los temas más importantes.
2. ¿Qué es lo primero que haces cuando entras _____ tu casa?
3. • Me gusta disfrutar _____ la tranquilidad de la mañana.
   ▪ ¿De verdad? Pues yo siempre me levanto tarde y luego tengo que hacer todo _____ prisas.
4. Por la noche, muchas veces nos sentamos todos _____ el sofá y vemos una película.
5. Sebastián nunca compra _____ tarjeta, siempre paga en efectivo.
6. Yo no puedo vivir _____ mi ordenador. Lo utilizo para todo.
7. ¿Dónde está la llave _____ mi coche? No la veo.
8. Los viernes llegáis _____ casa más temprano que normalmente, ¿no?
9. En su casa tiene decoración zen, así se siente _____ paz.
10. Cuando hace mal tiempo, me gusta pasar tiempo _____ casa.

## B ¿CASA O PISO?

**6** Clasifica estas palabras relacionadas con la vivienda.

> ~~piso~~ - ~~aseo~~ - dúplex - dormitorio - ~~calefacción~~
> cocina - ático - apartamento - salón-comedor
> plaza de garaje - cuarto de baño - vigilancia 24 horas
> chalet - terraza - aire acondicionado
> zona de juegos infantil - buhardilla

| Tipos de casa | Partes de la casa | Servicios |
|---|---|---|
| piso | aseo | calefacción |

# 9 BIENVENIDOS A MI CASA

**7** Mira la oferta de viviendas de la actividad **1a** de la página 76 del libro del alumno y piensa qué casa prefiere cada persona. Hay más personas que casas.

**a** **Susan** trabaja en una empresa multinacional y cambia de país con mucha frecuencia. Ahora va a estar dos años en Madrid. Su marido y sus hijos van con ella. Buscan una casa grande, lejos del centro de la ciudad, para descansar del estrés del trabajo. Las conexiones de transporte público no son tan importantes, porque Susan va al trabajo en coche.

**b** **Carmen** tiene 37 años y es actriz de teatro. Actúa de miércoles a domingo en un teatro en el centro de Madrid y para ella es muy importante vivir cerca del trabajo. Le encanta organizar cenas con sus amigos, especialmente cuando hace buen tiempo. Como no tiene hijos ni animales en casa, no necesita tener mucho espacio, pero busca una casa más o menos moderna.

**c** **Francesco** es un estudiante Erasmus que va a estudiar en España un semestre. Busca un piso compartido con otros estudiantes, con ambiente internacional. Para él, lo más importante es la ubicación: quiere vivir en un piso en el centro de Madrid, muy cerca del metro y bien comunicado con la universidad. Además, como es estudiante, busca un piso barato, con todos los gastos incluidos.

**d** **Óscar** busca un piso grande donde vivir con sus dos hijos y Katy, su gatita. Para él, lo más importante es vivir en un lugar donde estar tranquilos. Además, los hijos necesitan espacio para jugar. Viven en la costa, donde hace mucho calor en verano, por eso prefiere una vivienda preparada para el calor. Ahora mismo Óscar y sus hijos viven en un piso, así que no necesitan cambiar de casa inmediatamente.

**e** **Ana y Esperanza** están cansadas del ritmo de vida de la gran ciudad: trabajan mucho y no tienen tiempo para descansar, relajarse y hacer deporte. Quieren cambiar su estilo de vida y por eso buscan una casa lejos del estrés y el ruido de la ciudad. Les encanta la naturaleza y hacer deporte en la montaña. Buscan un sitio donde poder descansar y donde poder invitar a toda su familia y amigos.

1 Piso en Valencia: _____
2 Chalet en el Valle de Arán: _____
3 Dúplex en Madrid: _____
4 Ático en Madrid: _____

**8** Lee estas descripciones de casas y elige la opción correcta.

1 Se alquila apartamento de 70 m² **en zona residencial / en el corazón de la ciudad**, pero muy bien comunicado con el centro por autobús y metro.
2 El piso está en una urbanización construida en el año 2000, pero **es nuevo / está reformado**.
3 Se vende piso de 120 m² completamente nuevo y **amueblado / sin amueblar**. Si te gusta la decoración, esta es tu oportunidad para crear un piso a tu gusto.
4 ¡Fantástica oportunidad! Se alquila piso **interior / exterior** con vistas al mar, ideal para vacaciones.
5 **Se vende / Se alquila** chalet en zona residencial por 2000 €/mes. Posibilidad de compra después de tres años.
6 Se alquila apartamento vacacional en la costa. Totalmente reformado y con **aire acondicionado / calefacción**, para las altas temperaturas del verano.

BIENVENIDOS A MI CASA **9**

**9** 📄 **DELE** Lee estos anuncios y completa las frases a continuación.

---

**Habitación**
Se alquila habitación en Valencia, en piso de cinco habitaciones, a estudiante universitario. Disponible de septiembre a junio.
**Precio: 400 €/mes, gastos incluidos.** Contactar solo por WhatsApp.

---

**Intercambio de casa**
Nos vamos de aventura a vivir seis meses a San Francisco y buscamos una familia que quiera vivir en nuestra casa en Madrid mientras nosotros vivimos en su casa en EE. UU. ¿Te interesa?

---

**Piso en venta**
Se vende piso de 200 m² en el centro de Málaga. Cuatro habitaciones, dos baños y estudio. Terraza con vistas a la catedral. Plaza de garaje incluida en el precio

---

**HABITACIÓN PARA TURISTAS**
**Habitación** privada en una casa en el centro de Barcelona. Bien comunicado con la playa. **80 €/día,** máximo alquiler de diez días.

---

**APARTAMENTO EN LA PLAYA**
Se alquila luminoso apartamento exterior de tres habitaciones en la costa (Torrevieja). Solo disponible de mayo a septiembre.
**1200 €/mes** con los gastos (agua, luz e internet) incluidos.

---

**ÁTICO EN VENTA**
**Se** vende ático de lujo en urbanización privada con vigilancia todo el día. Cerca de escuelas y hospitales. 180 m².
**530.000 €** Precio no negociable.

---

1 El piso para estudiantes tiene _____ habitaciones.
2 Si busco una vivienda para el mes de agosto, no puedo vivir en _____ ni en _____.
3 Si tengo coche y no quiero tener problemas para aparcar, la mejor opción es vivir en _____.
4 La familia quiere vivir en EE. UU. durante _____.
5 Si busco una vivienda para solo una semana, la mejor opción es _____.
6 El apartamento en la playa está en _____.
7 El ático tiene seguridad _____ horas.

### ESTRATEGIAS PARA EL EXAMEN

Este ejercicio corresponde a la Tarea 4 de la Prueba 1 del DELE A1.
- Tienes que leer diferentes textos cortos, anuncios, carteles… y buscar información simple. Normalmente este ejercicio se contesta con pocas palabras, por ejemplo, un número, una hora, un precio…
- Lee bien las frases y luego busca solo la información específica. No tienes que comprender todo.

**10** Lee estas frases sobre la oferta de viviendas de la actividad **1a** de la página 76 del libro del alumno y marca si son verdaderas (V) o falsas (F). Si son falsas, corrígelas en tu cuaderno.

1 ☐ El chalet tiene menos dormitorios que el piso de Valencia.
2 ☐ El ático en Madrid es más barato que el dúplex.
3 ☐ El dúplex en Madrid es más moderno que el piso de Valencia.
4 ☐ Las vistas del chalet son mejores que las del dúplex.
5 ☐ El ático en Madrid es más grande que el dúplex.
6 ☐ El chalet tiene menos cuartos de baño que el piso de Valencia.
7 ☐ El ático es menos tranquilo que el dúplex.
8 ☐ En el chalet pueden vivir menos personas que en el ático.

# 9 BIENVENIDOS A MI CASA

**11a** Dos amigos eligen un sofá para su nuevo piso. Completa el diálogo con las partículas comparativas *más, menos* y *que*.

Esquina 320 €

Comodi 950 €

Coqueto 740 €

Scandi 290 €

Modular 1200 €

Lelux 1800 €

• Entonces, ¿qué sofá compramos para el salón? A mí me gusta el modelo Coqueto.
■ No está mal, pero es un poco pequeño. Yo creo que prefiero el Comodi. Es _____ caro, pero parece _____ cómodo _____ el Coqueto, ¿no? **(1)**
• Sí, quizás… Oye, ¿y el Esquina? Es muy original, ¿no?
■ Sí, muy original, ¡pero es incluso _____ pequeño _____ el Coqueto! **(2)**
• ¿Y el Scandi? ¡Es muy barato! ¡Y además es sofá-cama!
■ ¡Jajaja! ¡Pero seguro que es superincómodo! ¡Yo creo que dormir en ese sofá es _____ cómodo _____ dormir en el suelo! **(3)**
• ¡Pero qué exagerado eres! ¿Y qué te parece el Modular? Tiene _____ posibilidades _____ los otros porque tiene diferentes módulos. **(4)**
■ No sé… Yo creo que el Comodi es perfecto, y cuesta _____ dinero _____ el Modular… **(5)**
• ¡Mira el Lelux! ¡Es genial!
■ ¡Pero si es enorme! ¡Es _____ grande _____ nuestro salón! **(6)**
• ¿Entonces compramos el Coqueto?
■ Hmm… Mira, en el Comodi pueden sentarse _____ personas _____ en el Coqueto. ¡Yo creo que es mejor _____ los otros! **(7)**
• Bueno, venga… Compramos el Comodi…

**11b** 🔊 51 Ahora escucha el diálogo y comprueba tus respuestas.

**12** 🔊 52 Escucha estas frases, pon atención a la melodía y señala dónde se necesitan comas.

1 Mi piso tiene dos baños cuatro habitaciones salón-comedor terraza amplia cocina…
2 Vivo en una urbanización que tiene zonas comunes amplias plazas de garaje piscina buena comunicación…
3 Busco apartamento con tres habitaciones grandes ventanas salón-comedor exterior y con terraza.
4 Mis padres viven en una casa muy grande con buhardilla tres habitaciones cocina comedor salón y un aseo.
5 Quiero alquilar un piso pequeño con salón aseo cocina dormitorio amueblado y bien comunicado.
6 Se vende estudio en el centro de Madrid con dos habitaciones buenas vistas y por un precio muy económico.

## C DECORA TU VIDA

**13** Combina un elemento de cada columna y escribe frases sobre ti.

*A menudo pongo velas para cenar.*

| siempre a menudo a veces nunca | quedarse poner jugar darse invitar | a amigos y familiares la chimenea en invierno un baño flores en un jarrón en la cama el sábado platos y vasos especiales a juegos de mesa velas para cenar |
|---|---|---|

# BIENVENIDOS A MI CASA

**14** Clasifica estas palabras.

lámpara - horno - mesa - cama - cuadro
sillón - cortinas - jarrón - armario - nevera
sofá - velas - silla - televisión

| Muebles | Electrodomésticos | Objetos de decoración |
|---|---|---|
|  |  |  |

**15** Escribe los objetos que tienes en cada habitación.

En el comedor
_____
_____
_____

En el salón
_____
_____
_____

En la cocina
_____
_____
_____

En el dormitorio
_____
_____
_____

En el cuarto de baño
_____
_____
_____

**16a** Escribe el nombre de estos objetos. Escribe también el artículo determinado (el / la / los / las). Atención a singular y plural.

1  a _____   b _____

2  a _____   b _____

3  a _____   b _____

4  a _____   b _____

5  a _____   b _____

**16b** 🔊 53 Ahora escucha cinco conversaciones. Fíjate en los artículos y señala de qué objeto de la actividad anterior hablan en cada caso.

1 ☐ a  ☐ b    3 ☐ a  ☐ b    5 ☐ a  ☐ b
2 ☐ a  ☐ b    4 ☐ a  ☐ b

# 9 BIENVENIDOS A MI CASA

**17** Completa las frases con el artículo correcto *(el / la / los / las)*.

1. Tenemos tres dormitorios, pero mi favorito es _____ más pequeño.
2. Marilena tiene muchos cuadros en su casa, _____ antiguos del pasillo son impresionantes.
3. En mi casa hay sillones por todas partes, _____ más cómodo es _____ verde al lado de la chimenea.
4. ¿Compramos unas velas para Julia? Creo que le gustan _____ rojas con olor a frutas del bosque.
5. Mira estas dos lámparas, _____ grande es buena para el salón y _____ pequeña, para el dormitorio.
6. Quiero poner un jarrón con flores en el comedor y creo que _____ blanco queda muy elegante con unas rosas.
7. ¿Qué vasos te gustan más? ¿_____ rojos o _____ azules?
8. Busco unas sillas para la cocina, pero _____ más prácticas nunca son _____ más bonitas.

**18** ¿Cómo te gustan estos objetos? Escribe para cada uno las cualidades más importantes para ti. Atención a la forma del adjetivo.

> cómodo/a - barato/a - moderno/a - antiguo/a - caro/a - práctico/a - bonito/-a - grande - pequeño/a

1. la bañera: _____
2. los cuadros: _____
3. la televisión: _____
4. las cortinas: _____
5. el coche: _____
6. el móvil: _____

# EN ACCIÓN

**19a** Lee este texto de una página web de intercambio de casas y marca verdadero (V) o falso (F).

### GuesttoGuest
### La primera red mundial de intercambio de casas

¡Apartamentos para vacaciones en todo el mundo! Con GuesttoGuest descubre el intercambio de casas y pisos, la manera de viajar gratis. Con presencia en 187 países, GuesttoGuest permite realizar intercambios de casas y encontrar casas de vacaciones en destinos como España, Croacia, Italia o Alemania. Ahorra tu presupuesto en casas vacacionales y visita las grandes capitales internacionales.
Gracias al intercambio de casa, ¡tu casa te hará viajar con total flexibilidad y seguridad!

**TU CASA TE HACE VIAJAR**

**Ellos confían en nosotros.** *Testimonios de nuestros miembros*

"Esta plataforma te permite descubrir cada ciudad de una forma diferente a un hotel, destacando la autenticidad y la dulzura de la vida local." **Thibaut**

"GuesttoGuest es nuestra forma favorita de viajar. Somos muy fans. El sistema se basa en la confianza y el respeto, valores que defendemos." **Véro**

"Me parece que la página, las personas que la gestionan y el resto de miembros son fantásticos. Es nuestro segundo intercambio y estamos maravillados. Queremos animar a la gente a probarlo." **Jean Pierre**

Extraído de https://www.guesttoguest.es

1. ☐ En la plataforma participan personas de diferentes países.
2. ☐ Con este sistema pagas poco dinero por la casa.
3. ☐ A Thibaut le gusta el sistema, pero prefiere un hotel.
4. ☐ A Véro le encanta el sistema de GuesttoGuest.
5. ☐ Jean Pierre tiene mucha experiencia con este sistema.

**19b** Y tú, ¿participas en un sistema de intercambio de casas? ¿Qué te parece la experiencia? Si no participas, ¿te gustaría participar? ¿Por qué? Escribe tu opinión en tu cuaderno.

**BIENVENIDOS A MI CASA** 9

**19c** 📄 **DELE** Un amigo quiere registrarse en una página web de intercambio de casas. Ayúdale a completar la información con sus datos.

**Datos personales**
Nombre (1): _____
Apellido(s) (2): _____
Fecha de nacimiento (3): _____
Nacionalidad (4): _____
Información sobre ti (profesión, intereses…) (5): _____
_____
_____

**Vivienda que ofreces**
Lugar (6): _____
Tipo de vivienda (7): _____
Número de personas que pueden dormir en ella (8): _____
Electrodomésticos (9): _____
Descripción de la vivienda (estilo, cualidades más importantes…) (10): _____
_____
_____
_____

**Vivienda que buscas**
Lugar (11): _____
Tipo de vivienda (12): _____
Número de personas que van a dormir (13): _____
Descripción de la vivienda (¿cómo tiene que ser?, ¿qué tiene que tener?) (14): _____
_____
_____

## ESTRATEGIAS PARA EL EXAMEN

Este ejercicio corresponde a la Tarea 1 de la Prueba 3 del DELE A1. En esta tarea tienes que completar un formulario.
- Algunas respuestas son muy cortas. Para otras preguntas tienes que escribir frases, pero pueden ser cortas.
- Después de escribir, lee otra vez las frases para corregir posibles errores (adjetivos, verbos…).
- El examen es anónimo, por eso no tienes que escribir datos o información real sobre ti y puedes escribir sobre una persona imaginaria.

# Y PARA ACABAR…

Un objeto con valor sentimental para ti:

Tipo de casa donde te gustaría vivir:

Algo que te gustaría cambiar en tu casa:

Información interesante de esta unidad:

sesenta y siete 67

# 10 CIUDADANOS DEL MUNDO

## A ¡QUÉ CURIOSO!

**1a** Completa el test con las siguientes palabras.

> rutas - destino - *selfies* - saludar - costumbres - distinto - turísticos - exótica - transporte público - idioma

### ¿Eres un turista o un viajero?

**1** Cuando elijo el próximo _____, busco especialmente…
- **a** un lugar popular, que me recomiendan mis amigos o es famoso en las redes sociales.
- **b** una región o país _____ al lugar donde vivo, con pocos turistas.

**2** Cuando visito un lugar nuevo, …
- **a** busco *tours* organizados con los que visitar los lugares más _____ en poco tiempo.
- **b** me gustar estar tranquilo y pasar tiempo en cada lugar, hablar con la gente, ver cómo es su ritmo de vida…

**3** A la hora de comer…
- **a** busco restaurantes internacionales que conozco, ¡ya sé que la comida está buena!
- **b** me gusta probar la comida local, especialmente si es _____, como insectos y otros animales raros.

**4** Cuando voy a un nuevo destino, …
- **a** camino por las _____ recomendadas para los turistas. No me gusta perderme y quiero saber siempre dónde estoy y dónde está mi hotel.
- **b** me gusta perderme, improvisar, usar el _____ y ver dónde me lleva. Así siempre descubro lugares nuevos e interesantes.

**5** Hago fotos…
- **a** de todo. Tengo _____ delante de la Torre Eiffel, la Estatua de la Libertad, la Fontana di Trevi… ¡Me encanta hacerme fotos y subirlas a Instagram!
- **b** de la gente y sus _____, es decir, de cómo es el día a día en los diferentes países.

**6** Cuando estoy en otro país y hablo con gente local, …
- **a** hablo en inglés, ¡claro! Es el _____ universal, ¿no?
- **b** intento decir alguna palabra en su lengua, _____ o decir adiós, dar las gracias, etc.

**1b** Ahora lee las descripciones y piensa si estás de acuerdo con ellas.

**Si tienes mayoría de respuestas A,** eres el típico turista. Te gusta viajar y conocer lugares nuevos, pero no te gusta improvisar y siempre quieres tener todo bajo control. Prefieres viajar en grupo. Viajas a destinos famosos o que te recomiendan amigos y te gusta presumir de tus vacaciones.

**Si tienes mayoría de respuestas B,** eres un viajero. Prefieres viajar a lugares menos famosos y conocerlos bien, a tu ritmo. Te gusta hablar con la gente e interesarte por sus costumbres. Para ti no es importante hablar de tus viajes a la vuelta.

## CIUDADANOS DEL MUNDO 10

**2** Lee otra vez el texto de las páginas 82-83 del libro del alumno y busca la palabra que corresponde a estas definiciones o sinónimos.

1. Mujer que va a tener un bebé: _____
2. Producto o ingrediente: _____
3. Sorprender: _____
4. Parte superior de una habitación o transporte: _____
5. Celebración en la que dos personas se casan: _____
6. No hablar ni hacer ruido: _____
7. Sillas en un medio de transporte: _____
8. Animal que produce huevos: _____

**3** ¿Qué opción **no** es correcta?

1. ¿Sabes quién es el arquitecto Antonio Gaudí?
   a. Sé que es un arquitecto famoso que tiene muchos edificios en Barcelona.
   b. Conozco alguno de sus edificios famosos, como la Sagrada Familia, en Barcelona, pero no tengo mucha más información de él.
   c. No sé ninguna obra de él, no puedo decir mucho más… ¡lo siento!

2. ¿Sabes cuándo se celebra el Día de Muertos en México?
   a. La verdad es que no sé mucho sobre las costumbres mexicanas… ¿A lo mejor en mayo?
   b. Conozco muy bien las costumbres de Latinoamérica, por eso sé que es el 1 de noviembre.
   c. Sé perfectamente las tradiciones mexicanas porque conozco México muy bien: es el 1 de noviembre.

3. ¿Conoces el cuadro de *Las Meninas*?
   a. Sé su autor, Diego Velázquez, pero no sé mucho más sobre el cuadro.
   b. ¡Claro que lo conozco! Vivo en Madrid y veo ese cuadro siempre que voy al Museo del Prado.
   c. Sí, sé que es uno de los cuadros más famosos del Museo del Prado, ¿verdad?

4. ¿Sabes cuál es la capital de Colombia?
   a. ¡Pues claro! Sé perfectamente que es Bogotá.
   b. ¡Bogotá! Sé muy bien esta ciudad porque la familia de mi mujer vive allí.
   c. ¡Bogotá! Está en mi lista de las ciudades que quiero conocer algún día.

5. Hola, perdona, ¿sabes si hay una estación de metro por aquí?
   a. Conozco que hay una por aquí cerca, creo que está en la Plaza Roja.
   b. Lo siento, no soy de aquí, no sé nada de esta ciudad…
   c. La verdad es que no lo sé. ¿Por qué no preguntas a esos policías?

6. ¿Conoces algún buen restaurante para comer asado en Buenos Aires?
   a. Conozco un restaurante muy pequeño, de ambiente familiar, en el barrio de San Telmo, pero no recuerdo el nombre.
   b. No conozco ninguno especial, pero seguro que no tienes ningún problema, sé que hay muchos restaurantes buenos.
   c. Sí, sé uno muy bueno cerca de la Casa Rosada. Se llama "Aires Criollos".

### Recuerda

Los verbos **saber** y **conocer** expresan conocimiento:

- Usamos **conocer** si hablamos de un lugar, una persona (con la preposición a) o una cosa:
  *Conozco ese restaurante, conozco a sus camareros y conozco algunos de sus platos.*
- Usamos **saber** si hablamos de información o cosas que aprendemos de memoria:
  *Sé que mañana tenemos examen de geografía, pero todavía no sé los nombres de todas las capitales de Asia.*

Muchas veces **saber** va seguido de un interrogativo (**qué, quién, dónde, cuál…**):
*¿Sabes cuál es la capital de Australia y dónde está?*

**4** Relaciona las preguntas con sus respuestas.

1. ¿Sabes a qué hora empieza la película?
2. ¿Conoces a Marta?
3. ¿Sabes qué le pasa a Juan?
4. ¿Conoces la canción *Malamente*?
5. ¿Sabes qué es la morcilla?
6. ¿Conoces Cuba?

a. ☐ Sé que es una comida, ¿no?
b. ☐ No lo sé, creo que a las ocho.
c. ☐ Sí…, sé que tiene problemas en el trabajo.
d. ☐ No lo conozco, pero me encantaría ir.
e. ☐ Sí, sí la conozco, ¡me encanta! La escucho siempre.
f. ☐ Sí, sí la conozco, es muy simpática.

# 10 CIUDADANOS DEL MUNDO

**5a** Reacciona a estas informaciones con la expresión más adecuada. Puede haber más de una opción.

> ¡Anda! - ¡Qué me dices! - ¡Qué curioso! - ¡Qué raro!
> ¡Qué interesante! - ¡Qué bonito! - ¡Qué divertido! - ¡Ni idea!

1. Son las once de la noche y Jaime no está en casa. Normalmente llega a las siete…
   ▪ _____

2. Mis abuelos llevan más de 60 años casados.
   ▪ _____

3. ¿Sabes que el 31 de diciembre los españoles comen 12 uvas para empezar el año nuevo?
   ▪ _____

4. ¿A qué hora empieza la conferencia?
   ▪ _____

5. Estamos preparando una fiesta sorpresa para el cumpleaños de Miguel.
   ▪ _____

6. ¿Sabes que el embarazo de algunas especies de tiburón dura hasta 42 meses?
   ▪ _____

**5b** Ahora escribe informaciones para las siguientes reacciones.

1. _____
   ▪ ¡Ni idea!

2. _____
   ▪ ¡Anda!, ¡qué curioso!

3. _____
   ▪ ¡Qué raro!

4. _____
   ▪ ¡Qué interesante!

5. _____
   ▪ ¡Qué me dices!

# B ADICTO AL MÓVIL

**6** Relaciona las frases.

1. Jimena cambia de móvil con…
2. En el concierto nos hemos hecho…
3. A veces es difícil reconocer…
4. Tengo amigos en Venezuela, pero solo los…
5. Las aplicaciones del móvil son parte de nuestra vida…
6. Creo que mi prima es adicta…
7. Con la televisión, el bebé está muy…
8. Internet es una herramienta…

a ☐ diaria, casi no podemos vivir sin ellas.
b ☐ necesaria, pero debemos tener cuidado.
c ☐ muchas fotos con el grupo.
d ☐ los síntomas de una adicción.
e ☐ a los videojuegos; pasa horas frente a la pantalla.
f ☐ frecuencia, cada año.
g ☐ conozco virtualmente.
h ☐ entretenido, pero creo que no es bueno.

**7** Mira este vocabulario relacionado con el móvil y escribe la traducción a tu idioma.

1 La cobertura
2 Las aplicaciones
3 Los botones
4 El micrófono
5 La pantalla
6 La batería
7 El altavoz

**8** Elige el verbo correcto y completa las frases con las formas del pretérito perfecto.

> encender - subir - hacerse - ver - llamar - poner - vender - decir

1 Macarena _____ unas fotos de la fiesta de ayer a Instagram.
2 La familia Fernández _____ su casa por 250 000 €.
3 ¿Tú _____ ya la nueva película de Alejandro Cuarón?
4 Nosotras _____ a Claudia por la tarde para pedirle ayuda.
5 Los niños _____ sus libros en su habitación.
6 _____ (yo) el ordenador, ¡pero no sé por qué!
7 La profesora Casares _____ cosas muy interesantes sobre la adicción al móvil.
8 Magdalena y tú _____ un *selfie* muy divertido.

**9** Escribe frases sobre estas imágenes con los verbos. ¿Qué (no) han hecho?

**recibir**, abrir
*La chica ha recibido una carta hoy. No ha abierto la carta.*

3 preparar, limpiar

1 comprar, pagar

4 correr, cansarse

2 dormirse, trabajar

5 ir, bañarse

# 10 CIUDADANOS DEL MUNDO

**10** Completa las frases con experiencias que (no) has tenido. Las fotos pueden darte ideas.

1 _____ muchas veces.
2 _____ varias veces.
3 _____ alguna vez.
4 No _____ nunca.

**11a** Lee el correo electrónico que escribe Guille y marca verdadero (V) o falso (F).

¡Hola, familia!

¡Luisa y yo esta semana estamos desconectados de la red! Sofía y Santi han venido con nosotros en el coche. Hemos llegado hoy por la mañana temprano ¡y ya hemos hecho muchas cosas! Hemos puesto nuestras cosas en la habitación del hotel y después hemos ido a hacer una ruta. ¡Hemos visto unos paisajes impresionantes! Sofía ha encontrado muchas rutas geniales en un foro y vamos a hacerlas todas.

Además, la gastronomía de la zona es muy buena. Santi ha mirado un blog y ha visto que hay muchas opciones interesantes. Hoy hemos cenado en un pequeño restaurante de cocina tradicional con solo cuatro mesas. Mañana vamos a ir a uno vegetariano.

Pongo aquí un selfie que nos hemos hecho esta tarde, también he subido muchas más fotos de la ruta de hoy. Podéis ver los paisajes y voy a subir también fotos de los platos que tomamos.

¡Es genial poder desconectar y disfrutar de la naturaleza! ¡Van a ser siete días estupendos!

Un abrazo, Guille

1 ☐ Los chicos van a pasar una semana de vacaciones.
2 ☐ Han llevado dos coches.
3 ☐ Van a dormir en un apartamento.
4 ☐ Van a hacer su primera ruta mañana.
5 ☐ Santi ha encontrado información sobre la gastronomía en internet.
6 ☐ Han cenado en un restaurante vegetariano.
7 ☐ Guille ha puesto fotos de naturaleza en internet.
8 ☐ Guille no ha encendido el móvil en todo el día.

**11b** Guille dice: "¡Luisa y yo esta semana estamos desconectados de la red!". ¿Crees que es verdad? ¿Por qué?

_____
_____

# CIUDADANOS DEL MUNDO 10

## C DIARIO DE UNA NÓMADA

**12** Escribe la palabra que corresponde a cada explicación. Puedes encontrar las palabras en los textos de las páginas 86-87 del libro del alumno.

1 Transporte público que va por el agua y conecta dos lugares: _____
2 Porción de tierra rodeada de agua por todas partes: _____
3 Pagar dinero para usar algo por un tiempo limitado: _____
4 Parte de la tierra que está en contacto con el mar: _____
5 Lugar donde aparcan los barcos: _____
6 Persona de Nicaragua: _____
7 Moneda de Nicaragua: _____
8 Persona que conduce un taxi: _____

**13a** 🔊 54 Escucha a Alan hablar sobre su viaje por el Eje Cafetero, en Colombia. Anota en qué orden habla de las fotografías.

**13b** 🔊 54 Escucha otra vez y contesta a las preguntas.

1 ¿Qué es una galería en Colombia? _____
2 ¿Qué ingredientes lleva una bandeja paisa? _____
3 ¿Dónde duerme Alan? _____
4 ¿Por qué son importantes los *Willys*? _____
5 ¿Qué tipo de café es mejor para apreciar su maravilloso sabor? _____

### ¿Sabes que...?

En los diferentes países hispanos hay distintas palabras para hablar de la misma cosa. Por ejemplo, decimos **frijoles** en México, **poroto** en Argentina y **judías** o **habas** en España. En España se dice **coche**, pero en otros países hispanos lo llaman **carro** o también puede ser **auto**.

# 10 CIUDADANOS DEL MUNDO

**14a** Completa las frases con nombres de lugares que has visitado.

1 _____ es un lugar muy auténtico.
2 _____ es el lugar más divertido que he visitado.
3 _____ es un lugar poco tranquilo.
4 _____ es el lugar menos barato que he visitado.

**14b** Ahora escribe frases similares con estos adjetivos.

seguro/a
interesante
turístico/a
caro/a
relajante

**15** Elige la preposición correcta para cada frase.

1 a  Marta viene **a / de** Londres esta tarde. Ha pasado dos semanas allí.
   b  Marta viene **a / de** Londres esta tarde. Va a pasar dos semanas aquí.
2 a  • ¿A qué hora llegan los chicos **a / de** la escuela?
      ▪ Normalmente están en casa a las 5.
   b  • ¿A qué hora llegan los chicos **a / de** la escuela?
      ▪ A las 8:45, tienen clase a las 9.
3 a  • ¿Adónde vas?
      ▪ Quiero ir **a / hacia** la plaza, para ver si encuentro un café bonito en el camino.
   b  • ¿Adónde vas?
      ▪ Quiero ir **a / hacia** la plaza, hay un café bonito allí.
4 a  Vamos **a / por** este parque. Así el camino es más corto.
   b  Vamos **a / por** este parque. Es muy agradable.

**16** Combina las palabras de las tres columnas para escribir una frase para cada foto. Tienes que conjugar los verbos en la forma correcta. Hay diferentes posibilidades.

*Héctor va a la escuela en autobús.*

| | | la escuela |
|---|---|---|
| ir | | el mercado |
| llegar | a | casa |
| venir | de | el aeropuerto |
| pasear | en | bicicleta |
| salir | por | el trabajo |
| | | la playa |

**Recuerda**

a + el = al
de + el = del

1 _____

2 _____

3 _____

4 _____

5 _____

6 _____

## CIUDADANOS DEL MUNDO 10

**17a** DELE Lee estos textos de anuncios de experiencias. Relaciona cada texto con una persona. Hay dos textos que no necesitas.

**a** **Degustación de queso y vino** En nuestro viaje por el mundo del queso y el vino probamos grandes quesos de los diferentes países de Europa. Y para cada tipo de queso, por supuesto, el vino perfecto. **2 horas, 95 €** p.p.

**b** **Fin de semana en la naturaleza** Disfruta de la belleza del parque natural de Limes, participa en rutas por la naturaleza y aprovecha la posibilidad de conocer la flora de la zona con un guía. **2 noches en albergue, 155 €** p.p.

**c** **Noche en alojamiento de lujo** Una cena exquisita, una noche en una habitación de lujo y desayuno en la cama. Disfruta de esta experiencia inolvidable… y olvida el resto del mundo. **195 €, 2 personas**

**d** **Proyección privada en el cine** ¿Puedes imaginar tener todo el cine para ti y tus amigos? ¡Ahora es posible! Solo tienes que decir cuándo y reservamos toda la sala para ti y quien tú quieras. **Consultar precio**

**e** **Paseo nocturno en limusina** La ciudad iluminada de noche tiene un encanto especial. Descúbrelo con nuestras limusinas con chófer. Ideal para un plan romántico con tu pareja o para celebrar algo con tus amigos. **149 €** la primera hora, **100 €** c/ hora siguiente

**f** **Cena romántica** Sorprende a tu pareja con una cena especial e íntima en un ambiente romántico con flores y velas. La cena consta de entrante, plato principal, postre y bebida. **70 €, 2 personas**

**g** **Curso de cocina árabe** Los platos árabes están llenos de vida y color. Sus olores y sabores te llevarán a mundos exóticos. ¡Acércate a Oriente a través de su cocina! **3,5 horas, 32 €**

**h** **Visita guiada en tu museo favorito** Aprende más sobre tu museo favorito. Un guía privado te explicará los secretos de las obras más conocidas… ¡y también de otras menos famosas! **2 horas, 55 €** p.p.

**i** **Puro relax** Te invitamos a hacer una pausa de la rutina en nuestro circuito de *spa*, te ofrecemos masajes y tratamientos con productos naturales. Aquí vas a encontrar descanso y relajación total. **50 €** p.p.

**j** **Ruta a caballo** Un día inolvidable para los niños de la casa. Descubre en familia los paisajes y la naturaleza de la zona a lomos de un caballo y acompañado de un experto. No es necesaria experiencia. **2 horas, 30 €** p.p.

**1** *Es el cumpleaños de mi hermana. A ella le interesa escuchar música de otros países y cocinar platos de culturas diferentes.*

**2** *Mi marido y yo estamos de aniversario. Quiero hacerle un regalo, pero no tengo mucho dinero.*

**3** *Este fin de semana estoy solo y quiero olvidar mi trabajo. Estoy muy estresado.*

**4** *A mi amigo Juan no le gusta cocinar, pero le gusta la buena comida. ¿Qué le puedo regalar?*

**5** *Quiero pasar el fin de semana fuera. Me encanta dar paseos por el bosque.*

**6** *Me interesa la cultura y el arte, y quiero aprender más sobre estos temas.*

**7** *El sábado por la tarde celebramos el cumpleaños de Pedro en la ciudad. Le gustan los animales, las películas y los coches.*

**17b** ¿Cuál de esas experiencias te gustaría tener a ti el próximo fin de semana? ¿Por qué? Escríbelo en tu cuaderno.

### ESTRATEGIAS PARA EL EXAMEN

Este ejercicio corresponde a la Tarea 3 de la Prueba 1 del DELE A1.
- Primero lee lo que dicen las personas y marca los aspectos importantes.
- Luego lee los textos y piensa qué opción es posible para cada persona.
- Al final lee otra vez la información sobre la persona y el texto para comprobar que tu elección es correcta.

# 10 CIUDADANOS DEL MUNDO

## EN ACCIÓN

**18** Organiza las siguientes palabras según el tema.

> avión - calor - ropa - pasear por la ciudad - casa de un amigo - artesanía - comida - transporte público
> agradable - apartamento - coche de alquiler - hacer una excursión - frío - visitar un mercado de artesanía
> hotel - hacer una ruta en bicicleta - guantes - visitar un museo - subir a una montaña
> postales para los amigos - probar la comida típica - bicicleta - casa alquilada - cuadros - buen tiempo

| Clima / Tiempo | Transporte | Alojamiento | Actividades | Compras |
|---|---|---|---|---|
| | | | | |

**19a** Lee otra vez el correo electrónico de Susana en la página 88 del libro del alumno.
¿Qué opción **no** es correcta?

1  En el primer párrafo Susana habla de…
   a  su alojamiento en Perú.
   b  su actividad preferida.
   c  la temperatura en Quito.
2  En el segundo párrafo explica…
   a  los lugares que ha visitado en Quito.
   b  sus compras en el mercado.
   c  los lugares que ha visitado fuera de Quito.

3  En el tercer párrafo…
   a  hace una referencia directa a Vera.
   b  habla de las comidas típicas de Perú.
   c  explica qué actividad le ha gustado más.
4  Finalmente…
   a  habla de los planes para los próximos días.
   b  se despide y saluda a Vera.
   c  pide un favor a Vera.

**19b** ¿Qué expresiones usa Susana para…?

1  despedirse: _____
2  expresar que está impaciente: _____
3  saludar: _____
4  decirle a Vera que quiere hacer algo con ella: _____
5  decir dónde está: _____
6  decir cuál ha sido su actividad favorita: _____

## Y PARA ACABAR...

Una curiosidad que te ha llamado la atención:

Una experiencia que quieres probar:

Dos países latinoamericanos que quieres visitar:

Información interesante de esta unidad:

# 11 LA VIDA SECRETA DE LOS OBJETOS

## A OBJETOS QUE NOS ALEGRAN

**1** 🔊 55 **Vas a escuchar una noticia sobre un famoso coleccionista de Argentina. Selecciona en cada caso la opción correcta.**

1 Gabriel del Campo colecciona objetos…
  a que luego exhibe en su museo personal.
  b que luego vende en su tienda.
  c que intercambia con otros coleccionistas.
2 Gabriel vive…
  a en su tienda de antigüedades.
  b en un *loft* en Nueva York.
  c en el campo.
3 ¿Cuántos objetos ha llegado a tener Gabriel en 2010?
  a 27 000 objetos.
  b 17 000 objetos.
  c 7000 objetos.
4 ¿Qué busca Gabriel cuando compra nuevos objetos?
  a Busca objetos raros y diferentes.
  b Busca objetos baratos.
  c Busca objetos que emocionen.
5 ¿Cuál de estos objetos no se menciona en la noticia?
  a Un cuadro original de Picasso.
  b Una colección de maletas.
  c Un coche.
6 ¿Dónde ha encontrado del Campo la colección de maletas?
  a En Londres.
  b En París.
  c Esa información no se dice en el audio.

**2a** Relaciona el principio y el final de estas frases.

1 No puedo vivir sin mis gafas:…
2 Este cuadro me recuerda a mi viaje por Senegal:…
3 Esta foto me recuerda a un momento muy especial:…
4 No puedo vivir sin mi teléfono móvil:…
5 Esta canción me recuerda mucho a mi madre:…
6 No puedo vivir sin mis perros:…

a es de un artista del sur del país.
b lo necesito para hablar con mis amigos, hacer fotos…
c las uso para ver, para leer, para conducir… ¡Para todo!
d son parte de mi familia.
e le encanta cantar y esta es su preferida.
f el día de la boda de mi hermana.

**2b** Contesta ahora con objetos importantes en tu vida.

1 No puedo vivir sin mi / mis _____ porque _____.
2 _____ me recuerda(n) a un momento especial.
3 _____ me recuerda(n) a una persona de mi familia.
4 Uso mucho mi / mis _____ porque _____.

## 11 LA VIDA SECRETA DE LOS OBJETOS

**3** Clasifica estas palabras para describir objetos.

> plástico - un instrumento - leer - algodón - papel
> un mueble - cuadrado - escribir - cristal - un alimento
> una prenda - un objeto - madera - cerámica - metal
> una cosa - una bebida - escuchar música - tela
> redondo - grande - ver - guardar cosas - cuero

**Es...**

**Es de...**

**Se usa para... / Sirve para...**

**4a** Elige la opción correcta.

1. Las gafas de sol son **un objeto / un mueble** que se usa para **ver mejor por la noche / proteger nuestros ojos del sol**. Tienen dos partes: una parte es **cuadrada / redonda** y de **papel / cristal** y la otra es **rectangular / alargada** y normalmente es de **cuero / plástico** o de madera.
2. Una bufanda es **un instrumento / una prenda** que sirve para no tener frío **en las manos / en el cuello**. Es **triangular / alargada** y normalmente es de **lana / metal**.
3. Una agenda es **un alimento / un objeto** que sirve para **contactar con otras personas / escribir cosas importantes**. Normalmente es pequeña y **redonda / rectangular**. Es de **madera / papel**.
4. Una botella es **un objeto / una bebida** que se usa para **llevar agua / decorar la mesa**. ¡Yo no puedo vivir sin ella! La podemos comprar de **piel / plástico**, pero mucha gente prefiere usar las botellas de **cristal / lana** para no producir tanta basura.
5. Una taza es **una cosa / una prenda** que sirve para **comer / beber**, pero también hay gente que la usa para decorar o para poner lápices y bolígrafos. Yo tengo muchas porque compro una en cada lugar que visito, pero mi favorita es una azul, de **cerámica / tela**, hecha a mano, que he comprado hace poco en un viaje a Marruecos.

**4b** Escribe una breve descripción para estos objetos.

1. Un teléfono móvil: _____
2. Una mesa: _____
3. Unos guantes: _____

**5** Elige el conector adecuado en cada caso.

1. A Sofía le encanta mirar fotos antiguas de su familia **por eso / porque / pero** le gusta ver la ropa y costumbres del pasado.
2. Mateo va a esquiar el próximo fin de semana, **por eso / porque / pero** ha comprado unos guantes especiales para la nieve.
3. La verdad es que no puedo vivir sin mi teléfono móvil **por eso / porque / pero** lo uso para todo: para hacer fotos, trabajar, navegar por internet...
4. Mi gran tesoro es el reloj de mi abuelo. Me encanta, **por eso / porque / pero** no funciona porque es demasiado antiguo.
5. Marta colecciona objetos antiguos, **por eso / porque / pero**, cuando viaja, siempre visita las tiendas de antigüedades y los mercados callejeros.
6. Esta noche tenemos una fiesta importante y quiero ponerme el vestido azul que tanto me gusta, **por eso / porque / pero** no lo encuentro, ¡qué desastre!
7. Vivo en Bilbao, una ciudad donde llueve mucho, **por eso / porque / pero** siempre salgo con mi paraguas.
8. Me han regalado un libro por mi cumpleaños, **por eso / porque / pero** ya lo he leído y quiero cambiarlo.

**6** Escribe un principio para estos finales de frase.

1. _____, por eso voy a regalárselo a mi hermana Nuria por su cumpleaños.
2. _____ pero no tengo demasiado tiempo.
3. _____ porque no veo muy bien.
4. _____, por eso no compro objetos de cuero o piel.
5. _____, pero no tengo espacio en mi casa.
6. _____ porque me recuerdan al día de mi boda.

# LA VIDA SECRETA DE LOS OBJETOS

**7a** 🔊 56 Escucha las siguientes palabras e identifica en cuáles hay un diptongo.

- abuelo
- veinte
- río
- poema
- paella
- país
- María
- piano
- sandalia
- aceite
- teatro
- Laura
- novia
- pueblo
- maestro

**7b** 🔊 57 Ahora escucha otra vez las palabras con diptongos y clasifícalas en tu cuaderno según el número de sílabas (dos o tres sílabas).

## B  OBJETOS PERDIDOS

**8a** Busca en la sopa de letras los nombres de diez objetos que la gente pierde normalmente.

| A | T | P | B | O | L | Í | G | R | A | F | O | Z | M | Á |
|---|---|---|---|---|---|---|---|---|---|---|---|---|---|---|
| S | D | I | F | M | T | D | N | V | U | P | S | M | P | S |
| C | J | N | H | Q | Ó | W | G | A | F | A | S | F | A | H |
| A | U | T | X | C | Z | S | L | H | C | T | N | J | R | Ú |
| L | C | A | R | T | E | R | A | X | D | M | E | W | A | L |
| C | F | L | Y | G | J | P | M | F | É | Y | C | Ó | G | M |
| E | H | A | L | V | M | T | Z | G | S | Z | S | X | U | P |
| T | Q | B | N | A | Ó | Y | U | C | V | B | T | F | A | É |
| I | C | I | L | D | V | X | Z | Q | O | R | P | H | S | D |
| N | É | O | H | J | I | E | H | L | D | F | J | L | N | G |
| E | Z | S | V | Ó | L | Z | S | Y | P | E | Ú | S | G | Á |
| S | M | T | I | S | D | O | L | G | U | A | N | T | E | S |

**8b** Completa estas frases con algunas de las palabras de la actividad anterior.

1. ¡Sin mis _____ no veo nada!
2. No llevo mucho maquillaje, pero me encanta ponerme _____ rojo, ¡me siento mucho más guapa!
3. ¿Me dejas un _____? El mío no escribe.
4. ¡Uf! ¿Has visto qué cielo tan gris? Mejor coge el _____ antes de salir.
5. En mi cajón tengo algunos _____ que han perdido su pareja, a veces me pongo uno diferente en cada mano.
6. ¿Llevas las _____ de casa o cojo yo las mías?

**9** Mira las frases de la columna derecha y relaciónalas con estas combinaciones de *perder*.

> perder la motivación - perder el tren
> perder el tiempo - perder un objeto - perder peso

1. La verdad es que Julio pasa horas sin hacer nada… ¡Y luego tiene que darse prisa para acabar las cosas! _____
2. ¡No hay manera! He dejado de comer pan, arroz, dulces…, ¡pero no veo resultados! _____
3. Hemos llegamos a la estación demasiado tarde…, ¡por cinco minutos! _____
4. Raquel ha suspendido el último examen y ahora no tiene ganas de estudiar para los demás. _____
5. ¿Dónde puede estar? ¡He buscado por toda la casa! _____

**10** Elige el indicador de posición más lógico.

1. Voy a poner mi pasaporte **al lado del / dentro del** móvil para no olvidarlo mañana.
2. Por favor, las personas altas deben ponerse **delante de / detrás de** las bajas para la foto.
3. Paula, puedes dejar el pan aquí y el helado **encima del / en el** congelador.
4. Sonia siempre deja su bolso **delante de / a la izquierda de** mi móvil, y luego yo no lo encuentro.
5. ¿Tu gato sube **encima de / debajo de** la mesa?
6. Queremos colgar este cuadro **delante de / a la derecha de** la ventana.

**11** Mira la imagen y completa las frases. Usa un indicador de posición diferente en cada frase.

1. El boli está _____
2. Las gafas están _____
3. El cuaderno está _____
4. El café está _____
5. La planta está _____

### ¿Sabes que…?

Algunas palabras como *foto* o *moto* se han creado al cortar palabras más largas (*fotografía, motocicleta*). Este tipo de palabras se llama *acortamientos* y muchas se usan frecuentemente en el lenguaje coloquial: **boli** (*bolígrafo*), **tele** (*televisión*), **súper** (*supermercado*), **cumple** (*cumpleaños*), **cole** (*colegio*), **uni** (*universidad*).

# 11 LA VIDA SECRETA DE LOS OBJETOS

**12a** 🔊 58 Peter enseña a su amiga Cristina una foto de sus compañeros de la clase de español. Escucha la conversación y escribe los nombres donde corresponden.

Henry - Despi - Lidia - Daniel - Markus - Ariadna - Jean-Claude - Dimitri

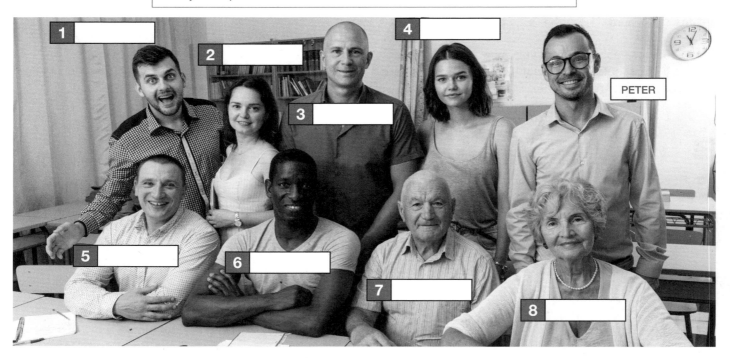

**12b** 🔊 58 Escucha otra vez y contesta a las preguntas.

1  ¿Quién es la persona más trabajadora?

2  ¿Quién viene a España todos los veranos?

3  ¿Cuál es la profesión de Peter?

4  ¿Qué relación tienen Despi y Ariadna?

5  ¿Quiénes hacen bromas en la clase?

6  ¿Quién trabaja en España?

**13** 📄 DELE Un amigo te escribe el siguiente correo electrónico porque necesita un objeto tuyo.

¡Hola! ¿Qué tal?

Te escribo porque en dos semanas voy a ir unos días a Londres y no encuentro mi guía. Creo que tú tienes una, ¿no? ¿Me la puedes dejar?

No sé qué planes tienes tú para las vacaciones. ¿Por qué no quedamos y me cuentas?

Un abrazo,
Jorge

**Contesta a tu amigo en un correo de entre 60 y 70 palabras. Tienes que:**

- Saludar.
- Explicar que no tienes lo que pide.
- Dar una alternativa.
- Proponer un día, una hora y un lugar para quedar.
- Hacer dos preguntas y despedirte.

## ESTRATEGIAS PARA EL EXAMEN

Este ejercicio corresponde a la Tarea 1 de la Prueba 3 del DELE A2. En ella tienes que escribir una postal, mensaje o correo electrónico personal en respuesta a un texto. Tienes que escribir entre 60 y 70 palabras.
- Lee bien el texto para saber a qué tienes que contestar.
- Lee las instrucciones. Es importante escribir sobre todos los aspectos.
- Sigue el orden de los aspectos para tener un texto coherente.
- Después de escribir, lee otra vez tu texto y fíjate si es correcto (terminaciones de los verbos y adjetivos, preposiciones...).

# C DE ACÁ PARA ALLÁ

**14** Relaciona el país con sus costumbres, según la información del texto de la página 95 del libro del alumno.

1 En Venezuela…
2 En Argentina…
3 En España…
4 En Perú…
5 En México…
6 En Chile…

a ☐ se usa la palabra "mesero" para "camarero".
b ☐ se usa la forma de "usted" para hablar con los suegros.
c ☐ se hacen fiestas en casa.
d ☐ no es normal quejarse por el mal servicio de una tienda.
e ☐ se va bastante temprano a las discotecas.
f ☐ no se dice mucho "por favor" y "gracias".
g ☐ no se castellanizan las palabras inglesas.
h ☐ se da un beso para saludar a alguien.
i ☐ es normal ser impuntual.

**15a** Completa las frases con la construcción impersonal con *se*.

1 A media mañana y a media tarde *se hace* (hacer) una pausa para relajarse. En esa pausa, que se llama "fika", _____ (beber) un café y _____ (tomar) pasteles o algo salado.
2 No _____ (comer) con la mano izquierda porque es de mala educación.
3 El domingo es el día en que _____ (limpiar) las casas y "_____" (baldear) los suelos, es decir, _____ (echar) agua por todo el suelo para limpiarlos.
4 Después de ducharse es normal darse un baño para relajarse. Es muy importante lavarse bien antes del baño porque en una familia _____ (usar) la misma agua en la bañera. De esta forma no _____ (gastar) mucha agua.
5 Si te invitan a cenar o te ofrecen ayuda, _____ (decir) muchas veces que no y, al final, _____ (aceptar) la invitación o la ayuda.
6 Durante todo el día, _____ (beber) mucho té negro.

**15b** ¿De qué país crees que son las costumbres del apartado anterior? Escribe el número.

☐ Cuba
☐ Japón
☐ Irán
☐ Marruecos
☐ Suecia
☐ Turquía

**16** ¿Qué se hace en tu país en las siguientes situaciones?

1 Cuando se conoce a una persona en un ambiente informal, ¿cómo la saludas?
_____
2 Cuando se va a cenar a casa de unos amigos, ¿se lleva algo?
_____
3 Cuando alguien llega tarde, ¿cuánto retraso está permitido?
_____
4 En una conversación con amigos, ¿se interrumpe a la gente?
_____

**17** Transforma los enunciados como en el ejemplo para tener frases que encontramos normalmente en carteles o anuncios.

Arreglamos pequeños electrodomésticos.
*Se arreglan pequeños electrodomésticos.*

1 Alquilamos bicicletas por horas o días.
_____
2 Compro diccionario de español en buen estado.
_____
3 Ofrezco clases de pintura.
_____
4 Buscamos a nuestro gato desaparecido.
_____
5 Intercambiamos películas y libros.
_____
6 Vendo violín a buen precio.
_____
7 Cuidamos plantas durante las vacaciones.
_____
8 Necesitamos personas para probar nuevos productos.

# 11 LA VIDA SECRETA DE LOS OBJETOS

**18a** 🔊 59 Fernando, de México, y Ana, de España, viven en el extranjero y hablan de las diferencias con su país y de lo que echan de menos. Escucha la conversación y marca verdadero (V) o falso (F).

|   | V | F |
|---|---|---|
| 1 Ana es nueva en el país. | ☐ | ☐ |
| 2 A Ana no le gusta decir siempre "por favor" y "gracias". | ☐ | ☐ |
| 3 Para Fernando es normal decir "por favor" y "gracias". | ☐ | ☐ |
| 4 A Ana la gente del país de acogida le parece poco simpática. | ☐ | ☐ |
| 5 Según Ana, a veces en España la gente no cumple lo que dice. | ☐ | ☐ |
| 6 A Fernando le gusta la tranquilidad de los camiones*. | ☐ | ☐ |
| 7 Además, a Fernando le gusta mucho la puntualidad. | ☐ | ☐ |
| 8 Según Ana, la gente del país de acogida llega a las citas demasiado pronto. | ☐ | ☐ |
| 9 A Ana no le gusta comer con pan, como se hace en España. | ☐ | ☐ |
| 10 Según Fernando, lo normal es acostumbrarse a la comida del país de acogida. | ☐ | ☐ |

\* En México se dice "camión", en España, "autobús".

**18b** 🔊 59 Ahora escucha otra vez y corrige en tu cuaderno las frases falsas.

# EN ACCIÓN

**19** Lee esta entrada de un blog sobre un producto típico de Argentina y completa con las siguientes expresiones.

> En segundo lugar - Por eso - también - voy a hablar - En primer lugar - por ejemplo - Para terminar - pero

## EL MATE

INICIO    NOTICIAS    BLOG    CONTACTO

¡Hola a todos! El tema del que **(1)** _____ hoy es un objeto muy importante en mi país: el mate.

**(2)** _____, quiero aclarar que la palabra "mate" se usa para dos cosas: para hablar de la bebida, **(3)** _____ también para hacer referencia al objeto que usamos para beberlo. La bebida se obtiene de una planta, la yerba mate, que se produce principalmente en Argentina y en Brasil. Esa planta se mezcla con agua caliente y se obtiene la bebida: esta es la forma tradicional, pero hay quien prefiere beber el mate con otros ingredientes, como **(4)** _____, con azúcar o con limón.

El objeto que usamos para beber el mate **(5)** _____ se llama "mate". Tradicionalmente, se obtiene de una calabaza, pero hoy en día la mayoría de argentinos tienen un mate de madera o de plástico.

**(6)** _____, quiero hablar de la importancia de esta bebida en Argentina. Para nosotros, no es una bebida más, es un acto social. Nos reunimos con nuestras familias y amigos para "matear", es decir, para tomar mates y hablar de nuestra vida, nuestros problemas… **(7)** _____ el mate es tan importante en nuestro país.

**(8)** _____, quiero animar a todos a probar el mate. Estoy segura de que en su comunidad hay algún argentino bebedor de mate. Es una tradición muy linda y, además, ¡está buenísimo!

ÚLTIMAS ENTRADAS:
junio (12)
mayo (9)
abril (24)
marzo (5)
febrero (18)
enero (4)

# LA VIDA SECRETA DE LOS OBJETOS

**20** Vas a preparar una presentación sobre un objeto típico de tu país. Completa el siguiente esquema con expresiones de la unidad y otras palabras. En algunos casos hay más de una opción posible.

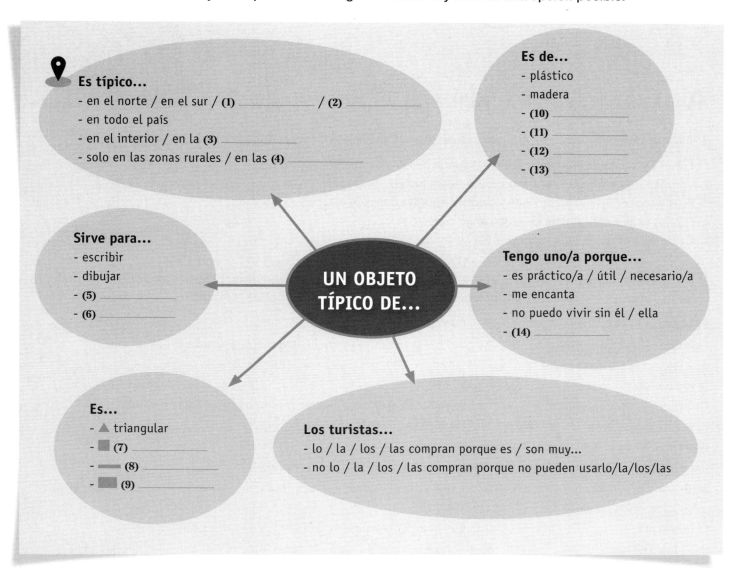

## Y PARA ACABAR...

El objeto que es un tesoro para ti:

Un objeto importante que has perdido:

Una costumbre de tu país que (no) te gusta:

Información interesante de esta unidad:

# 12 TIEMPO DE OCIO

## A MIS ÚLTIMAS VACACIONES

**1** Elige el demostrativo correcto para cada frase. Fíjate en la concordancia y en el contexto.

1 **Esta / Este / Aquellas** es la casa rural donde hemos dormido.
2 Vamos a ir de viaje con **esas / aquellos / este** amigos de la universidad.
3 Puedes poner los billetes en **este / aquel / aquella** bolso de allí.
4 ¿Tienes **esas / esta / esos** fotos que te he mandado?
5 **Esta / Esa / Ese** de aquí es mi sobrina Martina.

**2** 🔊 60 Mira la imagen y completa el diálogo con los demostrativos correctos. Fíjate en la distancia entre las cosas y los chicos. Después escucha el diálogo y comprueba tus respuestas.

**Rodrigo:** ¿Qué tal, Cristian? ¿Has encontrado algo?

**Cristian:** Sí, me gusta (1) _____ jersey blanco de aquí, tengo que preguntar si hay mi talla.

**Rodrigo:** ¡Ah! ¡Sí, qué bonito! Pero (2) _____ verde me gusta más. Y quieres unos vaqueros, ¿no? ¿Has visto (3) _____?

**Cristian:** Sí, (4) _____ vaquero negro está bien. Me lo voy a probar. También he mirado (5) _____ gorras grises, ¿te gustan?

**Rodrigo:** No están mal, pero son mejores (6) _____ negras de allí.

**Cristian:** Bah, creo que no voy a comprar una gorra hoy. ¿Y tú? ¿Te interesa algo?

**Rodrigo:** Pues, necesito una camisa para la boda de mi hermana, y he mirado (7) _____ que están aquí. ¿Qué te parece (8) _____?

**Cristian:** ¡(9) _____ está muy bien! ¡Qué color más bonito! ¿Y cuánto cuesta?

**Rodrigo:** (10) _____ es el problema: es un poco cara… ¡Pero mi hermana solo se va a casar una vez!

# TIEMPO DE OCIO 12

**3** Elige la opción correcta: *de / que / Ø*.

Esta es una foto de mi familia. Mi madre es la **(1) de / que / Ø** la falda blanca. La **(2) de / que / Ø** tiene el pelo cortito es mi tía Esther. A su lado, el **(3) de / que / Ø** alto, es su marido, mi tío Ángel. Los **(4) de / que / Ø** juegan al fútbol al fondo son mis primos, Lucas, Erea y Simón. Mi prima Gloria es la **(5) de / que / Ø** la camiseta roja y el **(6) de / que / Ø** habla con ella es mi padre. Mis otras primas, Celia y Sandra, son las **(7) de / que / Ø** más pequeñas. La **(8) de / que / Ø** gafas, sentada a mi lado, es mi abuela.

**4** Escribe frases para identificar a las personas de la foto. Usa las palabras del cuadro.

rubio/a - ~~camiseta a rayas~~ - tomar café
cazadora vaquera - pelo largo

Óscar: *el de la camiseta a rayas*
1 María: _____
2 Julia: _____
3 Álex: _____
4 Yadira: _____

**5** 📄 **DELE** Imagina que estás de viaje y escribes una entrada en tu diario de viaje de entre 70 y 80 palabras. Mira las fotos para tener ideas y escribe sobre:

- Dónde estás y con quién.
- La razón del viaje.
- Qué has hecho.
- Qué vas a hacer en los próximos días.
- ¿Te gusta el viaje? ¿Por qué?

## ESTRATEGIAS PARA EL EXAMEN

Este ejercicio corresponde a la Tarea 2 de la Prueba 3 del DELE A2. Esta tarea tiene dos opciones, este ejercicio corresponde a la opción B. Tienes que escribir un texto de 70 - 80 palabras a partir de unas fotos o textos muy breves. Tienes instrucciones sobre la información que debes incluir.
- Lee las instrucciones, mira las fotos / los textos y anota tus ideas sobre todos los puntos.
- Si no conoces el vocabulario para alguna foto, escribe sobre algo similar o relacionado.
- La estructura es importante, normalmente puedes seguir el orden de los puntos.
- También es importante escribir sobre todos los aspectos de las instrucciones.
- Al final, lee el texto y comprueba que la gramática es correcta: terminaciones de verbos y adjetivos, preposiciones…
- Asegúrate de que has escrito el número de palabras necesario.

# 12 TIEMPO DE OCIO

**6a** Lee estas frases en alto. Fíjate en la entonación.

a Vives en Madrid, ¿verdad?
b ¿Dónde está Guatemala?
c Tu madre se llama María, ¿no?
d No tienes hijos, ¿no?
e ¿Cómo se llama tu hermana?
f ¿Cuántos hermanos tienes?

**6b** 61-66 Ahora escucha las respuestas y relaciona cada una con su pregunta.

1 ☐   4 ☐
2 ☐   5 ☐
3 ☐   6 ☐

### ¡Fíjate!

En las preguntas de confirmación, la entonación de la frase afirmativa es descendente y sube con la pregunta.

*Tienes muchos primos, ¿verdad?*

## B UN VERANO EN LA OFICINA

**7** 67 Vas a escuchar una conversación entre dos personas, Lidia y Raúl. Selecciona la imagen que corresponde a cada enunciado. Hay tres imágenes que no necesitas.

1 ☐ Lugar donde se encuentran Lidia y Raúl.
2 ☐ Plan de Raúl para las vacaciones.
3 ☐ Profesión de Lidia.
4 ☐ Lo que hace Lidia en el tiempo libre.
5 ☐ Lo que va a hacer Raúl un poco más tarde.

# TIEMPO DE OCIO 12

**8** ¿Qué actividades están haciendo estas personas este verano?

*Están haciendo mucho deporte.*

1 _____

2 _____

3 _____

4 _____

5 _____

6 _____

7 _____

**9a** Completa con la forma de gerundio que falta.

1 • ¿Y ya has encontrado piso?
   ■ Todavía no. De momento estoy _____ (vivir) en casa de una familia.
2 • Hola, Inés. Llamo para ver cómo están los niños.
   ■ Bien, bien, tranquilo, Ricardo. Ahora mismo están _____ (ver) una película y se están _____ (reír) mucho.
3 • ¿Y cuál está _____ (ser) el helado favorito del verano?
   ■ Pues el favorito siempre es el de chocolate, pero este verano los clientes están _____ (pedir) mucho también el helado de melón.
4 • ¡Últimamente estoy _____ (dormir) fatal! ¡Tengo unos vecinos nuevos que hacen muchas fiestas!
   ■ Vaya, ¡qué horror!
5 • ¿Qué estás _____ (comer)?
   ■ Es un nuevo postre que ha hecho mi hermano. ¿Quieres probarlo?
6 • ¿No vais a venir en verano?! ¿Pero qué me estás _____ (decir)! ¡No puede ser!
   ■ Bueno, es que nos estamos _____ (comprar) una casa y vamos a tener que hacer unas reformas, por eso tenemos que quedarnos aquí.

**9b** Marca de qué tipo de acción hablan las frases de la actividad anterior.

| | |
|---|---|
| **A** | Actividad temporal |
| **B** | Acción que ocurre mientras hablamos |

|   |   | A | B |
|---|---|---|---|
| 1 | estoy viviendo | ☐ | ☐ |
| 2 | a están viendo | ☐ | ☐ |
|   | b se están riendo | ☐ | ☐ |
| 3 | a está siendo | ☐ | ☐ |
|   | b están pidiendo | ☐ | ☐ |
| 4 | estoy durmiendo | ☐ | ☐ |
| 5 | estás comiendo | ☐ | ☐ |
| 6 | a estás diciendo | ☐ | ☐ |
|   | b nos estamos comprando | ☐ | ☐ |

### Recuerda

Podemos usar **estar + gerundio** para:
- hablar de una situación temporal, no habitual: *Este verano estoy yendo a la piscina todos los días.*
- hablar de una acción que ocurre en el momento en que hablamos: *Laura no puede ponerse al teléfono porque está duchándose.*

ochenta y siete

# 12 TIEMPO DE OCIO

**10** 🔊 68-75 Escucha el audio y anota qué están haciendo las personas en este momento.

1 _____  5 _____
2 _____  6 _____
3 _____  7 _____
4 _____  8 _____

**11** Piensa en cinco personas que conoces y escribe en tu cuaderno qué crees que están haciendo en estos momentos.

*Creo que mis abuelos están viendo la tele.*

## C PLANES DE OCIO

**12** Completa las frases con las siguientes palabras.

> madrugada - ocio - espectáculo - encanto - proyectar - promoción - atracciones - infantil - programación - estación

1 Sin duda, el verano es mi _____ favorita del año: tengo más tiempo libre, puedo ir a la playa, disfrutar del buen tiempo, irme de vacaciones…

2 Hay muchos restaurantes de moda, pero yo prefiero los tradicionales, tienen más _____: el camarero te conoce, la comida es casera y la decoración es más auténtica.

3 Hola, Carlos, ¿te apetece venir a ese nuevo _____ de magia del mago Bob? He escuchado que es un *show* impresionante.

4 Mi hermana pequeña sale todos los fines de semana y vuelve a casa de _____, a las cuatro, las cinco… Yo no tengo tanta energía y prefiero quedarme en casa e irme a dormir pronto.

5 Esta noche van a _____ mi película favorita, *Amores perros*, en el cine de verano. Empieza a las diez, no nos la podemos perder.

6 ¡Qué bien! He encontrado una _____ especial en internet y he comprado las entradas con un 50 % de descuento.

7 No me gusta montar en las _____ porque van muy rápido y tengo miedo y dolor de cabeza. Prefiero un plan mucho más relajado, como pasear o ir al teatro.

8 Manuela, ¿vienes a tomar algo a ese nuevo restaurante que han abierto en la plaza? Tienen una zona _____ donde los niños pueden jugar mientras los adultos cenan y hablan tranquilamente.

9 Si no sabes qué hacer esta noche, puedes leer la guía del _____: una revista donde encuentras toda la información sobre las exposiciones de la ciudad, la _____ de los teatros, los horarios de los cines, etc. ¡Es básica para hacer planes!

**13** 🔊 76 📄 **DELE** María y Harry se encuentran en la biblioteca. Escucha la conversación y marca la respuesta correcta.

| | Harry | María | Ninguno de los dos |
|---|---|---|---|
| 1 Ha hecho un curso de arte. | | | |
| 2 Va a hacer visitas a museos. | | | |
| 3 Tiene clases en julio. | | | |
| 4 Va a ir a un taller de escritura. | | | |
| 5 Trabaja en el bar La Flor. | | | |
| 6 Va a comprar un libro. | | | |

### ESTRATEGIAS PARA EL EXAMEN

Este ejercicio corresponde a la Tarea 3 de la Prueba 2 del DELE A2. Escuchas dos veces una conversación informal y tienes que relacionar seis enunciados con la persona a la que corresponden (hombre, mujer o ninguno de los dos).
- Lee con atención los enunciados antes de escuchar.
- Fíjate bien en quién dice la información de los enunciados.
- Recuerda que algunos enunciados no se corresponden con ninguna de las personas.

# TIEMPO DE OCIO 12

**14** Lee la información sobre diferentes actividades y planes de ocio, y relaciónalas con los siguientes enunciados. Hay dos actividades que no necesitas.

1 ☐ No es necesario pagar por esta actividad.
2 ☐ No es la primera vez que se celebra esta actividad.
3 ☐ Se ofrece un lugar donde pasar la noche.
4 ☐ Es necesario tener una edad mínima para participar.
5 ☐ Es una actividad ideal para personas preocupadas por el medio ambiente.

## OCIO EN VALENCIA

### A  CONCIERTOS DE MÚSICA CLÁSICA EN EL PARQUE MARAVILLAS

¿Tienes mucho calor por la noche? ¿No puedes dormir? Ven a la 3.ª edición del festival "Los clásicos de Maravillas", en el que puedes escuchar música en directo en un entorno natural. Cierra los ojos, respira y relájate con la música de Bach, Beethoven y Vivaldi. Hay conciertos todos los días de jueves a domingo, a las 22.00. Compra la entrada en internet o el día del concierto.

### B  ¡VEN A BAILAR *SWING*!

¿Te gusta bailar? ¿Sabes bailar salsa y flamenco y estás aburrido de estos bailes? Ven el domingo 25 de julio a las 11.00 de la mañana a la Plaza del Centro Cultural Lucero. No importa si no tienes experiencia, nuestros profesores van a estar allí para enseñarte las técnicas básicas. ¿Lo mejor? Esta clase es totalmente gratuita.

### C  PISCINA NATURAL EN EL RÍO

Por primera vez el Ayuntamiento ha limpiado una zona del río y ha creado unas piscinas de agua dulce. Si no quieres pasar tanto calor en la ciudad y quieres disfrutar de la naturaleza, ven a visitarnos. Las piscinas estarán abiertas de martes a domingo, de 10.00 a 20.00. La entrada cuesta 5 € por persona (3 € niños y carnet joven) e incluye el aparcamiento.

### D  INTERCAMBIO DE ROPA

¿Tienes tanta ropa que no tienes espacio en casa? ¿Compras y compras y nunca sabes qué ponerte? ¿Te preocupa adónde va tu ropa cuando la tiras a la basura? No te pierdas el próximo viernes el intercambio de ropa en Urbana. Trae la ropa que no usas más y cámbiala por ropa de los demás. Tu ropa va a tener una segunda vida y tú vas a ayudar al planeta.

### E  CATA DE CERVEZAS ARTESANALES

Si te gusta la cerveza y quieres descubrir más sobre el mundo de las cervezas artesanales (hechas a mano), ven al Cerve-bar el próximo martes a las 21.00. Vamos a descubrir las diferencias entre los diferentes tipos de cebada, vamos a ver el sistema de producción y, por supuesto, vamos a probar alguna cerveza y aprender cómo combinarlas con queso y otros alimentos. ¡Apúntate por internet antes del domingo! Solo mayores de 18.

### F  CURSO INTENSIVO DE CALIGRAFÍA

La caligrafía, el arte de escribir bonito, es una técnica tradicional que está muy de moda en los últimos años. Si te interesa aprender a escribir con unas letras más bonitas, ven a este curso intensivo. Vamos a pasar un fin de semana en el campo escribiendo. El curso completo cuesta 200 € con alojamiento y desayuno incluido; solo el curso 120 €. Reserva ya en nuestra web: www.escribebien.com

### G  ESPECTÁCULO NOCTURNO DE MÚSICA Y LUCES

Las famosas fuentes de la Plaza Mayor ofrecen durante todo el verano un espectáculo de luz, color y sonido. Se van a proyectar luces de colores sobre las fuentes que, al ritmo de la música, van a convertir una simple noche de verano en un evento que no vamos a poder olvidar. Las entradas solo cuestan un euro y el dinero se va a utilizar para el mantenimiento de las fuentes.

ochenta y nueve  89

# 12 TIEMPO DE OCIO

**15** Ordena el siguiente diálogo.

- ☐ a Bueno, ¿y por qué no quedamos mañana, después de tu examen?
- ☐ b Bueno, pues a las ocho. ¡Hasta mañana!
- ☐ c Bien, bien. Oye, ¿te apetece tomar algo en el Jacarandá?
- ☐ d ¡Hola!, ¿qué tal?
- ☐ e Vale, perfecto.
- ☐ f Ay, ahora imposible, es que mañana tengo un examen y tengo que estudiar.
- ☐ g Es un poco pronto, quiero descansar después del examen. Mejor a las ocho.
- ☐ h ¡Adiós!
- ☐ i Entonces nos vemos mañana… ¿a las seis?
- ☐ j Todo bien, gracias, ¿y tú?

**16** Relaciona las preguntas con las respuestas adecuadas.

1 ¿Te vienes a ver la nueva película de Cuarón?
2 Entonces, ¿nos vemos a las nueve en el restaurante?
3 ¿Te apetece venir a comer a casa este fin de semana?
4 ¿Por qué no estudiamos en la biblioteca esta tarde?
5 Entonces quedamos el domingo por la mañana, ¿no?
6 Bueno, entonces el viernes por la noche.

a ☐ Sí, el domingo, ¡perfecto!
b ☐ Genial, ¡nos vemos!
c ☐ Ay, comer, imposible, ¿qué tal cenar?
d ☐ ¡Lo siento! Es que ya la he visto.
e ☐ Mejor a las ocho y media, así tomamos algo antes de la cena.
f ☐ Lo siento, es que no me concentro bien, prefiero hacerlo en casa.

### Recuerda

El verbo **quedar** se utiliza para expresar la acción de hacer planes con una persona y establecer un lugar y una hora de encuentro. El verbo **quedarse** es reflexivo y se utiliza para expresar que continuamos en un lugar, sin movernos:
*Hoy estoy muy cansado, por eso esta noche **me quedo** en casa viendo una película en el sofá y no **quedo** con mis amigos.*

**17** Escribe una respuesta afirmativa (+) y una negativa (-) para estas invitaciones.

1 ¿Vamos este fin de semana a la playa?
+ _____
− _____

2 ¿Te apetece ir a ver la nueva exposición de la Biblioteca Nacional?
+ _____
− _____

3 ¿Por qué no vamos al zoo la semana que viene?
+ _____
− _____

4 ¿Qué tal si hacemos una excursión al campo?
+ _____
− _____

**18** Mira la siguiente conversación de WhatsApp entre Sarah y Julio y continúa en tu cuaderno el diálogo.

• ¡Hola! ¿Te apetece ir a montar en bici?
▪ ¡Hola! Lo siento, imposible. Voy a comer a casa de mis abuelos.

# TIEMPO DE OCIO 12

**19 DELE** Lee el correo electrónico que Leonardo escribe a su amiga Ingrid y marca la opción correcta.

¡Hola, Ingrid!

¿Qué tal?, ¿estás ya adaptada a tu nueva ciudad? Espero que sí.

Yo aquí tengo bastantes menos horas de clase, así que tengo mucho más tiempo libre. Eso sí, me levanto muy temprano porque quiero desayunar con mis compañeros. Todavía no estoy acostumbrado a tomar huevos y salchichas por la mañana, pero necesito esa energía porque después hago mucho deporte al aire libre y yo siempre tengo frío.

El ambiente de la universidad es muy bueno. La educación es muy diferente a España, hay menos clases y mucho más trabajo de investigación, así que paso muchas horas en la biblioteca o en mi cuarto. A mediodía comemos, pero no como nosotros, a las dos, para ellos mediodía es a las doce: eso sí que me cuesta, normalmente pido algo ligero.

Después, doy una vuelta por la ciudad en bici, aquí es el medio de transporte que usa todo el mundo. Lo mejor es ver tanta gente distinta, ¡es muy cosmopolita! Y, además, hay mucha gente joven. Lo único malo es que a las cuatro de la tarde es de noche y a las seis y media, ¡cenamos!, ¿te lo puedes creer?

En general, todo nuevo, pero estoy contento. La próxima semana empiezo unas clases de escritura porque mi nivel hablado es bueno, pero escribir ensayos para las asignaturas es bastante complicado.

Bueno, cuéntame qué tal tu experiencia o si prefieres, hablamos por Skype un día.

Besos desde Cambridge,

Leonardo

1 Leonardo escribe a Ingrid para hablarle…
   a de su nueva vida.
   b de un viaje.
   c de sus nuevos amigos.
2 En Cambridge, Leonardo…
   a tiene más clases que en España.
   b no hace mucho deporte.
   c hace más trabajos de investigación.
3 En España, Leonardo come…
   a a las doce.
   b a las dos.
   c algo ligero.
4 A Leonardo no le gusta…
   a ir en bicicleta.
   b que hay mucha gente joven.
   c cenar a las seis y media.
5 Leonardo quiere…
   a escribir un ensayo para las clases.
   b aprender a escribir mejor.
   c escribir a Ingrid otro día.

## ESTRATEGIAS PARA EL EXAMEN

Este ejercicio corresponde a la Tarea 1 de la Prueba 1 del DELE A2. Tienes que leer un texto de 250 - 300 palabras (correo electrónico, carta…) y contestar a cinco preguntas con tres opciones de respuesta. Solo hay una opción correcta para cada pregunta.
- Lee el texto para tener una idea general del tema.
- Lee las preguntas con atención.
- Lee otra vez el texto y busca los lugares con la información que necesitas.
- Si no sabes cuál es la opción correcta, piensa qué opciones no son posibles.

# 12 TIEMPO DE OCIO

## EN ACCIÓN

**20a** Mira estas fotos y marca las tres que se refieren a los planes del texto de la página 104 del libro del alumno.

**20b** Describe en tu cuaderno los planes de las tres fotos que no están en el texto.

*La foto… puede ser…*

**20c** ¿Cuál de todos los planes te gusta más? ¿Por qué?

**21** Relaciona las columnas para formar frases. Tienes ayuda para el vocabulario en el texto de la página 104 del libro del alumno.

| | |
|---|---|
| 1  Ana piensa que cumplir… | a  vida e irme a vivir al campo. |
| 2  Solo podemos invitar a los amigos… | b  años es una gran excusa para una fiesta. |
| 3  A veces quiero cambiar de ritmo de… | c  una copa en la Plaza Mayor. |
| 4  A Mariana le encanta dedicar… | d  tiempo a trabajar en su jardín. |
| 5  Con Nico no se puede planear nada con… | e  cercanos a la cena de hoy. |
| 6  Si quieres, quedamos para tomar… | f  antelación porque su agenda siempre cambia. |

## Y PARA ACABAR…

Tu actividad favorita en verano:

Actividades de ocio que se pueden hacer en tu ciudad:

Personas con las que haces planes habitualmente:

Información interesante de esta unidad:

# 13 BIOGRAFÍAS

## A    MAYORES EN LA RED

**1** Lee otra vez el artículo de la página 106 del libro del alumno y luego, sin mirar el texto, marca la persona o personas a las que corresponde la siguiente información.

|   | Kazue | Miroslav | Marina |
|---|---|---|---|
| 1 Es famoso/a por sus vídeos. | ☐ | ☐ | ☐ |
| 2 Practica su afición desde pequeño/a. | ☐ | ☐ | ☐ |
| 3 Cambió su profesión. | ☐ | ☐ | ☐ |
| 4 Es famoso/a por sus fotos. | ☐ | ☐ | ☐ |
| 5 Empezó su afición con un regalo. | ☐ | ☐ | ☐ |
| 6 Aprendió una lengua nueva. | ☐ | ☐ | ☐ |
| 7 Fue a la universidad. | ☐ | ☐ | ☐ |
| 8 Viajó o viaja mucho. | ☐ | ☐ | ☐ |

**2** Completa la tabla con las formas de indefinido que faltan.

|   | estudiar | casarse | volver | vivir | ir / ser | estar |
|---|---|---|---|---|---|---|
| yo | estudié |   |   |   | fui |   |
| tú |   | te casaste |   | viviste |   |   |
| él / ella / usted |   |   | volvió |   |   | estuvo |

**3a** Completa esta conversación entre dos amigas con los verbos en pretérito indefinido.

**Ana:** Bueno, Letizia, entonces tú tienes tres lenguas maternas porque… tú
**(1)** _____ (nacer) en Argentina, ¿no?
**Letizia:** Bueno, en realidad, yo **(2)** _____ (nacer) en Sudán.
**Ana:** ¿De verdad? Pero no **(3)** _____ (crecer) allí, ¿no? ¿Cuánto tiempo **(4)** _____ (estar) en Sudán?
**Letizia:** Muy poco. A los dos años toda mi familia **(5)** _____ (irse) para Buenos Aires por el trabajo de mi papá. Yo **(6)** _____ (crecer) en la Argentina.
**Ana:** Ah, vale… ¿Y por qué hablas francés?
**Letizia:** Bueno, porque en Buenos Aires **(7)** _____ (ir) a la escuela francesa y allá todo es en francés.
**Ana:** Ah, ya entiendo… Pero, ¿y el italiano? ¿**(8)** _____ (estudiar) luego en Italia?
**Letizia:** No… En realidad **(9)** _____ (estudiar) en España y en Francia, pero hablo italiano ¡porque mis papás son italianos!
**Ana:** ¡Aaahh! Oye, ¡pero tú has vivido en muchos países!
**Letizia:** Sí, bueno, por el trabajo de mi papá, pero no siempre **(10)** _____ (ser) fácil, la verdad…

**3b** 🔊 77 Ahora, escucha la conversación y comprueba tus respuestas.

# 13 BIOGRAFÍAS

**4a** Relaciona cada pregunta con su respuesta. Una de las preguntas tiene dos opciones.

1. ¿Cuándo naciste?
2. ¿En qué año te fuiste a vivir a Chile?
3. ¿A qué edad te casaste con Juan Carlos?
4. ¿Desde cuándo vives en Turquía?
5. ¿De qué año a qué año trabajaste para la empresa Arpi?
6. ¿Cuándo empezaste a hacer surf? ¿El año pasado?

a. ☐ Desde 2018.
b. ☐ No, hace dos años.
c. ☐ El 26 de diciembre de 1971.
d. ☐ En 1991.
e. ☐ De 1992 a 1997.
f. ☐ A los 23 años.

> **¡Fíjate!**
> - **desde** + punto en el tiempo: *Vivo en Guayaquil desde 2015.* (Normalmente el verbo está en presente)
> - **hace** + período de tiempo: *Me casé hace tres años.* (Normalmente el verbo está en pasado)

**4b** Ahora escribe tú preguntas para estas respuestas. Pregunta por el complemento de tiempo.

1. ●_____
   ■ Me fui allí con mi mujer en 2010.
2. ●_____
   ■ Pues empecé a los cinco años.
3. ●_____
   ■ Lo conocí hace diez años.
4. ●_____
   ■ Trabajé como periodista de 1979 a 1988.
5. ●_____
   ■ Subo fotos a la red desde 2015.
6. ●_____
   ■ Estuve en China después de los estudios.

**5** Con ayuda de las notas escribe el resumen de la biografía de Adeline. Utiliza el indefinido. Tienes ya la última frase.

- nacer - diciembre de 1956 - cerca de Lyon (Francia)
- después del instituto - un año en Costa Rica - trabajar como voluntaria en un parque natural
- estudiar Biología Marina
- irse a trabajar a un centro de investigación en Sudáfrica
- conocer a su marido - estar casada cinco años - divorciarse
- 1994 - mudarse a Nueva Zelanda - trabajar
- 2006 - volver a Francia
- 52 años - abrir una tienda de productos sin plástico

*Desde hace unos años es activa en las redes en la lucha contra la contaminación de los mares.*

**6** Imagina que tienes diez años más que ahora. Mira hacia atrás y escribe en tu cuaderno una pequeña biografía sobre ti. Habla de los momentos más importantes y también de cómo es tu vida "ahora".

# BIOGRAFÍAS 13

## B HÉROES ANÓNIMOS

**7a** Completa la tabla con las formas de indefinido de estos verbos regulares.

|  | estudiar | casarse | volver | vivir | salir |
|---|---|---|---|---|---|
| nosotros/as |  |  |  |  |  |
| vosotros/as |  |  |  |  |  |
| ellos / ellas / ustedes |  |  |  |  |  |

**7b** Y ahora completa esta tabla con las formas de estos verbos irregulares.

|  | estar | querer | poner | decir | venir |
|---|---|---|---|---|---|
| yo |  |  |  |  |  |
| tú |  |  |  |  |  |
| él / ella / usted |  |  |  |  |  |
| nosotros/as |  |  |  |  |  |
| vosotros/as |  |  |  |  |  |
| ellos / ellas / ustedes |  |  |  |  |  |

**8a** Completa estas noticias sobre otros héroes anónimos.

**A**
empezar - escuchar - salir - salvar - volver - ir
llegar - preguntar - tener - ver - pensar - levantarse
saltar - acercarse - decir - perder - caerse - coger

**B**
perder - poder - aparecer - empezar - dejar - salir
intentar - salvar - mover - morir - caerse - llevar - quedar
desaparecer - rescatar - oír - decidir - encontrar

Raúl nunca va a olvidar ese 22 de mayo. "Aquel día, como todos los demás, (1) _____ de mi casa a las ocho de la mañana y (2) _____ al metro, para ir a trabajar. Cuando (3) _____ a la estación, (4) _____ que esperar cuatro minutos al próximo metro, así que (5) _____ a observar a la gente en el andén. Entonces, (6) _____ a una mujer cerca de mí esperando al metro y haciendo movimientos extraños. (7) _____ del banco un poco preocupado y (8) _____ a ella. Le (9) _____ si estaba bien y ella me (10) _____ que sí. Yo (11) _____ al banco y, de repente, la mujer (12) _____ el conocimiento y (13) _____ a las vías. En ese momento, (14) _____ el ruido del metro entrando en la estación. No me lo (15) _____ dos veces, (16) _____ a las vías, (17) _____ a la mujer y… ¡le (18) _____ la vida!".

El 23 de octubre de 2011 la tierra (1) _____ a moverse en Turquía. La gente (2) _____ corriendo a las calles, (3) _____ escapar, pero era muy tarde: era un terremoto. Muchos edificios (4) _____, cientos de personas (5) _____ atrapadas debajo de rocas y restos de edificios, las calles (6) _____ como consecuencia de un tsunami y, tristemente, miles de personas (7) _____. Los bomberos (8) _____ a muchas personas heridas bajo los restos, pero poco a poco, (9) _____ la esperanza y (10) _____ de buscar. Entonces los bomberos (11) _____ los ladridos de Yango, un perrito negro que (12) _____ de repente, y extrañados, (13) _____ seguirlo. Este los (14) _____ hasta un edificio completamente destrozado a las afueras de la ciudad. Los bomberos (15) _____ las rocas y, para su sorpresa, (16) _____ a un bebé llorando. Los bomberos no (17) _____ salvar a los padres, pero sí (18) _____ al bebé, que ahora comparte casa con Yango, el perrito negro.

## 13 BIOGRAFÍAS

**8b** Escribe un titular para las noticias anteriores.

A _____

B _____

**8c** Escribe ahora en tu cuaderno una noticia similar sobre otro héroe anónimo.

**9a** Imagina que hoy es 12 de diciembre de 2018. ¿A qué momento de tiempo corresponden estas expresiones?

Hace tres meses: *12 de septiembre de 2018*
1 Hace cinco años: _____
2 El mes pasado: _____
3 El verano pasado: _____
4 A finales del año pasado: _____
5 Al mes: _____
6 Unas semanas después: _____
7 Ayer: _____

**9b** Ahora escribe una frase con tu información personal y estas expresiones de tiempo.

Hace cinco años *visité Marruecos con mi familia.*
1 El mes pasado _____.
2 _____ hace dos semanas.
3 A principios de este año _____.
4 _____ anteayer.
5 En mayo _____.
6 _____ la semana pasada.

**10a** ◁)) 78 Escucha estas palabras y señala la sílaba tónica. Ojo, faltan los acentos.

- empezamos
- encontro
- compro
- hice
- rapido
- estudio

**10b** Explica por qué las palabras anteriores necesitan acento o no. Si llevan acento, escríbelo.

1 La palabra "empezamos"…
   a no lleva acento porque es una palabra aguda terminada en -s.
   b no lleva acento porque es una palabra llana terminada en -s.
   c lleva acento porque es una palabra esdrújula.
2 La palabra "hice"…
   a no lleva acento porque es una palabra llana terminada en vocal.
   b lleva acento porque es una palabra aguda terminada en vocal.
   c lleva acento porque es una palabra esdrújula.
3 La palabra "encontro"…
   a lleva acento porque es una palabra esdrújula.
   b no lleva acento porque es una palabra llana terminada en vocal.
   c lleva acento porque es una palabra aguda terminada en vocal.
4 La palabra "rapido"…
   a lleva acento porque es una palabra llana terminada en vocal.
   b lleva acento porque es una palabra esdrújula.
   c lleva acento porque es una palabra aguda terminada en vocal.
5 La palabra "compro"…
   a lleva acento porque es aguda terminada en vocal.
   b lleva acento porque es esdrújula.
   c no lleva acento porque es llana terminada en vocal.
6 La palabra "estudio"…
   a lleva acento porque es aguda terminada en vocal.
   b lleva acento porque es esdrújula.
   c no lleva acento porque es llana terminada en vocal.

**¡Fíjate!**

Las formas de "yo" y "él / ella / usted" en el pretérito indefinido de los verbos regulares son palabras agudas (*yo compré, él leyó, usted vivió*), pero las de los verbos irregulares son palabras llanas (*yo hice, ella tuvo, usted vino*).

## C ¿QUÉ TAL UN CONCURSO?

**11** ¿Qué han hecho estas personas? Une los nombres con las frases que les corresponden. Busca la información en internet si es necesario.

1 Gabriela Mistral
2 Nadia Comăneci
3 Carlos Santana
4 Sergio García
5 Charles Dickens
6 Penélope Cruz

a Ha ganado un Óscar.
b Escribió *Oliver Twist* en 1838.
c Ha hablado ante las Naciones Unidas.
d Recibió un Nobel de Literatura.
e Compitió contra Tiger Woods a los 19 años.
f Ha vendido más de 90 millones de discos en su carrera.

## BIOGRAFÍAS 13

**12a** Clasifica estas expresiones según el tiempo verbal más común para usarlas.

> hoy - el año pasado - en 2004 - en mi vida - a lo largo del mes - ayer - este año - el mes pasado

Pretérito perfecto: _____
Pretérito indefinido: _____

**12b** Elige cuatro expresiones de las anteriores y escribe frases sobre ti.

_____
_____
_____
_____

**13** ¿Qué hizo / ha hecho Julio? ¿Y Tomás y Claudia? Mira las fotos y forma frases relacionando las expresiones temporales con las acciones en el tiempo correcto (pretérito indefinido o pretérito perfecto).

| | |
|---|---|
| La semana pasada | ir de vacaciones |
| Ayer | ver una película |
| Este fin de semana | visitar un castillo |
| En el viaje | cocinar en la barbacoa |
| Este verano | hacer una fiesta |
| El mes pasado | hacer muchas fotos |
| El primer día | comer palomitas |
| Hoy | comer helado |

**JULIO**

**TOMÁS Y CLAUDIA**

**14** Escribe los verbos en el tiempo correcto.

El *Guernica*, que muestra la violencia de la guerra civil española, es probablemente la obra más famosa de Pablo Picasso. A lo largo de su existencia el cuadro **(1)** _____ (estar) en muchos países, como Francia, Inglaterra, Italia, Brasil, Estados Unidos y España. Picasso lo **(2)** _____ (pintar) en 1937; lo **(3)** _____ (crear) para la Exposición Internacional de París. Después de la exposición, el *Guernica* **(4)** _____ (viajar) por muchos países de Europa y América. En los años 40 la obra **(5)** _____ (ir) a Nueva York y **(6)** _____ (permanecer) en el Museo de Arte Moderno durante muchos años, pero en ese momento Picasso **(7)** _____ (decir): "El *Guernica* va a volver a España con la democracia". En 1981, **(8)** _____ (llegar) a España y desde 1992 hasta ahora miles de visitantes **(9)** _____ (poder) verlo en el Museo Reina Sofía de Madrid. El cuadro **(10)** _____ (despertar) y despierta admiración en todos los que lo ven.

# 13 BIOGRAFÍAS

**15a** DELE Lee la biografía de Rigoberta Menchú y marca en cada caso la respuesta correcta.

### RIGOBERTA MENCHÚ

Rigoberta Menchú es una activista de Guatemala que lucha por los derechos de los indígenas y que en 1992 ganó el premio Nobel de la Paz.

Nació en 1959 en una familia campesina de la
(5) etnia maya-quiché. A los cinco años empezó a trabajar con sus padres en el campo para las familias poderosas tradicionales del país; después, en la adolescencia, trabajó también como empleada doméstica.

En su infancia y juventud vivió la pobreza, la discriminación racial y la re-
(10) presión violenta de las clases dominantes contra los campesinos. Durante el gobierno militar de Fernando Romeo Lucas García (1978-1982), sufrió la muerte de sus padres y uno de sus hermanos, torturados y asesinados.

Dos de sus hermanas se fueron a la guerrilla, pero Rigoberta Menchú empezó su lucha pacífica por la justicia social y el respeto a los derechos
(15) de los indígenas, con especial atención a la situación de la mujer indígena en Hispanoamérica.

Para escapar a la represión, se marchó a México y en 1983 publicó su autobiografía, *Me llamo Rigoberta Menchú y así me nació la conciencia*. En este libro contó su historia personal y la de su comunidad indígena
(20) a la antropóloga Elizabeth Burgos; la obra incluye sus reflexiones sobre el proceso que han sufrido los pueblos indígenas, que han perdido gran parte de su identidad cultural.

En los años siguientes, Rigoberta Menchú viajó por el mundo con su mensaje y habló en las Naciones Unidas.
(25) Por su labor, Rigoberta Menchú ganó el premio Nobel de la Paz en 1992. Ella fue la segunda guatemalteca en recibir un Nobel (el primero fue Miguel Ángel Asturias, de Literatura). Con el dinero, Rigoberta Menchú abrió la Fundación Rigoberta Menchú, primero en México y luego en Guatemala. Menchú actuó como mediadora en el proceso de paz entre el Gobierno y
(30) la guerrilla, que terminó con acuerdos de paz en el año 1996. Desde entonces, ha trabajado activamente en el regreso de los exiliados de la guerra a sus lugares de origen. En 1998 publicó *La nieta de los mayas*, libro que ayuda a comprender la idiosincrasia indígena guatemalteca; ese año también le dieron el premio Príncipe de Asturias de Cooperación Internacional.

Adaptado de *www.biografiasyvidas.com*

1 La familia de Rigoberta Menchú…
  a es una familia poderosa de Guatemala.
  b es una familia indígena.
  c vivió en la ciudad.
2 Durante el gobierno militar en Guatemala…
  a Rigoberta Menchú vivió con la guerrilla.
  b sus padres murieron.
  c escribió un libro.
3 Rigoberta Menchú…
  a lucha por los derechos de los indígenas.
  b lucha por la protección de la naturaleza.
  c luchó en la guerrilla.
4 Rigoberta Menchú…
  a recibió un premio Nobel por su libro *Me llamo Rigoberta Menchú y así me nació la conciencia*.
  b escribió *Me llamo Rigoberta Menchú y así me nació la conciencia* en Guatemala.
  c contó en *Me llamo Rigoberta Menchú y así me nació la conciencia* la historia de su vida.
5 Con el dinero del premio Nobel…
  a creó una fundación.
  b ayudó a su familia.
  c viajó por todo el mundo.
6 La activista guatemalteca…
  a ha sido mediadora en el proceso de paz con las guerrillas.
  b ha trabajado en el Gobierno de Guatemala.
  c trabaja en las Naciones Unidas.

## ESTRATEGIAS PARA EL EXAMEN

El ejercicio **15a** corresponde a la Tarea 4 de la Prueba 1 del DELE A2. Tienes que leer un texto y contestar seis preguntas con tres opciones.
- Lee el texto para tener una idea general. No tienes que comprender todas las palabras.
- Después lee las preguntas y busca en qué parte del texto están las respuestas.
- Quizás la respuesta no aparece con las mismas palabras, pero tienes que buscar la misma idea expresada con sinónimos o palabras similares.
- Si la respuesta no está clara, piensa qué respuestas no son correctas.
- Al final revisa todas las respuestas.

**15b** Busca en el texto las palabras que corresponden a estas definiciones.

1 Persona que vive y trabaja en el campo.
   _____
2 Que tiene su origen en el país del que se habla. _____
3 Esfuerzo que se hace en contra de algo para conseguir un objetivo. _____
4 De Guatemala. _____
5 Salir de una mala situación. _____

# BIOGRAFÍAS 13

## EN ACCIÓN

**16a** 🔊 79-87 **En un programa de radio de entrevistas hablan con un biógrafo. Escucha las respuestas y relaciona cada una con las preguntas o comentarios que ha hecho la entrevistadora. Tienes ya la última respuesta.**

a  Buenas noches, queridos amigos. Bienvenidos a "Personas que dan que hablar". Esta noche está conmigo en el estudio un hombre que se dedica a algo muy especial: escribe biografías. Christian Duelli, bienvenido. Gracias por estar aquí con nosotros. ☐ 1

b  ¿Y cómo funciona el proceso? ¿Cuáles son los pasos hasta tener la biografía? ☐

c  Con esa procedencia tan especial, no me sorprende tu profesión. Christian, tú escribes biografías, ¿verdad? Pero no de famosos, sino de personas que no todos conocemos… ☐

d  Pero, Christian, dinos, ¿qué tipo de personas son tus clientes? ¡Porque me imagino que no todo el mundo puede pagar a alguien como tú para escribir su biografía! ☐

e  ¿Y luego ese libro se publica y se vende en las librerías? ☐

f  Antes de nada, Christian, tengo curiosidad por tu nombre: Christian Duelli. ¿De dónde viene ese nombre tan original? ☐

g  Es decir, que das a la gente las herramientas para escribir… Oye, ¿y cómo empezaste tú a hacer este trabajo? Porque creo que estudiaste Economía y trabajaste en el mundo del turismo, ¿no? ☐

h  Claro… Y después de las entrevistas, con el material que tienes, escribes el libro, ¿no? ☐

i  Me imagino que esas personas, tus clientes, tienen que tener mucha confianza en ti. ☐

¡Qué bonito! Christian, muchísimas gracias por estar hoy aquí con nosotros. Y, queridos amigos, ya sabéis, empezad a tomar nota de vuestros recuerdos y los momentos importantes de vuestra vida. Como dice Christian Duelli, conocer nuestro pasado tiene un gran valor.

**16b** 🔊 88 **Escucha ahora la entrevista completa y marca verdadero (V) o falso (F). Corrige en tu cuaderno la información falsa.**

|   | V | F |
|---|---|---|
| 1  La familia del entrevistado es española. | ☐ | ☐ |
| 2  Christian escribe biografías de personas no conocidas. | ☐ | ☐ |
| 3  Christian piensa que los famosos tienen una historia interesante. | ☐ | ☐ |
| 4  Christian puede trabajar con todas las personas. | ☐ | ☐ |
| 5  Los clientes de Christian no quieren contar su vida al gran público. | ☐ | ☐ |
| 6  Muchos clientes de Christian tienen una empresa. | ☐ | ☐ |
| 7  Christian escuchó muchas historias de sus abuelos. | ☐ | ☐ |
| 8  La entrevistadora quiere escribir su biografía. | ☐ | ☐ |

## Y PARA ACABAR…

Dos personas interesantes que conoces:

Información interesante de esta unidad:

Una persona a la que admiras:

Una persona famosa a la que te gustaría conocer personalmente:

# 14 GASTRONOMÍA

## A HÁBITOS SALUDABLES

**1a** Lee los siguientes hábitos y marca cuáles son saludables.

1. ☐ Tomar dos o tres refrescos al día.
2. ☐ Reducir el consumo de azúcar.
3. ☐ Comer siempre aproximadamente a la misma hora.
4. ☐ Comer muchos alimentos procesados, como galletas o patatas fritas.
5. ☐ Evitar la carne roja, como la de cerdo o ternera.
6. ☐ Tomar siempre primer plato, segundo plato, pan y postre.

**1b** Escribe otros tres hábitos saludables.

_____
_____
_____

**2** Completa con el verbo o sustantivo adecuado.

| | Sustantivo | Verbo |
|---|---|---|
| 1 | el desayuno | |
| 2 | | almorzar |
| 3 | la comida | |
| 4 | la merienda | |
| 5 | | cenar |

**¡Fíjate!**

En español tenemos verbos para hablar de cada comida, así que no decimos *comer la cena o *comer el desayuno, sino cenar o desayunar.

**3** ¿Qué alimento no está relacionado? ¿Por qué?

1. pollo - salmón - pavo - jamón
2. fresa - plátano - naranja - queso
3. aceite - vino - café - agua
4. queso - leche - zanahoria - mantequilla
5. pimiento - brócoli - champiñón - frutos secos
6. quinoa - manzana - maíz - arroz

**4a** Lee estas descripciones sobre diferentes dietas y relaciona el nombre de cada una con el texto correspondiente. Los huecos no son importantes.

> dieta crudívora - dieta vegana
> dieta paleo - dieta flexitariana

**A** _____

Los defensores de esta alimentación comen los mismos alimentos que el hombre del Paleolítico hace unos 10 000 años, es decir, no comen **(1)** _____ alimentos procesados. Su dieta se basa en el consumo de fruta, carne, verdura, pescado y cereales. Lo positivo de esta dieta es que se comen **(2)** _____ frutas y verduras, pero los nutricionistas dicen que se consume **(3)** _____ carne roja, lo que puede provocar enfermedades.

**B** _____

Para muchos, este tipo de alimentación es más que una dieta, es también un estilo de vida. Estas personas no comen **(4)** _____ alimentos animales, ni lácteos, ni carne, ni huevos… Lógicamente, comen **(5)** _____ verduras y, a veces, **(6)** _____ alimentos alternativos como tofu o soja. Lo positivo de esta dieta es que evita la explotación de los animales, pero, por el contrario, muchos de sus seguidores no consumen **(7)** _____ vitaminas; especialmente, tienen falta de vitamina B12.

# GASTRONOMÍA 14

**4b** Completa los textos con los cuantificadores. Puede haber más de una opción.

nada de
un poco de
bastante
bastantes
demasiada
mucho
mucha
muchos
muchas

**C** _____
Las personas que llevan esta dieta comen **(8)** _____ todo, pero especialmente no comen **(9)** _____ carne ni **(10)** _____ pescado. Por el contrario, comen **(11)** _____ frutas y verduras, pero suelen adaptar su dieta a las circunstancias. Para muchos, es el primer paso antes de pasar a una dieta completamente vegetariana. Muchos critican esta dieta porque todavía se come **(12)** _____ carne, pero, en general, es **(13)** _____ equilibrada.

**D** _____
Esta alimentación defiende el consumo de alimentos crudos, es decir, las personas que siguen esta dieta no comen **(14)** _____ comida cocinada. Por el contrario, consumen **(15)** _____ cereales, semillas, verduras y frutas. Algunos también beben **(16)** _____ leche. Lo positivo de esta dieta es que se evitan los conservantes y aditivos, pero también puede ser peligrosa porque podemos tener más infecciones con los alimentos crudos.

**5** Mira la lista de la compra de Jorge y escribe seis frases como en el ejemplo.

*Jorge compra bastantes galletas.*

Comprar:
- 2 paquetes de galletas
- 5 kilos de arroz
- 3 latas de atún
- 1 bote de kétchup
- 3 botellas de vino tinto
- 6 hamburguesas de pavo
- Pan de hamburguesas
- 1 pack de yogures
- 1 plátano

_____
_____
_____
_____
_____
_____

**6** Transforma las frases como en el ejemplo usando *soler* + infinitivo o *normalmente*.

Normalmente desayuno entre las siete y las siete y media.
*Suelo desayunar entre las siete y las siete y media.*

1 Mis padres duermen poco y por eso suelen tomar dos o tres cafés al día. _____

2 Normalmente evito cenar pasta y carne, prefiero cenas más ligeras. _____

3 ¿Qué sueles desayunar? _____

4 Marta y yo normalmente compramos la fruta y la verdura en un mercado ecológico. _____

5 Los alimentos procesados suelen tener mucha sal y muchas grasas. _____

6 Fran no suele tomar alcohol, solo una cerveza los fines de semana. _____

# 14 GASTRONOMÍA

**7** 📄 **DELE** Vas a preparar una pequeña presentación sobre los hábitos de alimentación de tu país. Grábate con el móvil y luego escucha. Repite la grabación para mejorar.

**Hábitos de alimentación en tu país**
- ¿La gente de tu país tiene en general una alimentación saludable? ¿Por qué?
- ¿Cuáles son los alimentos más frecuentes en tu país? ¿Qué comidas se consumen menos?
- ¿Cuál es la comida más importante del día?
- ¿Hay muchos veganos / vegetarianos / flexitarianos…?
- ¿Tu alimentación es similar a la del resto de personas?

## ESTRATEGIAS PARA EL EXAMEN

Este ejercicio corresponde a la Tarea 1 de la Prueba 4 del DELE A2. Tienes que hablar 2 - 3 minutos sobre algún aspecto de tu vida cotidiana. En el examen eliges un tema entre dos opciones y hay preguntas para ayudarte a preparar la presentación. Tienes 12 minutos para preparar la prueba de expresión e interacción orales. En esta tarea, el entrevistador no habla.
- Piensa ideas sobre las preguntas y toma notas.
- Sigue el orden de las preguntas para hacer una presentación estructurada.
- Durante el examen, habla libremente, no puedes leer las notas.
- Puedes hablar sobre otros aspectos relacionados con el tema, no solo sobre las preguntas.
- Antes del día del examen practica a hablar 2 o 3 minutos con y sin un reloj, para tener una mejor idea del tiempo.

## B  A COCINAR

**8** Señala si las siguientes palabras son preparaciones (P), alimentos (A) u objetos de cocina (O).

- ☒ P molido
- ☐ aceite de girasol
- ☐ sartén
- ☐ rallado
- ☐ bol
- ☐ frito
- ☐ plato
- ☐ vinagre
- ☐ diente de ajo
- ☐ miga de pan
- ☐ taza
- ☐ cocido

**9** Completa la tabla con los verbos y los adjetivos que faltan.

|   | Verbo | Adjetivo |
|---|---|---|
| 1 |   | frito/a |
| 2 | cocer |   |
| 3 |   | rallado/a |

|   | Verbo | Adjetivo |
|---|---|---|
| 4 | moler |   |
| 5 |   | relleno/a |
| 6 | tostar |   |

**10a** 🔊 89 Escucha a esta cocinera y escribe números del 1 al 9 para indicar el orden en que menciona los ingredientes.

|   | Orden | Ingrediente | Cantidad |
|---|---|---|---|
| a |   | leche |   |
| b |   | leche condensada |   |
| c |   | extracto de vainilla |   |
| d |   | arroz blanco |   |
| e |   | canela | 4 ramas |
| f | 1 | agua |   |
| g |   | sal | una pizca |
| h |   | azúcar |   |
| i |   | mantequilla |   |

**10b** 🔊 89 Escucha otra vez y escribe en la tabla anterior las cantidades que usa.

**10c** Completa ahora las instrucciones con los verbos en la forma del imperativo de *usted*.

1. En una olla, _____ (poner) dos tazas de agua y cuatro ramas de canela, _____ (hervir) durante diez minutos.
2. Después de diez minutos, _____ (sacar) las ramas de canela.
3. _____ (echar) una taza de arroz en el agua de canela y _____ (cocer) cinco minutos a fuego medio.
4. A continuación, _____ (añadir) una pizca de sal, dos cucharadas de mantequilla y una cucharada y media de extracto de vainilla y _____ (mezclar) bien.
5. Después, _____ (añadir) dos tazas de leche y una de azúcar, y _____ (cocinar) sin tapar durante quince minutos aproximadamente.
6. _____ (agregar) dos tazas más de leche y una taza y media de leche condensada.
7. Luego _____ (enfriar) el arroz con leche en la nevera una hora o toda la noche.
8. _____ (servir) muy frío.

UNA RAMA DE CANELA

# GASTRONOMÍA 14

**11** María Jesús pide consejo a su amiga Alicia. Completa el diálogo con las formas del imperativo de *tú*.

**Alicia:** ¡Hola, María Jesús! ¿Qué tal todo?
**María Jesús:** ¡Hola! Bien… Bueno, no sé, últimamente no me siento muy bien. Creo que tengo que cambiar mis hábitos para vivir de forma más saludable, ¡pero no sé por dónde empezar!
**Alicia:** ¡Es una idea estupenda! Si quieres, te puedo ayudar…
**María Jesús:** Sí, ¡por favor!
**Alicia:** Bueno, lo primero, **(1)** _____ (pensar) en no más de cuatro objetivos y **(2)** _____ (hacer) una lista con acciones específicas. Por ejemplo, **(3)** _____ (escribir): "Hacer treinta minutos de ejercicio cuatro veces por semana".
**María Jesús:** ¡Ah! Claro, así es más concreto. ¿Y qué puedo hacer para comer más sano?
**Alicia:** Es importante la planificación. **(4)** _____ (buscar) en internet un plan semanal con comidas sanas que te gustan, **(5)** _____ (ir) a la tienda con la lista de todo lo que necesitas y **(6)** _____ (comprar) solo lo que tienes en la lista.
**María Jesús:** Ya, ese plan suena muy bien, pero luego no tengo tiempo para cocinar… Llego a casa con hambre y es más fácil pedir una *pizza*.
**Alicia:** Si durante la semana no tienes tiempo, **(7)** _____ (cocinar) varios platos el fin de semana, **(8)** _____ (poner) todo en la nevera o el congelador y, durante la semana, **(9)** _____ (sacar) cada mañana un táper con la comida para el día.
**María Jesús:** ¡Eso sí lo puedo hacer! ¡Muchas gracias por tus ideas!
**Alicia:** ¡De nada! Y **(10)** _____ (tener) paciencia, cambiar los hábitos no es un proceso rápido, pero seguro que lo vas a conseguir.

### Recuerda
En español podemos usar el imperativo para dar instrucciones, consejos u órdenes, para invitar o para pedir algo.

**12a** Sustituye las palabras en negrita por pronombres de objeto directo. Cuidado con las tildes.

1 Haz **la receta** siguiendo mis instrucciones.
2 Añade **las dos cucharadas de mantequilla**.
3 Mezcla **los ingredientes** bien.
4 Cocina **la masa** durante quince minutos.
5 Pon **el bol** en la nevera.
6 Sirve **el arroz con leche** muy frío.

**12b** ¿En qué verbos has escrito una tilde? ¿Por qué?

## C EXPERIENCIA GASTRONÓMICA

**13** Lee las definiciones y completa el crucigrama con vocabulario de las páginas 118-119 del libro del alumno.

1 Cualidad de un producto que viene directamente del mercado.
2 Forma de poner la comida en los platos.
3 Persona que muestra un lugar y da información sobre él.
4 Grupo de personas que atiende al cliente en un restaurante.
5 Lugar pequeño y apartado.
6 Muebles y elementos de adorno de una casa o local.
7 Arte de preparar una buena comida o afición a comer bien.

LOS TÁPERS

# 14 GASTRONOMÍA

**14** 📖 **DELE** Lee estos ocho anuncios y selecciona la opción correcta para cada pregunta.

### 1

**Santiago(é)tapas**

Todos los amantes de la buena cocina pueden gozar, del 13 al 30 de noviembre, de las mejores tapas en los bares de Santiago de Compostela.
La ciudad acoge el XI Concurso Santiago(é)tapas, una iniciativa que tiene como fin promover nuestra gastronomía a través de estos pequeños pero exquisitos platos. El público puede votar su tapa favorita en los posavasos especiales del concurso.

Extraído de *www.santiagoetapas.com*

1. Santiago(é)tapas es una iniciativa que…
   a. invita al público a preparar sus mejores tapas.
   b. invita al público a conocer platos pequeños.
   c. invita al público a elegir las mejores tapas.

### 2 ¡Cocineras y cocineros de todos los rincones del planeta!

**MAPA GASTRONÓMICO**

¡Queremos crear un mapa gastronómico del mundo! ¿Te gusta cocinar? ¿Tienes una buena receta de un plato o bebida típica de tu zona? ¡Pues haz un vídeo y súbelo a nuestra página web! No olvides subir también tu ubicación. Con el material que nos enviéis, vamos a ir creando un mapa interactivo de recetas. Encontrarás más información en nuestra página www.mapagastronomico.org.

2. Para participar en el proyecto…
   a. hay que grabar un vídeo.
   b. hay que viajar por el mundo.
   c. hay que saber geografía.

### 3 ALIMMENTA

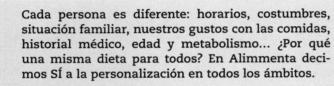

*Tu clínica de nutrición*

Cada persona es diferente: horarios, costumbres, situación familiar, nuestros gustos con las comidas, historial médico, edad y metabolismo… ¿Por qué una misma dieta para todos? En Alimmenta decimos SÍ a la personalización en todos los ámbitos.

Alimmenta, dietistas nutricionistas:
- somos especialistas en el cambio de hábitos;
- acordamos contigo los objetivos a alcanzar;
- trabajamos con alimentos, NO con suplementos;
- te acompañamos durante toda la dieta;
- un equipo multidisciplinar a tu servicio.

Extraído de *www.alimmenta.com*

3. En Alimmenta…
   a. ofrecen ayuda para preparar alimentos saludables.
   b. creen que cada persona necesita una dieta diferente.
   c. proponen cambiar de hábitos y seguir una dieta.

### 4 Curso de cocina para solteros

**¡Cocina y Liga!**

Conoce a otros interesados en el mundo de la gastronomía en un ambiente distendido… y delicioso. Aprovecha la oportunidad de conocer a gente mientras pelas patatas, cortas verdura o fríes queso.
En pequeños grupos prepararemos un menú de tres platos de temporada. ¡Déjate inspirar! Cocina ligera, ingredientes de primera y un sabor delicioso. Por supuesto, después del trabajo disfrutaremos nuestro menú acompañado de una buena selección de vinos en un ambiente agradable.

4. En este curso se cocina…
   a. comida vegetariana.
   b. de manera individual.
   c. comida típica de la época del año.

### 5

**CASA SOLE** *tu tienda de menaje*

Desde su fundación hace 20 años, en Casa Sole tenemos una pasión: la cocina y el buen comer. En nuestra tienda encuentras todo lo necesario para cocinar platos deliciosos y poner una mesa para disfrutar de la buena comida. Ollas, fuentes, manteles, vasos… Todo con un diseño práctico y moderno y una calidad excelente.
Para celebrar nuestro 20º aniversario invitamos el primer sábado de cada mes a un curso de cocina en nuestra tienda. ¡Ven a celebrarlo con nosotros!

5. Los cursos de cocina de Casa Sole se celebran…
   a. todos los meses.
   b. todos los sábados.
   c. el día 20 de cada mes.

# GASTRONOMÍA 14

**6**

Disfrute de la armonización de queso y vino: le presentamos dieciocho tipos de queso, todos elaborados de manera artesanal y madurados en nuestra bodega.
En nuestro maravilloso viaje por el mundo del queso y el vino le presentamos quesos de toda Europa, siempre acompañados del vino adecuado.
La cata incluye una caja degustación para seguir disfrutando en casa.

Jueves 10 de octubre, de 19:00 a 21:30, en nuestra Quesería Rino, c/ Primavera 68. 89 euros/persona.

Extraído de www.toelzer-kasladen.de

6 La cata de queso y vino...
  a presenta quesos de todo el mundo.
  b incluye una visita a la bodega.
  c tiene lugar en otoño.

**7**

¿Has probado los deliciosos baos con pollo taiwaneses? ¿O el pollo al estilo sureño? ¿A qué esperas? Este viernes y sábado te esperamos delante del estadio de fútbol con el *Street-food fest*. Vas a poder probar una amplia oferta gastronómica internacional y escuchar música en directo. La entrada cuesta 15 € e incluye tres platos. Si compras la entrada por internet, hay una promoción con la que solo pagas 12 €.

**8**

¿Llegas cansado a casa y no quieres cocinar? ¿No tienes nada en la nevera? ¿Estás cansado de comer todos los días el mismo bocadillo? Regístrate en teletáper y recibe cada semana tápers con comida casera, sana y variada. Consulta toda la información sobre ingredientes, calorías, dietas especiales, etc. Y si nos recomiendas a tus amigos, puedes recibir descuentos.

## ESTRATEGIAS PARA EL EXAMEN

Este ejercicio corresponde a la Tarea 2 de la Prueba 1 del DELE A2. Tienes que leer ocho textos cortos y contestar a una pregunta con tres opciones sobre cada texto.
- Lee el texto de forma general para saber de qué trata.
- Lee la pregunta y fíjate en las diferencias entre las distintas opciones.
- Busca en el texto las frases que hacen referencia a las opciones de respuesta y compara texto y opciones para saber cuál es la correcta.
- Intenta responder cada pregunta antes de pasar al siguiente texto.

7 Si compras la entrada antes del festival,...
  a puedes comer tres platos por 15 €.
  b pagas un precio reducido.
  c recibes un postre de regalo.

8 Con Teletáper...
  a vas a comer comida diferente cada día.
  b vas a comer bocadillos caseros.
  c vas a comer comida baja en calorías.

## 15 Marca la forma del verbo correcta.

1 Me **gusta / gustan** probar los productos típicos de los lugares que visito.
2 Rosi y Helena fueron a un curso para aprender a hacer pan y les **pareció / parecieron** fantástico. Ahora a Rosi le **encanta / encantan** probar recetas de diferentes panes.
3 A Javi y a Timo no les **gustó / gustaron** la oferta de bebidas del restaurante vegetariano.
4 Me **encantó / encantaron** los platos que prepararon Maika y Carlos el día que nos invitaron.
5 La cata de quesos nos **pareció / parecieron** muy interesante. Aprendimos mucho y, por supuesto, probamos muchos quesos que nos **gustó / gustaron** mucho.
6 ¿Qué te **pareció / parecieron** la paella del restaurante de mi barrio?
7 El camarero del café griego es un chico muy agradable, ¡me **encanta / encantan**!
8 No me **gusta / gustan** esas experiencias gastronómicas modernas, no me **parece / parecen** auténticas. A mí me **gusta / gustan** la buena comida tradicional de toda la vida.

ciento cinco 105

# 14 GASTRONOMÍA

**16** Completa estas frases con la forma correcta del adjetivo.

1 Ayer hicimos un *tour* gastronómico. A Anastasia le pareció _____ (genial), pero a mí me pareció un poco _____ (caro) porque no probamos mucha comida, la verdad.
2 La paella del restaurante de tu barrio me pareció muy _____ (bueno).
3 Ahora en mi ciudad están abriendo restaurantes con unos platos que me parecen muy _____ (exótico).
4 No me gustó nada el servicio de Casa Mauricio, los camareros me parecieron muy poco _____ (simpático).
5 ¿Te parece _____ (bonito) la decoración del bar Lilly? ¡Es muy _____ (moderno)!
6 • ¡Qué explicaciones más _____ (interesante) nos dio el guía!
  ▪ ¿De verdad? Pues a mí me parecieron un poco _____ (aburrido).

**17** Completa ahora con un pronombre de objeto indirecto.

1 A Karl no _____ gusta mucho salir a comer con amigos, prefiere hacer otras cosas con ellos.
2 Chicos, ¿visteis ayer el nuevo concurso de cocina? ¿Qué _____ pareció?
3 Mañana Petra y Bernhard organizan una pequeña fiesta. _____ vamos a regalar una caja de productos italianos.
4 A ti _____ gusta probar recetas nuevas, ¿verdad? Tienes que probar la receta del bolón verde. Es un plato ecuatoriano, _____ va a encantar.
5 A mí no _____ gusta mucho el pescado, pero esta preparación _____ ha parecido exquisita.
6 En nuestra familia _____ encanta desayunar bien los fines de semana, con fruta, lácteos, pan…

> **Recuerda**
>
> Los pronombres de objeto indirecto son **me, te, le, nos, os, les**.

**18a** Míriam ha escrito su valoración sobre un restaurante. ¿Qué opinión tiene de los aspectos de la tabla?

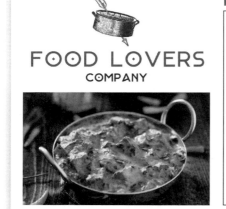

**Míriam**

Me gusta mucho ir a un restaurante indio de mi ciudad que se llama Mera Desh. La decoración no es muy bonita, me parece un poco fría, pero el servicio es maravilloso, es una familia la que lleva el restaurante. En el menú hay muchos platos de carne y pescado, pero también muchas opciones para vegetarianos. Normalmente sirven la comida en pequeños boles de metal muy bonitos. Además, ponen en la mesa una fuente de arroz para compartir entre todos. En la cocina usan ingredientes frescos y de calidad, muchas veces de producción ecológica, y preparan todo en el momento. Por eso, el servicio es un poco lento, y tienes que esperar hasta tener la comida. Pero la espera vale la pena: es una comida deliciosa. La relación calidad-precio también es buena. Es verdad que en la ciudad hay muchos restaurantes donde se puede comer más barato, pero no con la calidad del Mera Desh. ¡Recomiendo a todos probarlo!

| | Positiva | Negativa | ¿Por qué? |
|---|---|---|---|
| 1 Decoración del restaurante | | | |
| 2 Variedad de la comida | | | |
| 3 Calidad de la comida | | | |
| 4 Presentación de los platos | | | |
| 5 Servicio | | | |
| 6 Precio | | | |

**18b** Piensa en un restaurante al que has ido y escribe en tu cuaderno una valoración sobre él.

# EN ACCIÓN

**19** Marca en el texto de la página 120 del libro del alumno dónde aparece esta información. ¿Qué informaciones no están en el texto?

1. ☐ Comer en casa es más barato.
2. ☐ En los restaurantes hay más ruido que en casa.
3. ☐ Ahorramos tiempo si vamos a un restaurante.
4. ☐ Salir a comer nos da más opciones para elegir.
5. ☐ Es más fácil controlar los ingredientes que comemos en casa.
6. ☐ Con niños, es más cómodo comer en casa.
7. ☐ En casa tenemos que recoger los platos.

**20** Completa las frases con estas palabras del texto de la página 120 del libro del alumno. Tienes que adaptar la forma de alguna de ellas.

excusa - ahorrar - comida casera - preocuparse - porción - descubrir

1. El mes pasado salimos demasiado a comer, este mes tenemos que _____ un poco más.
2. Marta prefiere comer en casa porque _____ por su dieta.
3. Ayer Sandra y yo _____ un restaurante pequeñito muy bueno en la zona vieja, ¡tienes que ir!
4. ¿Has probado las croquetas que hace Saúl? ¡No hay nada mejor que la _____!
5. Es fácil encontrar _____ para no comer sano: no tenemos tiempo, es más caro…
6. En este restaurante las _____ son demasiado grandes, pero puedes llevarte lo que no comes a casa.

## Y PARA ACABAR…

¿Qué sueles desayunar?

Tu mejor receta:

¿Cuál es tu restaurante favorito y por qué?

Información interesante de esta unidad:

# 15 DE COMPRAS

## A REGALOS Y MÁS

**1** Luis y Clara están pensando qué regalos van a hacer esta Navidad. Completa el diálogo con los pronombres de objeto indirecto.

**Luis:** Ya pronto es Navidad. ¿Qué **(1)** _____ regalamos a la familia?
**Clara:** No sé… A mamá **(2)** _____ podemos regalar una entrada para un concierto de música clásica.
**Luis:** ¡Sí! **(3)** _____ gusta la idea. Y a papá **(4)** _____ podemos comprar un delantal de cocina, ¿no?
**Clara:** Sí, eso también es buena idea, un delantal y un libro de cocina. ¿Y a los primos?
**Luis:** Bueno, creo que a Rosana **(5)** _____ podemos comprar una entrada para un partido de fútbol.
**Clara:** Hmm… Sí… ¿Y a Marina y a Natalia? A ellas también **(6)** _____ gusta el fútbol, ¿no?
**Luis:** Sí, pero las entradas son un poco caras…
**Clara:** Oye, ¿y a Tita y a Juan, qué **(7)** _____ vamos a comprar?
**Luis:** ¡Nada! ¡Ellos a nosotros tampoco **(8)** _____ regalan nunca nada!
**Clara:** Tienes razón. ¿Y a mí qué **(9)** _____ vas a regalar? ¿Ya lo sabes?
**Luis:** Claro que sí. A ti **(10)** _____ voy a hacer el mejor regalo.
**Clara:** ¡Oohh!

### Recuerda

Los pronombres de objeto indirecto son *me, te, le, nos, os, les*.

Muchas veces hay una repetición del objeto indirecto: *A Ignacio le regalamos una entrada para la ópera*.

el delantal

**2** ¿Regalas algo en estas ocasiones? ¿A quién? ¿Recibes tú regalos?

*Normalmente no le regalo nada a mi novio el día de San Valentín, pero a veces él me regala bombones porque me encanta el chocolate.*

1 Día de San Valentín: _____
2 Navidad: _____
3 Aniversario: _____
4 Cumpleaños: _____
5 Día de la madre: _____
6 Día del padre: _____

**3** Completa estas comparaciones con *tan* o *tanto/a/os/as*.

1 Ana va a recibir _____ regalos como Priscila.
2 Luis es _____ interesante como pensé.
3 ¿Conoces a alguien con _____ paciencia como Miguel? ¡Yo no!
4 En Hamburgo viven _____ personas como en Budapest.
5 Juana estudia _____ como Isabel, pero no saca _____ buenas notas como ella.
6 No vamos a necesitar para la fiesta _____ dinero como planeamos.
7 En Navidad ya no gasto _____ como antes.
8 Preparamos todo _____ rápido como pudimos.

# DE COMPRAS 15

**4** Lee la información sobre David y Julián y escribe frases comparándolos.

|   | David | Julián |
|---|---|---|
| 1 | Tres hermanos | Tres hermanos |
| 2 | 29 años | 25 años |
| 3 | Mide 1,85 m | Mide 1,85 m |
| 4 | Duerme ocho horas | Duerme seis horas |
| 5 | No bebe café | Bebe tres tazas al día |

### Recuerda

- Para hacer comparaciones de igualdad usamos:
  - **tan** [adjetivo / adverbio] **como**: *María es tan alta como tú.*
  - **tanto/a/os/as** [sustantivo] **como**: *No tengo tanto tiempo como antes.*
  - [verbo] **tanto como**: *Trabajo tanto como Jimena.*
- Para hacer comparaciones de desigualdad usamos:
  - **más / menos** [adjetivo / adverbio / sustantivo] **que**: *Hay más libros que cuadernos.*
  - [verbo] **más / menos que**: *Leo más que tú.*

1 _____
2 _____
3 _____
4 _____
5 _____

**5a** Lee este artículo y relaciona las ideas que propone con las fotos.

Los regalos son una forma de cuidar, **cuidarnos** y mostrar aprecio, pero hay que tener cuidado para no caer en el consumismo que llena nuestras casas de objetos que no necesitamos. Aquí tenéis algunas ideas para **evitarlo**.

1. Podemos poner límites: de número de regalos, de dinero que se gasta, solo regalos hechos a mano… El "amigo invisible" es un juego en el que cada persona de un grupo solo hace y recibe un regalo. Se decide quién regala a quién con un sorteo. ☐

2. No todo se tiene que comprar: un dibujo o texto nuestro, un dulce hecho en casa, algo de segunda mano pero que sabemos que va a gustar, un calendario hecho a mano con fotos nuestras… son regalos que cuestan poco dinero pero valen mucho. ☐

3. No siempre tienen que ser objetos: cosas inmateriales como entradas para ir con la persona al teatro o a un concierto, un masaje, una sesión de alguna terapia natural son regalos menos consumistas y muy bonitos. ☐

4. Comida, siempre una buena opción: si no sabemos qué regalar pero queremos regalar algo, la comida o bebida seguramente van a **consumirla**: un buen queso, un vino especial, un buen café o chocolate de comercio justo… Existen muchas ofertas muy responsables e interesantes de cestas de productos de comercio justo y agricultura ecológica local para Navidad. ☐

5. Regala un huerto. Si tienes algún amigo al que le interesa la jardinería, para ir un paso más allá, puedes **regalarle** productos para hacer un huerto en el balcón o unos meses de alquiler de un huerto urbano. ☐

6. Los regalos para los niños. **Regalarles** tiempo y atención, **escucharlos**, aprender a jugar con ellos… es el regalo que más necesitan, valoran y agradecen. Un buen regalo, por ejemplo, es **llevarlos** al teatro o a conocer algún lugar bonito o un lugar que significa algo para ti. Aunque está claro que la mañana de Reyes puede ser necesario **darles** algún regalo. A veces la mejor parte de los regalos son los rituales que los rodean: esconder los regalos y hacer un juego para **encontrarlos**, los restos que dejan los Reyes… Si compramos juguetes, es mejor comprar juguetes sencillos y resistentes. Y mejor hechos de materiales naturales (madera, algodón…) y sin componentes electrónicos, pilas, plásticos… ☐

Adaptado de *www.elpais.com*

# 15 DE COMPRAS

**5b** Escribe un posible título para el artículo de la página anterior.

_____

**5c** Fíjate ahora en las palabras en negrita del texto de la página anterior. Son verbos que tienen un pronombre de objeto directo o indirecto detrás. ¿A qué se refieren los pronombres?

cuidarnos: *nosotros*

1 evitarlo: _____
2 consumirla: _____
3 regalarle: _____
4 regalarles, darles: _____
5 escucharlos, llevarlos: _____
6 encontrarlos: _____

## B DE COMPRAS

**6** A Larissa le encanta la moda. Aquí tienes algunas de sus fotos de Instagram. ¿Qué ropa y accesorios lleva en cada una?

**7** Ordena el siguiente diálogo en una tienda de moda.

a [1] Buenas tardes, ¿en qué puedo ayudarlo?
b ☐ ¿Qué talla tiene?
c ☐ ¿Qué tal le quedan?
d ☐ Muy bien, tenemos muchos pantalones grises esta temporada. ¿Qué le parecen estos?
e ☐ Sí, mire, aquí tiene.
f ☐ Pues… estoy buscando unos pantalones grises.
g ☐ Aquí tiene.
h ☐ Son muy bonitos.
i ☐ Uy, pues me quedan un poco estrechos. ¿Tiene una talla más?
j ☐ La 48, creo.
k ☐ Ah, estos me quedan muy bien. ¡Me los llevo!

## DE COMPRAS 15

**8** 🔊 90-95 Escucha los minidiálogos y señala en cada caso de qué están hablando.

1  el collar - los pendientes - la pulsera
2  las gafas - el gorro - los pantalones
3  los vaqueros - la camisa - el jersey
4  el bolso - las sandalias - la chaqueta
5  los pantalones - los zapatos - las botas
6  el sombrero - las gafas - los pendientes

**9** Estás en una zapatería. Completa el diálogo con ayuda de las instrucciones.

**Dependiente:** ¡Hola! ¿En qué puedo ayudarlo/a?
**Tú: (1)** _____
_____ (zapatos marrones)
**Dependiente:** Muy bien. ¿Cómo los quiere: clásicos o deportivos?
**Tú: (2)** _____
_____ (clásicos - celebración en el trabajo)
**Dependiente:** Muy bien. Estos son de muy buena calidad. ¿Le gustan?
**Tú: (3)** _____
_____ (muy bonitos)
**Dependiente:** ¿Y qué número tiene?
**Tú: (4)** _____ (40)

**Dependiente:** Aquí tiene.
(…)
**Dependiente:** ¿Qué tal le quedan?
**Tú: (5)** _____
_____ (pequeños - ¿número más?)
**Dependiente:** Sí, claro, tome.
(…)
**Dependiente:** ¿Qué tal estos?
**Tú: (6)** _____
_____ (muy cómodos - ¿precio?)
**Dependiente:** Pues estos cuestan… 150 €.
**Tú: (7)** _____
_____ (caros - pensar)

**10a** Compramos joyas en una joyería y zapatos en una zapatería. ¿Sabes cómo se llaman las siguientes tiendas? Atención, el nombre de las tres últimas no se forma con el sufijo *-ería*.

1  la _____  2  la _____  3  la _____  4  la _____

5  la _____  6  la _____  7  el _____  8  el _____

**10b** ¿Qué tipo de tiendas te gustan más y cuáles menos? ¿Por qué?

*Me gustan mucho las papelerías con encanto porque me encantan los cuadernos bonitos y los lápices.*

# 15 DE COMPRAS

**11a** 📄 DELE Mira la foto, toma notas de lo que ves, haz una descripción oral y grábala, por ejemplo, con el móvil. Luego escucha, anota qué aspectos son mejorables (claridad, fluidez, concordancia de adjetivos…) y graba otra vez. Quizás puedes mandar la grabación a tu profesor. Puedes hablar de estos aspectos:

- ¿Quiénes son? ¿Dónde están?
- ¿Cómo son y cómo es la ropa que llevan?
- ¿De qué crees que están hablando?
- ¿Puedes describir el lugar?

## ESTRATEGIAS PARA EL EXAMEN

Este ejercicio corresponde a la Tarea 2 de la Prueba 4 del DELE A2. En 2 - 3 minutos tienes que describir una foto con una escena de la vida cotidiana. Recibes unas preguntas que te pueden ayudar. Puedes preparar la tarea en los 12 minutos de preparación de la prueba de expresión e interacción orales.
- Describe a las personas, el lugar donde están y qué están haciendo.
- Para practicar, acostúmbrate a seguir siempre el mismo orden. Por ejemplo: qué personas ves *(un hombre y una mujer, una camarera y un cliente…)*, dónde están, descripción física, edad y ropa de las personas, qué escena representan *(la clienta está pidiendo la comida, el hombre quiere comprar unas gafas…)*, detalles sobre el lugar donde están…
- Puedes hacer suposiciones, por ejemplo, con *Creo que…* o *Quizás…*
- Si no conoces una palabra que necesitas, puedes describirla: *una tienda donde se venden productos para reparar cosas de casa que no funcionan*. También puedes decir que no recuerdas una palabra: *el hombre quiere comprar el objeto donde llevamos el dinero, pero ahora mismo no recuerdo la palabra*.
- No tienes que hacer frases muy largas, pero intenta hablar con naturalidad y fluidez.
- Recuerda que durante la preparación puedes tomar notas, pero en el examen no puedes leer frases.

(Ver más ideas en las soluciones de la página 157.)

**11b** 📄 DELE Imagina que estás en la tienda de la actividad 11a y quieres comprar un violín para tu nieta. Completa el diálogo. Después, puedes practicar el diálogo con un compañero y grabarlo con el móvil para ver qué podéis mejorar.

**Dependiente:** Hola, buenas tardes. ¿En qué puedo ayudarlo/a?
**Tú: (1)** _____
**Dependiente:** Ah, muy bien. ¿Y qué tipo de violín está buscando?
**Tú: (2)** _____
**Dependiente:** Muy bien. ¿Su nieta sabe ya tocar el violín?
**Tú: (3)** _____
**Dependiente:** ¿Y cuánto dinero quiere o puede gastar?
**Tú: (4)** _____
**Dependiente:** Vale. Tenemos, por ejemplo… este. Es de madera de arce y tiene un tamaño práctico para niños. Además, las cuerdas son de alta calidad, así que tiene un buen sonido.
**Tú: (5)** _____
**Dependiente:** Pues este cuesta 99 €.
**Tú: (6)** _____
**Dependiente:** Sí, la caja está incluida.
**Tú: (7)** _____
**Dependiente:** Muy bien. Aquí tiene.
**Tú: (8)** _____
**Dependiente:** Gracias a usted. Adiós.

## ESTRATEGIAS PARA EL EXAMEN

Este ejercicio corresponde a la Tarea 3 de la Prueba 4 del DELE A2, pero en el examen no tienes el diálogo. Tienes que improvisar con el entrevistador una conversación de 3 - 4 minutos a partir de la foto de la Tarea 2. Piensa en diferentes ideas en los 12 minutos de preparación de la prueba de expresión e interacción orales.
- Piensa que hay tres fases: inicio (saludo, pregunta inicial), fase de desarrollo (preguntas y descripción de lo que se quiere) y cierre (solución, agradecimiento y despedida).
- En el tiempo de preparación, anota ideas y preguntas que puedes hacer durante la conversación.
- No tienes que ser un experto del tema. Puedes hacer preguntas como: *Yo no entiendo mucho de este tema, ¿usted qué me recomienda? / Necesito un medicamento para dormir, pero no conozco ninguno.*
- Escucha bien lo que dice el examinador para poder reaccionar correctamente. Si no entiendes lo que dice, puedes preguntar: *¿Perdón? / Perdón, ¿puede repetir? / ¡Oh, no comprendo! Otra vez, por favor.*

## C  EN LA MALETA

**12** ¿Qué <u>no</u> llevo si voy a visitar los siguientes lugares? Marca el objeto que no pertenece al grupo.

1. Si voy a la playa, llevo crema solar, una toalla, guantes y un bañador.
2. Si vamos a la montaña, llevamos chanclas, una mochila, una chaqueta y gafas de sol.
3. Si voy al desierto, tengo que llevar gafas de sol, un botiquín, una bufanda y un pañuelo.
4. Para ir de vacaciones a una gran ciudad, llevo zapatos de tacón, vaqueros, camisetas y una gorra si hace calor.
5. Para ir a una casa rural, llevamos un traje, una mochila, un botiquín y botas de montaña.

**13a** Lee las siguientes informaciones. ¿Se refieren a Londres (L) o a El Cairo (EC)?

|  | L | EC |
|---|---|---|
| 1. Por las noches las temperaturas bajan, así que llevad una chaqueta en la maleta. | ☐ | ☐ |
| 2. Por supuesto, haced una excursión al desierto. ¡Es una experiencia impresionante! | ☐ | ☐ |
| 3. Prueben la comida callejera, es espectacular: hay comida india, coreana, peruana… ¡de todo! | ☐ | ☐ |
| 4. Descubrid el zoco y sus maravillas: alfombras, lámparas, mochilas, jabones… | ☐ | ☐ |
| 5. Vayan a alguno de los museos de la ciudad, ¡hay cientos!: de arte, de historia, de diseño… | ☐ | ☐ |
| 6. Bebed mucha agua para no deshidrataros. | ☐ | ☐ |
| 7. Relájense en alguno de los verdes parques de la ciudad. | ☐ | ☐ |

**13b** Marca en las informaciones anteriores con diferentes colores las formas de imperativo de *vosotros/as* y de *ustedes*. Escribe las formas en la tabla y luego completa con las que faltan.

|  | llevar | probar | beber | descubrir | hacer | ir | relajarse |
|---|---|---|---|---|---|---|---|
| vosotros/as |  |  |  |  |  |  |  |
| ustedes |  |  |  |  |  |  |  |

**14** Transforma las frases con *vosotros/as* en frases con *ustedes* y al revés.

1. Si queréis probar la auténtica paella valenciana, id al restaurante Malvarrosa, en la playa.

2. Para no tener que esperar muchas colas, compren las entradas con antelación.

3. Si vais a la montaña en verano, llevad una chaqueta para por la noche.

4. Si les interesa visitar la Galería Nacional, reserven las entradas en la web.

5. Llevad siempre protector solar si vais a la playa.

6. Acordaos de llevar el pasaporte si viajáis al extranjero.

7. Pónganse guantes y bufanda si van a caminar por la nieve.

8. Si vienen a Ciudad de México, visiten la casa museo de Frida Kahlo, en el barrio de Coyoacán.

### ¿Sabes que...?

Frida Kahlo (1907-1954) es una pintora mexicana conocida internacionalmente. La mayoría de sus cuadros son autobiográficos y muchos de ellos reflejan el dolor que sufrió durante su vida a causa de un accidente que tuvo en su juventud.

# 15 DE COMPRAS

**15** El Ayuntamiento de Madrid publica una guía con recomendaciones para turistas. Lee las siguientes recomendaciones y completa con el imperativo de *vosotros/as*.

## MADRID Es
→ Bienvenidos y bienvenidas a Madrid

1. Nos gusta vivir en una ciudad bonita, por eso, _____ (usar) las papeleras y _____ (mantener) la ciudad limpia.

2. _____ (respetar) el mobiliario urbano y _____ (reciclar) en los contenedores habilitados para tal fin.

3. Si tenéis necesidad, _____ (usar) los aseos públicos. Los hay por toda la ciudad.

4. Existe un abono turístico para facilitar los desplazamientos, así que _____ (moverse) en transporte público. Es cómodo, eficaz y limpio.

5. _____ (utilizar) la bicicleta. Hay estaciones de BiCiMad en numerosos lugares de Madrid.

6. La gastronomía y los productos de Madrid son de una gran calidad. _____ (colaborar) con el desarrollo equilibrado y sostenible consumiendo productos locales.

7. A las madrileñas y madrileños nos gusta vivir en una sociedad diversa e inclusiva. Convivimos en la ciudad distintas razas, orientaciones sexuales, formas de ser y de sentir y creencias religiosas: _____ (respetarlo). Y _____ (recordar): ser tolerantes con los demás es la mejor norma de educación.

Adaptado de *www.esmadrid.com*

**16** 📄 DELE Escribe un correo electrónico de entre 70 y 80 palabras a unos amigos que van a pasar unos días en tu ciudad. Tienes que:

- Recomendar lugares para visitar y por qué.
- Decir dónde pueden comer.
- Explicar cómo es el clima y qué ropa necesitan.
- Contar cómo es la gente.
- Saludar al principio y despedirte al final.

### ESTRATEGIAS PARA EL EXAMEN

Este ejercicio corresponde a la Tarea 2 de la Prueba 3 del DELE A2. Esta tarea tiene dos opciones, este ejercicio corresponde a la opción A. Tienes que escribir un texto sobre un tema personal (personas, lugares, experiencias personales…) de 70 - 80 palabras. Tienes instrucciones sobre la información que debes incluir:
- Lee las instrucciones y anota tus ideas sobre todos los puntos.
- La estructura es importante, normalmente puedes seguir el orden de los puntos.
- También es importante escribir sobre todos los aspectos de las instrucciones.
- Al final, lee el texto y comprueba que la gramática es correcta: terminaciones de verbos y adjetivos, preposiciones…
- Asegúrate de que has escrito el número de palabras necesario.

# DE COMPRAS 15

**17** 🔊 96-101 Señala la frase que escuchas. Pon atención a la sílaba tónica.

1. a Visita el museo de arte contemporáneo.
   b Visitad el museo de arte contemporáneo.
2. a Compra las entradas con antelación.
   b Comprad las entradas con antelación.
3. a Viaja al desierto en invierno.
   b Viajad al desierto en invierno.
4. a Come la comida típica, ¡está buenísima!
   b Comed la comida típica, ¡está buenísima!
5. a Compra *souvenirs* para amigos y familiares.
   b Comprad *souvenirs* para amigos y familiares.
6. a Si hace mucho calor, usa crema solar.
   b Si hace mucho calor, usad crema solar.

# EN ACCIÓN

**18a** Lee otra vez el texto de la página 128 del libro del alumno y marca verdadero (V) o falso (F).

|   | V | F |
|---|---|---|
| 1 El comprador exquisito compra dependiendo de su estado de ánimo. | ☐ | ☐ |
| 2 Hay tantas mujeres como hombres en la categoría de compradores exquisitos. | ☐ | ☐ |
| 3 El comprador impulsivo es más frecuente que el comprador independiente. | ☐ | ☐ |
| 4 El comprador equilibrado analiza los datos del producto con cuidado. | ☐ | ☐ |
| 5 La media de edad en los compradores equilibrados es más baja que en los compradores impulsivos. | ☐ | ☐ |
| 6 El comprador emocional suele comprar con su teléfono móvil. | ☐ | ☐ |
| 7 Más hombres que mujeres pertenecen a la categoría de comprador independiente. | ☐ | ☐ |
| 8 El comprador independiente suele comprar cosas que no necesita. | ☐ | ☐ |

**18b** Ahora, corrige las frases falsas.

1. _____
2. _____
3. _____
4. _____
5. _____
6. _____
7. _____
8. _____

# Y PARA ACABAR...

El mejor regalo que has hecho y que has recibido:

Tu prenda de ropa favorita:

El mejor consejo para viajar a tu país:

Información interesante de esta unidad:

# 16 OTRAS ÉPOCAS

## A RECUERDOS DEL PASADO

**1** Lee otra vez los comentarios al artículo de la página 130 del libro del alumno y marca a quién corresponde la siguiente información.

|   | Silvia | José María | Rafa | Andira | Rodrigo |
|---|---|---|---|---|---|
| 1 Tenía(n) un grupo de música favorito. | ☐ | ☐ | ☐ | ☐ | ☐ |
| 2 Pasaba(n) tiempo con otra(s) persona(s). | ☐ | ☐ | ☐ | ☐ | ☐ |
| 3 Practicaba(n) deporte. | ☐ | ☐ | ☐ | ☐ | ☐ |
| 4 Tenía(n) un ídolo. | ☐ | ☐ | ☐ | ☐ | ☐ |
| 5 Jugaba(n) con coches. | ☐ | ☐ | ☐ | ☐ | ☐ |

**2** Completa la tabla con las formas que faltan.

|   | estar | volver | salir | ser | ir | ver |
|---|---|---|---|---|---|---|
| yo | estaba |   |   |   |   | veía |
| tú |   | volvías |   |   | ibas |   |
| él / ella / usted |   |   | salía | era |   |   |
| nosotros/as |   |   | salíamos | éramos |   |   |
| vosotros/as |   | volvíais |   |   | ibais |   |
| ellos/as / ustedes | estaban |   |   |   |   | veían |

**3** Completa las frases con los verbos en la forma correcta de pretérito imperfecto.

1. Mi hermana y yo, cuando _____ (ser) pequeños, no _____ (pelearse). ¡_____ (tener) una relación muy buena!
2. De pequeño, nunca _____ (querer) ir a la cama por la noche, pero mi madre me _____ (leer) cuentos antes de dormir ¡y eso me _____ (encantar)!
3. • Cuando vosotros _____ (ser) pequeños, ¿_____ (tener) un grupo de música favorito?
   ▪ ¡Sí! Yo _____ (escuchar) un grupo mexicano que _____ (llamarse) La Onda Vaselina.
4. Yo en clase _____ (hablar) mucho con mis compañeras y mi profesora, doña Nati, siempre me _____ (decir): "¡Sara, trabaja!".
5. Abuela, cuando tú _____ (ser) pequeña, ¿_____ (haber) dinosaurios?
6. De jóvenes, a mi amigo Francisco Javier y a mí nos _____ (gustar) mucho ir a conciertos de música independiente. Normalmente _____ (ir) con su hermano, que _____ (ser) un poco mayor que nosotros.
7. • Rosana, tú de joven _____ (ser) muy deportista, ¿no? ¿Es verdad que _____ (participar) en maratones?
   ▪ ¡Uy, no! _____ (correr) mucho y _____ (hacer) tours en bicicleta bastante largos, pero no _____ (participar) en competiciones.
8. Nuestro primer gato _____ (ser) blanco y _____ (tener) manchas marrones. A veces nos _____ (traer) un ratón como muestra de simpatía, pero eso a mí no me _____ (gustar) mucho.

OTRAS ÉPOCAS 16

**4** ¿Cómo ha cambiado la vida de Juan Pablo? Escribe frases sobre antes y ahora.

1. antes: tener el pelo liso - ahora: tener el pelo un poco rizado
2. antes: vivir con su padre - ahora: vivir solo
3. antes: ver películas en la tele - ahora: ir mucho al cine
4. antes: jugar en el parque - ahora: jugar con los videojuegos
5. antes: ser mal alumno en el colegio - ahora: tener éxito en el trabajo
6. antes: ir a casa de sus abuelos los fines de semana - ahora: pasar los fines de semana con su pareja

*Antes llevaba ropa informal, ahora lleva traje y corbata.*

**5** DELE Lee estos tres textos en los que diferentes personas hablan sobre sus recuerdos de la infancia o juventud y relaciona cada texto con un enunciado de la tabla.

**MALÚ**

Cuando era una adolescente, siempre pasaba el mes de agosto con mi familia en una casa que alquilaban mis padres en la playa. Tengo un recuerdo fantástico de aquellas vacaciones. Al principio, era casi una niña y me gustaba jugar en la playa con otras amigas que también pasaban allí todos los veranos. Íbamos con nuestros padres, jugábamos en la arena, nos bañábamos, tomábamos el bocadillo por la tarde… ¡Qué buenos estaban aquellos bocadillos! Algunos años más tarde, ya no íbamos a la playa con la familia, sino con los amigos. Entonces nos encantaba estar con los chicos y, si ellos no estaban, hablábamos de ellos. ¡Cada una estaba enamorada de uno!

**SARA**

De pequeña, vivía con mis padres y mis hermanos en un piso en la ciudad, pero pasábamos los fines de semana en una casa que teníamos en el pueblo de mi madre. Recuerdo los viernes de invierno… Llegábamos y la casa estaba muy fría porque durante la semana nadie vivía allí. ¡Era horrible! Entonces mi madre encendía la chimenea y mis hermanos y yo nos poníamos muy juntos cerca del fuego y veíamos algo en la tele. Mis padres ordenaban todo, preparaban la cena y al final cenábamos todos al lado de la chimenea. De pequeña no me gustaban mucho aquellos viernes, pero ahora tengo muy buen recuerdo de aquellas noches frías…

**PAULA**

Cuando teníamos diecisiete o dieciocho años, a mis amigas y a mí nos encantaba hacer noches de maratones de series. Entonces no se podían comprar en un DVD, como ahora, o ver en internet, porque estas cosas no existían, pero una amiga grababa la serie de la tele todos los días en vídeo y, una vez al mes, nos juntábamos para ver todos los capítulos en una noche. Preparábamos palomitas o teníamos cualquier otra cosa para comer y nos pasábamos horas juntas frente al televisor. Normalmente veíamos comedias, así que nos reíamos mucho. Eran unas noches fantásticas.

|   | Malú | Sara | Paula |
|---|---|---|---|
| 1 Tiene un recuerdo positivo de algo que le parecía negativo. |   |   |   |
| 2 Siempre iba al mismo sitio de vacaciones. |   |   |   |
| 3 Su familia tenía una segunda casa. |   |   |   |
| 4 Habla de un plan en casa con sus amigas. |   |   |   |
| 5 Cenaba con su familia. |   |   |   |
| 6 Pasaba tiempo con sus amigas al aire libre. |   |   |   |

### ESTRATEGIAS PARA EL EXAMEN

Este ejercicio corresponde a la Tarea 3 de la Prueba 1 del DELE A2. Tienes que leer tres textos y relacionarlos con seis enunciados.
- Lee los textos para tener una idea general del tema.
- Lee con atención los enunciados
- Busca en los textos el lugar que contiene esa información.
- Si no estás seguro, piensa qué textos no son posibles.

**6** Piensa en tu infancia y escribe en tu cuaderno un texto hablando de los siguientes aspectos.

- ¿Cómo era tu carácter de pequeño/a?, ¿y tu aspecto físico?
- ¿Dónde vivías y con quién?
- ¿A qué escuela ibas? ¿Te gustaba ir? ¿Por qué?
- ¿Quién era tu mejor amigo/a? ¿Cómo era?
- ¿Qué hacías en el tiempo libre?
- Y ahora, ¿qué cosas son diferentes?

*Cuando era pequeña, era una niña buena y tranquila. Tenía el pelo liso, como ahora, y siempre llevaba una pinza que me ponía mi padre. Vivía en…*

# 16 OTRAS ÉPOCAS

## B ¿ANTES O AHORA?

**7a** Completa estos textos sobre los siguientes objetos para el recuerdo.

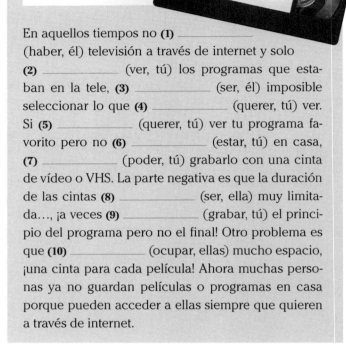

### El *discman*

Antes no **(1)** _____ (poder, tú) escuchar música en tu teléfono móvil y **(2)** _____ (tener, tú) que llevar este reproductor. Solo **(3)** _____ (utilizarse, él) para escuchar música, no **(4)** _____ (grabar, él) canciones. Comparado con el *walkman*, en el que no **(5)** _____ (poder, tú) seleccionar la canción, el *discman* **(6)** _____ (ser, él) muy moderno porque **(7)** _____ (elegir, tú) directamente la canción, **(8)** _____ (poder, tú) pararlo, etc. El problema es que **(9)** _____ (ocupar, él) mucho espacio y **(10)** _____ (ser, él) difícil correr o caminar mientras **(11)** _____ (escuchar, tú) música. Actualmente no se fabrican, pero hay gente que los guarda como recuerdo.

### El VHS

En aquellos tiempos no **(1)** _____ (haber, él) televisión a través de internet y solo **(2)** _____ (ver, tú) los programas que estaban en la tele, **(3)** _____ (ser, él) imposible seleccionar lo que **(4)** _____ (querer, tú) ver. Si **(5)** _____ (querer, tú) ver tu programa favorito pero no **(6)** _____ (estar, tú) en casa, **(7)** _____ (poder, tú) grabarlo con una cinta de vídeo o VHS. La parte negativa es que la duración de las cintas **(8)** _____ (ser, ella) muy limitada..., ¡a veces **(9)** _____ (grabar, tú) el principio del programa pero no el final! Otro problema es que **(10)** _____ (ocupar, ellas) mucho espacio, ¡una cinta para cada película! Ahora muchas personas ya no guardan películas o programas en casa porque pueden acceder a ellas siempre que quieren a través de internet.

**7b** Ahora piensa en otro objeto del pasado y escribe en tu cuaderno una pequeña descripción.

**8** ¿Cómo eran estas cosas hace 60 años?

### La educación
- Los profesores _____.
- Los libros de texto _____.
- Las clases _____.
- _____.

### La familia
- Los padres _____.
- Las madres _____.
- La relación entre padres e hijos _____.
- _____.

### Los viajes
- Los aviones _____.
- El tren _____.
- Las vacaciones _____.
- _____.

## 9 Marca la opción adecuada.

1. Ramón **todavía / ya no** vive en casa de sus padres, pero los visita con mucha frecuencia.
2. Sé que no es muy sano, pero **todavía / ya no** me gusta comer pan con chocolate, ¡me recuerda mucho a mi infancia!
3. Paloma **todavía / ya no** trabaja porque está jubilada desde hace un par de años.
4. Carlos **todavía / ya no** escucha música en discos de vinilo. Dice que él es muy clásico y que la calidad es mucho mejor que en mp3.
5. Terminé el instituto hace más de 30 años y **todavía / ya no** tengo relación con mis antiguos compañeros. Nos vemos una vez al año.
6. **Todavía / Ya no** tengo cámara de fotos, ahora utilizo la cámara del teléfono móvil.
7. Carmen **todavía / ya no** juega al fútbol. De pequeña le encantaba, ¡y era muy buena!, pero ahora no tiene tiempo.
8. Mi abuela **todavía / ya no** tiene una televisión en blanco y negro. Es muy grande y vieja, y no funciona, pero me parece muy original.

## 10 Completa con tu información personal.

1. Yo antes _____ y ahora todavía _____.
2. Antes _____ y ahora ya no _____.
3. Cuando era pequeño _____ y ahora _____.

## 11 Mira estas fotos de diferentes personas de antes y de ahora y escribe frases con *todavía* o *ya no* como en el ejemplo.

*De niño Samuel llevaba gafas y camisa. Hoy en día todavía lleva gafas y le gusta llevar camisas.*

### Recuerda

Usamos *todavía* para hablar de algo que no ha cambiado y es como en el pasado. Usamos *ya no* para hablar de algo que ha cambiado con respecto al pasado.

1. _____

2. _____

3. _____

4. _____

# 16 OTRAS ÉPOCAS

**12** 🔊 102 Escucha otra vez la audición de la actividad **3a** en la página 133 del libro del alumno y marca si estas informaciones son verdaderas (V) o falsas (F).

|   | V | F |
|---|---|---|
| 1 Aurora hacía sus deberes del colegio con una máquina de escribir. | ☐ | ☐ |
| 2 Nacho no perdía mucho tiempo hablando por teléfono. | ☐ | ☐ |
| 3 Aurora no tenía mucha intimidad en casa porque escuchaban sus conversaciones. | ☐ | ☐ |
| 4 Para Sofía, la vida antes era mucho mejor. | ☐ | ☐ |
| 5 Nacho era feliz cuando era pequeño. | ☐ | ☐ |
| 6 En aquella época solo había dos opciones en la televisión. | ☐ | ☐ |
| 7 Actualmente Sofía no puede desconectar del trabajo. | ☐ | ☐ |
| 8 Nacho cree que los cambios en la alimentación son negativos. | ☐ | ☐ |

**13a** 🔊 103-108 Escucha estas frases y añade una coma si es necesario.

1 ¿Que si comprábamos mucho? No comprábamos tanto como ahora.
2 No íbamos al pueblo todos los veranos.
3 Claro que no viajábamos como en la actualidad.
4 No éramos felices con lo que teníamos.
5 ¿Que si veíamos mucho la tele? No escuchábamos la radio.
6 No escribíamos más cartas y postales que ahora.

**13b** Ahora piensa tú en frases similares. Escríbelas y graba las dos versiones (con y sin coma) con tu teléfono móvil. Presta atención a la pausa.

**14** Prepara el debate de la actividad **5b** en la página 133 del libro del alumno. Clasifica estos argumentos a favor o en contra de si vivíamos mejor antes sin internet o ahora con internet.

a Era mucho más difícil encontrar información.
b Muchas veces lo que leemos es falso, como las *fake news*.
c Mucha gente no se comunica con los demás, solo con la pantalla.
d Tenemos todo en nuestra mano, ¡es maravilloso!
e Desarrollábamos mucho nuestra imaginación y nunca nos aburríamos.
f Ayuda a las personas tímidas, personas con alguna discapacidad, etc.
g ¿Qué pasa con los *apps* que pueden escuchar nuestras conversaciones? ¡Es horrible!
h Yo compraba VHS de Inglaterra para aprender inglés, ¡eran carísimos!
i Pasábamos más tiempo hablando con la gente y relacionándonos.

| LA VIDA ERA MEJOR SIN INTERNET ||
|---|---|
| **Argumentos a favor** | **Argumentos en contra** |
|  |  |

## C HISTORIA DEL TATUAJE

**15** Elige la opción correcta para completar las frases.

1 Concerté una cita con mi peluquero, pero en el último momento _____ canceló.
   a me los
   b me la
   c nos lo

2 ¿Quieres leer el periódico, abuela? Yo _____ traigo.
   a me lo
   b te lo
   c se la

3 Tengo un tatuaje con el nombre de mi ex y quiero _____.
   a quitármelo
   b quitárselo
   c quitármelos

4 A Jorge le encantan las comidas caseras. Yo siempre _____ preparo cuando viene.
   a se la
   b se las
   c se los

5 Necesito mis gafas para ir al cine. ¿_____ das, por favor, Julio? Están en mi bolso.
   a Me la
   b Me los
   c Me las

6 Las chicas encontraron unas faldas y están _____.
   a probándoselas
   b probándonoslas
   c probándonosla

**16** ¿Qué haces con estas cosas? Elige los verbos pronominales que se pueden usar con las siguientes palabras. Tienes que repetir alguno.

lavarse - hacerse - teñirse - peinarse - quitarse
ponerse - maquillarse - cambiarse - cortarse - probarse

| 1 | El pelo | *me lo lavo* |
| 2 | La cara | |
| 3 | Las gafas | |
| 4 | Los tatuajes | |

**17** 🔊 109-114 Escucha las preguntas y elige la respuesta correcta. Fíjate en los pronombres.

1 a Sí, se lo escribí ayer por la noche.
  b No, no se las escribí. No tenía su dirección.
2 a Nos los recomendaron en la oficina de turismo.
  b Me lo recomendó mi tío.
3 a Normalmente me lo corta Silvia.
  b A veces me las cortan demasiado.
4 a Me lo dio mi amiga Claudia.
  b Se la trajeron sus amigas el jueves.
5 a No me la han dicho todavía.
  b Me lo dijeron ayer.
6 a Me las hago yo en casa, ¡es muy fácil!
  b Te los hacen en la peluquería.

**18** Subraya en cada frase el objeto directo y después reescribe las frases sustituyéndolo por un pronombre.

1 Me puse un *piercing*.
_____

2 Eduardo les dijo la verdad.
_____

3 Les prepararon una sorpresa a sus padres.
_____

4 Le busqué un peluquero a mi amiga.
_____

5 Te regalé los pendientes que querías.
_____

6 María nos dejaba los libros.
_____

7 Te compró la chaqueta.
_____

8 Ayer le prestamos la bicicleta a Elena.
_____

9 Mi hermano me trajo muchas fotos viejas de la familia.
_____

10 Mis amigas y yo nos hicimos el mismo tatuaje en el pie.
_____

### ¡Fíjate!

Generalmente el objeto directo va antes del objeto indirecto, pero cuando usamos los pronombres, el objeto indirecto va antes del objeto directo:

*Lucas le trae **las gafas a Marta**.*

*Lucas **se las** trae.*

# 16 OTRAS ÉPOCAS

**19** Lee estos mensajes en un foro sobre tatuajes y relaciona cada entrada con una foto.

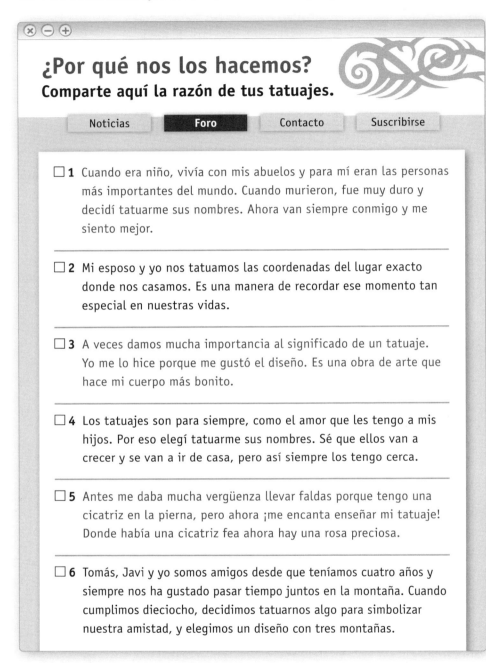

## ¿Por qué nos los hacemos?
**Comparte aquí la razón de tus tatuajes.**

Noticias · Foro · Contacto · Suscribirse

☐ **1** Cuando era niño, vivía con mis abuelos y para mí eran las personas más importantes del mundo. Cuando murieron, fue muy duro y decidí tatuarme sus nombres. Ahora van siempre conmigo y me siento mejor.

☐ **2** Mi esposo y yo nos tatuamos las coordenadas del lugar exacto donde nos casamos. Es una manera de recordar ese momento tan especial en nuestras vidas.

☐ **3** A veces damos mucha importancia al significado de un tatuaje. Yo me lo hice porque me gustó el diseño. Es una obra de arte que hace mi cuerpo más bonito.

☐ **4** Los tatuajes son para siempre, como el amor que les tengo a mis hijos. Por eso elegí tatuarme sus nombres. Sé que ellos van a crecer y se van a ir de casa, pero así siempre los tengo cerca.

☐ **5** Antes me daba mucha vergüenza llevar faldas porque tengo una cicatriz en la pierna, pero ahora ¡me encanta enseñar mi tatuaje! Donde había una cicatriz fea ahora hay una rosa preciosa.

☐ **6** Tomás, Javi y yo somos amigos desde que teníamos cuatro años y siempre nos ha gustado pasar tiempo juntos en la montaña. Cuando cumplimos dieciocho, decidimos tatuarnos algo para simbolizar nuestra amistad, y elegimos un diseño con tres montañas.

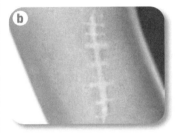

# EN ACCIÓN

**20a** Piensa en la publicidad de tu país y marca qué imágenes son más frecuentes.

1 En un anuncio de productos de limpieza…

☐ una mujer limpiando ☐ un hombre limpiando

2 En un anuncio de soluciones para oficinas…

☐ una mujer es la jefa ☐ un hombre es el jefe

3 En un anuncio de productos de bebé…

☐ un padre con su hijo ☐ una madre con su hijo

4 En un anuncio de coches…

☐ un hombre conduciendo ☐ una mujer conduciendo

**20b** Busca dos anuncios y analízalos contestando en tu cuaderno a estas preguntas.

- ¿Cuál es el texto y el eslogan del anuncio?
- ¿Qué imágenes aparecen en el anuncio?
- ¿Cuántos hombres y cuántas mujeres aparecen?
- ¿Cuál es el papel de cada uno en el anuncio?
- ¿El anuncio fomenta roles tradicionales sexistas?
- ¿Presenta el cuerpo de las mujeres como un objeto?

**20c** Piensa tú ahora en un anuncio que promueva valores solidarios, de igualdad, políticamente correctos, etc. Incluye:

- Una imagen
- Un eslogan
- Texto
- Valores positivos

## Y PARA ACABAR…

Un recuerdo de tu infancia:

Un objeto de tu pasado:

Algo que hacías y ya no haces y algo que todavía haces:

Información interesante de esta unidad:

# 17 LA SALUD

## A ¿SABÍAS QUE...?

**1** Escribe el nombre de estas partes del cuerpo. A veces hay más de una palabra para el mismo dibujo.

> el dedo - la oreja - la nariz - las pestañas - la boca - el ojo - el diente - el brazo - la lengua - la ceja - el hueso
> la muela - la pierna - la cara - el pie - el labio - la mano - la uña - la cabeza - el codo - la rodilla - el oído

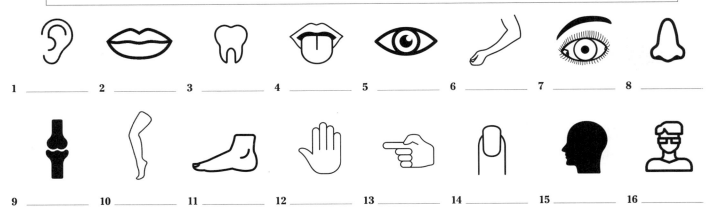

1 _____  2 _____  3 _____  4 _____  5 _____  6 _____  7 _____  8 _____

9 _____  10 _____  11 _____  12 _____  13 _____  14 _____  15 _____  16 _____

**2a** ¿A qué parte del cuerpo se refieren estas definiciones?

1 Es el órgano más importante del sistema visual. Gracias a él podemos ver. Tiene forma circular y está en la cara. Puede ser de colores diferentes: marrón, azul, verde… _____

2 Es la parte del cuerpo que une la cabeza con el resto del cuerpo. _____

3 Es un órgano que se mueve todo el tiempo y que está en la boca. Gracias a este órgano podemos hablar y diferenciar los sabores de la comida. _____

4 Es una parte de la piel que protege los dedos. Tardan bastante en crecer, pero es necesario cortarlas de vez en cuando. Muchas personas se las pintan de colores. _____

5 Son unos pelos que están encima y debajo del ojo y lo protegen. Algunas personas se hacen tratamientos o se maquillan para tenerlas más largas. _____

6 Es el órgano que da sangre al resto del cuerpo. Está en el pecho, entre los pulmones. _____

**2b** Ahora piensa en otras dos partes del cuerpo y escribe una definición similar.

_____

_____

**3** Elige la opción adecuada.

1 Antón ha tenido un accidente de tráfico pero, por suerte, solo se ha roto un **hueso / olfato**.
2 Si comes muchos dulces, puedes tener dolor de **oídos / dientes**.
3 Cuando está nerviosa, Alejandra se come las **uñas / muelas**.
4 Gracias al sentido **del equilibrio / de la orientación** podemos saber dónde estamos.
5 A través de la nariz podemos percibir los **olores / oídos**.
6 En primavera, Dani siempre está **tapándose los ojos / estornudando** porque tiene alergia a muchos árboles y flores.

# LA SALUD 17

**4** ¿Qué parte del cuerpo asocias con estas actividades? Hay más de una opción posible.

1. comer una hamburguesa: _____
2. estudiar: _____
3. escuchar música: _____
4. correr en el parque: _____
5. tocar el piano: _____
6. hablar por teléfono: _____
7. ir a un concierto: _____
8. llevar una bufanda: _____

**5** Completa la tabla con las partes del cuerpo y los cinco sentidos.

|   | Parte del cuerpo | Sentido |
|---|---|---|
| 1 |  | la vista |
| 2 | la boca |  |
| 3 |  | el tacto |
| 4 | la nariz |  |
| 5 |  | el oído |

**6** Completa con tu información personal.

1. El deporte que más me gusta es _____.
2. La comida que menos me gusta es _____.
3. La parte de mi cuerpo que más me gusta es _____ _____.
4. La canción que más me gusta es _____.
5. La película que menos me gusta es _____.
6. El libro que más me gusta es _____.

**7a** Ordena las palabras para crear frases como en el ejemplo. Tienes que añadir alguna palabra.

dedo - largo - corazón
*El corazón es el dedo más largo.*

1. muelas - dientes - grandes

2. desarrollado en los perros - olfato - sentido

3. parte del oído - órgano - pequeño

4. importante - cerebro - órgano

5. dedo - meñique - corto

6. largo - hueso de la pierna - hueso

**7b** Escribe en tu cuaderno otras dos informaciones similares sobre el cuerpo.

## B ¡QUÉ MALA CARA!

**8** Marca la palabra que **no** pertenece a la serie.

1. dolor - fiebre - enfermo - tos
2. cabeza - oídos - garganta - resfriado
3. masaje - jarabe - pastilla - té con miel
4. estresado - resfriado - estornudo - enfermo

**9a** Une estos problemas con la recomendación más lógica.

1. Siempre estoy muy cansado por las mañanas.
2. Tengo un dolor de espalda terrible.
3. Me duele el estómago.
4. Tengo mucha tos.
5. Este mes estoy muy estresado.
6. Desde la semana pasada me duele una muela.

a. ☐ ¿Por qué no pides cita con el fisioterapeuta?
b. ☐ Da un paseo por el parque, seguro que te relaja.
c. ☐ Tómate un jarabe.
d. ☐ Duerme un mínimo de ocho horas al día.
e. ☐ Ve al dentista, puede ser algo serio.
f. ☐ Intenta comer menos comida rápida.

**9b** Ahora escribe tú recomendaciones para estos problemas.

1. Esta mañana me he levantado con fiebre.

2. Me duelen los dientes si tomo bebidas frías.

3. Cuando estoy resfriado, me duele todo el cuerpo.

4. Tengo que pasar mucho tiempo frente al ordenador y me da dolor de cabeza.

### ¿Sabes que...?

*Vicks VapoRub* es un remedio muy popular en muchos países latinoamericanos, y se usa para todo tipo de enfermedades. Su popularidad entre los hispanos en Estados Unidos ha hecho que se considere su uso casi como un símbolo de la comunidad latinoamericana en este país y motivo de muchos memes, vídeos, etc. Los hablantes de español lo llaman con distintas variaciones del nombre: *Vivaporú, Vivaperú, El Bic, El Bix, El Vickisito...*

# 17 LA SALUD

**10** ¿Qué te duele? Di qué parte del cuerpo te duele en estas situaciones. Presta atención a la forma del verbo.

Ayer fui a un concierto y canté mucho.
*Me duele la garganta.*

1 He caminado todo el día con zapatos de tacón.

2 Tomé muchas notas en clase.

3 Paso muchas horas sentada en la oficina.

4 Mis vecinos están haciendo obras en el piso de arriba y hay mucho ruido.

5 Ayer corrí en un maratón.

6 He comido demasiado.

**11** 🔊 115 Escucha una conversación entre Laura y su médico y señala la opción correcta.

1 A Laura le duelen la cabeza y…
  a la garganta.
  b los oídos.
2 A Laura no le gustan…
  a las pastillas.
  b los jarabes.
3 El médico dice que Laura…
  a tiene fiebre.
  b está resfriada.
4 El médico recomienda…
  a tomar leche caliente.
  b beber mucha agua.
5 Después de la visita, Laura va…
  a a casa.
  b a la farmacia.

**12** Lee los siguientes textos y relaciónalos con estos enunciados. Hay dos textos que no necesitas.

1 ☐ Se propone un remedio casero para el dolor de oídos.
2 ☐ Con este cupón recibes un descuento de 6 €.
3 ☐ En verano el horario cambia.
4 ☐ En la página web se puede hacer un cuestionario.
5 ☐ Hay una fecha límite para usar este descuento.
6 ☐ La clínica no atiende los lunes por la mañana.

**a**

### Clínica Dental Lorenzo

**¡Abrimos un nuevo centro!**

Informamos a nuestros pacientes de que el 1 de octubre hemos abierto nuestro nuevo centro en Bertamiráns, en la calle Alcalde Lamela 26, bajo.

El nuevo centro atiende en este horario:
Lunes a jueves de 16:00 a 21:00.
Viernes de 9:00 a 16:00.

**b**

# EL PODEROSO AJO

El ajo, por su poder antibiótico, puede ayudar con las infecciones de oídos. Haz una pasta con un diente de ajo y una cucharada de aceite de sésamo o de aceite de oliva. Caliéntala durante algunos minutos y déjala enfriar. Pon un algodón dentro del oído, con unas gotas de la mezcla.

**c**

### CLÍNICA ATENEA

Informamos a nuestros pacientes de que durante los meses de julio y agosto nuestra consulta abre en un horario reducido:

Lunes a viernes: 9:00 - 16:30
Sábados: 9:00 - 15:00
Para emergencias, llamen al teléfono 112.

Disculpen las molestias.

**d**

**¿Dolor de pies?**

**Aquí tienes algunas ideas para unos pies en forma:**

- Baños de contraste con agua fría y caliente.
- Un auto-masaje con una botella de agua congelada desde la parte del talón hasta la punta de los dedos.
- Para pies cansados, masajea tus pies cada día con crema hidratante o con un aceite esencial.
- Camina sin zapatos para hacer tus pies más fuertes.

# LA SALUD 17

### e
## Acupuntura Milenaria

Visítanos en nuestra clínica y recibe 2x1 en terapias de acupuntura presentando este cupón*.

**Relajación   Cara   Espalda   Piernas**

*Válido hasta el 31 de diciembre.

**Es necesario pedir cita por teléfono con antelación: 91 522 63 44.**

### f  *Gimnasio*

**CAMPO ABIERTO**

¡Ya puedes conseguir un abono para este año!

Hay tres abonos diferentes:
- 12 meses: gimnasio + clases por 375 €
- 12 meses: gimnasio + clases + piscina por 700 €
- 6 meses: gimnasio + clases por 225 €

**Para más información, puedes enviar un correo electrónico a gimnasio@campoabierto.es o llamar al teléfono 93 550 28 76.**

### g
## CLÍNICA CARBALLO
### Cupón de descuento

Fisioterapia • Masaje terapéutico o relajante

**6 €** de **descuento** en tu 1ª sesión      Precio final 35 € **29 €**

Trae este cupón para conseguir tu descuento.
Oferta válida en nuestras consultas en Gijón y Oviedo.

### h

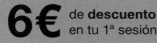
Fundación para la Diabetes

La **diabetes** se puede **prevenir**

¿SABES SI TIENES RIESGO DE TENER **DIABETES TIPO 2** A LO LARGO DE TU VIDA?

 Descúbrelo con este sencillo test y visita la página de la Fundación para la Diabetes para encontrar consejos para prevenir esta enfermedad: www.fundaciondiabetes.org

## C SIÉNTETE BIEN

**13** 🔊 116-121 📄 **DELE** Vas a escuchar seis anuncios de radio. Lee las preguntas y selecciona para cada anuncio la respuesta correcta.

1. El anuncio informa…
   a. de cómo participar en el programa de radio.
   b. del lugar donde se emite el programa.
   c. del horario del programa.

2. En las piscinas…
   a. hay entradas de dos precios diferentes.
   b. hay un horario diferente cada día.
   c. los niños tienen que ir acompañados de adultos.

3. La peluquería ofrece un descuento del 15 %…
   a. en todos los cortes de pelo.
   b. en la manicura si te haces un corte de pelo.
   c. durante el mes de agosto.

4. La matrícula en el centro Clara Miñón…
   a. es posible a partir de septiembre.
   b. se puede hacer ahora.
   c. empieza el próximo curso.

5. El anuncio informa sobre…
   a. un centro donde hacer tatuajes.
   b. una charla sobre tatuajes.
   c. los peligros de hacerse tatuajes.

6. El centro de estética natural Biosana…
   a. ofrece tratamientos con productos ecológicos.
   b. propone a sus clientes hacer dieta.
   c. tiene un nuevo local en la calle Allende.

---

### ESTRATEGIAS PARA EL EXAMEN

Este ejercicio corresponde a la Tarea 2 de la Prueba 2 del DELE A2. Escuchas seis mensajes breves y tienes que contestar a una pregunta de tres opciones sobre cada uno. Cada mensaje se escucha dos veces.

- Lee con atención las preguntas antes de escuchar y fíjate en las diferencias entre las opciones. La pregunta puede darte también una idea sobre el tema del mensaje.
- En la primera audición, intenta captar la idea general del mensaje e identifica el lugar donde puede estar la respuesta.
- En la segunda audición, pon especial atención a los lugares donde puede estar la respuesta.
- Si no estás seguro, elimina las opciones que no pueden ser correctas.

# 17 LA SALUD

**14** Lee estos diálogos cortos y elige la perífrasis correcta.

1. • ¡**Voy a / Acabo de** hacerme la manicura semipermanente!
   ▪ ¡Uy, no! Mejor no. Después las uñas quedan en mal estado. Yo me la hice una vez, pero no he vuelto a hacérmela.
2. • ¡Anda! ¡Pero qué pelo tan liso!
   ▪ Es que **acabo de / voy a** hacerme un alisado japonés.
3. • **Estoy haciéndome / Voy a hacerme** la depilación con láser.
   ▪ ¿Ah, sí? ¿Y estás contento?
   • Sí, me han hecho tres sesiones, me faltan otras tres.
4. • ¡Qué gordito está Jacobo!
   ▪ Sí, el médico le ha dicho que **tiene que / ha dejado de** hacer deporte.
5. • Eliseo, tú participas a veces en medios maratones, ¿no?
   ▪ No, ya no. **Estoy corriendo / He dejado de correr** porque tengo problemas en la espalda. Ahora **he empezado a / acabo de** hacer pilates.
6. • Javi **dejó de / empezó a** fumar en enero y desde entonces lleva una vida más sana. ¡No **ha dejado de / ha vuelto a** probar un cigarrillo!
   ▪ ¿De verdad? ¡Qué buena noticia!

### Recuerda

Las **perífrasis verbales** son combinaciones de dos verbos: uno está conjugado, el otro está en infinitivo, gerundio o participio:
- acabar de + infinitivo: <u>Acabo de pedir</u> una cita en el dentista.
- volver a + infinitivo: Ana <u>vuelve a vivir</u> con sus padres.
- empezar a + infinitivo: Los chicos <u>han empezado a ir</u> al gimnasio.
- dejar de + infinitivo: Andrea <u>ha dejado de ver</u> a sus amigos.
- ir a + infinitivo: Esteban y yo <u>vamos a ir</u> a la peluquería mañana.
- tener que + infinitivo: <u>Tengo que tomar</u> un jarabe para la tos.
- estar + gerundio: Pedro <u>está haciendo</u> una dieta.

**15** Mira la imagen y completa las frases con la perífrasis adecuada.

> acaba de - ha dejado de - ha empezado a - está - va a - vuelve a

1. Álex _____ hacer dieta.
2. Hace poco Romina _____ llevar gafas.
3. David _____ lavando el pelo a una clienta.
4. Desireé _____ llevar el pelo corto.
5. Romina _____ cortar el pelo a un cliente.
6. Victoria _____ llegar a la peluquería.

**16** Sustituye la parte subrayada de la frase por una perífrasis.

Ute <u>ya no se tiñe el pelo</u>, ahora lo lleva gris.
*Ute ha dejado de teñirse el pelo, ahora lo lleva gris.*

1. Sofía <u>ya no se preocupa</u> tanto por su aspecto físico.
2. El mes pasado tuve gripe y ahora <u>estoy enfermo otra vez</u>.
3. <u>Hace unos minutos hemos visto</u> a Fernando en la calle.
4. <u>Ahora abren</u> muchos centros de estética en la ciudad.
5. <u>Yo antes no comía fruta, pero ahora sí</u>.

## 17 LA SALUD

**17a** Lee este fragmento de un artículo sobre cómo mejorar la autoestima. Marca después qué ideas aparecen en el artículo y anota en qué líneas. Recuerda que no necesitas conocer todas las palabras para entender las ideas más importantes del texto.

> **Fortalecer nuestra autoestima** es una de las mejores maneras para lograr una mayor calidad de vida en todos los aspectos de nuestra vida y lograr la superación personal que tanto anhelamos. (...) Si deseas **aumentar tu autoestima**, necesitas desafiar y cambiar algunas creencias que tienes sobre ti mismo/a. Esto puede parecer una tarea imposible, pero hay un montón de maneras diferentes de lograrlo:

(5) **1 Ejercicios de pensamiento positivo.**
(...) Haz una lista de varias cosas que te gustan de ti, podría incluir:
- La cualidad física que más te agrade: por ejemplo, tengo una bonita sonrisa.
(10) • Una cualidad de la que estés orgulloso/a: por ejemplo, soy paciente.
- Acciones positivas que haces: por ejemplo, hacer voluntariado.
- Habilidades que tienes: por ejemplo, soy muy metódico/a.
(15) Tómate tu tiempo, puedes hacer la lista durante varias semanas. Tu objetivo es hacer un **listado de 50 cosas diferentes**. Pon esta lista en un lugar visible para ti y échale un vistazo cada día. (...)
**2 Practica tus aficiones preferidas.**
(20) Esto podría abarcar desde el aprendizaje de un idioma, cantar, clases de pintura... Piensa cuál es **tu habilidad natural** o lo que siempre has querido probar. (...) Si puedes, apúntate a un curso de algo que verdaderamente te gusta (...).

(25) **3 Hacer ejercicio con regularidad.**
La actividad física es buena para la salud mental y se ha demostrado que mejora la autoestima de las personas y la sensación de bienestar. Caminar una hora diaria a buen ritmo puede ser un buen comienzo. (...) Si puedes
(30) hacer ejercicio acompañado, mucho mejor.
**4 Trata de dormir lo suficiente.**
Los problemas de sueño pueden tener un serio impacto en la calidad de vida de las personas. Afloran los sentimientos negativos, reacciones exageradas,
(35) irritabilidad y pérdida de confianza. (...) Algunas personas necesitan dormir ocho horas, para otras son suficientes seis. Una mente descansada está más protegida de los problemas diarios.
**5 Comer de forma saludable.**
(40) Comer de forma saludable tiene un impacto positivo en tu salud física y mental. Llevar una dieta bien equilibrada, con comidas siempre a la misma hora o beber mucha agua te ayudarán a sentirte más saludable y feliz. (...)

Información extraída de https://www.recursosdeautoayuda.com

| | Está en el texto | Líneas |
|---|---|---|
| 1 Tener una buena autoestima mejora nuestra calidad de vida. | ☐ | _____ |
| 2 Mejorar la autoestima no es fácil. | ☐ | _____ |
| 3 Para mejorar la autoestima es importante hacer listas. | ☐ | _____ |
| 4 Se recomienda hacer una lista de nuestros aspectos positivos. | ☐ | _____ |
| 5 Luego tienes que leer esa lista todos los días. | ☐ | _____ |
| 6 Se recomienda hacer actividades artísticas. | ☐ | _____ |
| 7 Es bueno dedicarse a una actividad que te gusta. | ☐ | _____ |
| 8 Hacer ejercicio nos hace sentirnos bien. | ☐ | _____ |
| 9 Hay que hacer ejercicio con otras personas. | ☐ | _____ |
| 10 Si dormimos poco, no podemos reaccionar bien ante las dificultades. | ☐ | _____ |
| 11 En cuanto a la alimentación, es importante tener horarios regulares. | ☐ | _____ |
| 12 Solo se debe beber agua. | ☐ | _____ |

**17b** Ahora completa la lista del texto con tus aspectos positivos.

- La cualidad física que más te gusta de ti: _____
- Una cualidad (no física) de la que estás orgulloso/a: _____
- Acciones positivas que haces: _____
- Habilidades que tienes: _____

**17c** ¿Qué otras cosas del artículo haces tú? Subráyalas en el texto.

# 17 LA SALUD

## EN ACCIÓN

**18** Relaciona los siguientes tratamientos y servicios con el establecimiento donde se realizan.

> uñas de gel - limpieza dental - corte de pelo - eliminación de tatuajes - masaje deportivo
> recorte de barba - manicura semipermanente - reflexología podal - pedicura - depilación láser
> blanqueamiento - alisado japonés - extensión de pestañas - diseño de tatuajes

| Peluquería | Centro de estética | Clínica dental | Centro de fisioterapia | Estudio de tatuaje |
|---|---|---|---|---|
|  |  |  |  |  |

**19a** Varias organizaciones que trabajan en el ámbito de la salud han elaborado una lista con los mayores problemas de salud en la actualidad, aquí tienes algunos de ellos. Relaciona las recomendaciones con los problemas. A veces hay más de una opción.

**ENFERMEDADES**
1. Enfermedades del corazón
2. Sobrepeso y obesidad
3. Tabaquismo
4. Consumo de alcohol y drogas
5. Problemas de salud mental
6. Enfermedades de transmisión sexual
7. Vacunaciones
8. Problemas causados por la contaminación

**RECOMENDACIONES**
a. Camina como mínimo 30 minutos todos los días.
b. Deberías vacunar a tus hijos según el calendario oficial.
c. Usa el transporte público, así reduces la contaminación.
d. Busca tiempo para ti mismo, es importante cuidarte.
e. Deja de fumar.
f. Si te gusta beber, bebe solo en ocasiones especiales.
g. Deberías usar protección en todas tus relaciones.
h. Para eso va muy bien reducir el consumo de sal.
i. Haz yoga o meditación.
j. Intenta comer menos azúcar.
k. Lo mejor es vivir lejos de la ciudad.
l. ¿Por qué no hablas con un psicólogo?

**19b** Añade en tu cuaderno dos recomendaciones más para cada problema.

## Y PARA ACABAR...

Un dato curioso sobre el cuerpo humano:

Un problema de salud que tienes habitualmente:

Algo que acabas de hacer:

Información interesante de esta unidad:

# 18 CULTURAS

## A UN BUEN BARRIO

**1** Completa la tabla con el vocabulario del texto de la página 146 del libro del alumno y añade palabras que has aprendido en otras unidades.

| Los servicios públicos | Las compras | La oferta de ocio | Los transportes |
|---|---|---|---|
| los colegios | | | |

**2** Completa la tabla con el adjetivo o sustantivo correspondiente.

| | Sustantivo | Adjetivo |
|---|---|---|
| 1 | la seguridad | seguro/a |
| 2 | | fácil |
| 3 | la tranquilidad | |
| 4 | | peligroso/a |
| 5 | la antigüedad | |
| 6 | | necesario/a |
| 7 | el ruido | |

**3a** Mira las fotos de estos barrios. ¿Qué características relacionas con ellos?

> tranquilo - bien comunicado - en el centro
> zonas verdes - problemas de aparcamiento
> histórico - parques infantiles - moderno
> grandes supermercados - ruidoso - en las afueras
> seguro - tiendas especializadas - dinámico

**3b** Lee lo que dicen estas personas sobre su barrio e indica a cuál de las fotos anteriores corresponde.

**a** ☐  **LAURA**
Mi barrio es genial. Tengo todo lo que necesito. Trabajo en una oficina cerca de mi casa y me encanta poder caminar al trabajo. Además, delante de mi edificio tengo una parada de autobús y tranvía, así que puedo moverme por la ciudad cómodamente. El precio de mi alquiler es un poco caro, pero ahorro dinero porque no necesito coche.

**b** ☐  **ANDRÉS**
Nuestro barrio es perfecto para mí. Vivimos aquí desde hace tres años y estamos muy contentos. Es tranquilo y nos sentimos muy seguros. Los niños pueden jugar en el parque infantil y hay muchas zonas verdes para disfrutar al aire libre. Lo malo es que tenemos que coger el coche casi todos los días, pero merece la pena.

**c** ☐  **CARLOS**
¡Me encanta mi barrio! Salgo a la calle y me siento feliz. Me gusta vivir en un lugar con tanta historia. A veces es un poco ruidoso, ¡pero es porque tiene mucha vida! Si me encuentro con un amigo, es muy fácil ir a cualquier bar que está cerca. ¡Hay muchos! Y también tiendas pequeñas, con encanto.

**3c** ¿Con qué persona te identificas más? ¿Por qué?

ciento treinta y uno

# 18 CULTURAS

**4** Completa las frases con el verbo correcto: *es / está / hay.*

1 Lucas se ha comprado una casa nueva. _____ en las afueras de la ciudad.
2 La zona _____ muy tranquila y _____ muchos parques.
3 El barrio de Lorena _____ muy ruidoso, pero a ella le gusta porque _____ bien comunicado con el centro.
4 ¿_____ bares cerca de tu casa?
5 Visitamos una casa en un barrio que _____ un poco lejos de nuestros trabajos, pero _____ acogedor, seguro y barato.
6 En mi barrio _____ tres museos de arte, el mejor _____ al lado de mi casa.

**5** Completa las frases con *lo / el / la.*

1 _____ bueno de vivir en el centro es no necesitar el coche.
2 De mis primas, _____ más tranquila es Catalina.
3 No tiene sentido _____ que me dijiste ayer.
4 Vieron muchos apartamentos antes de decidir, pero eligieron _____ mejor.
5 ¿Estas son las opciones? Creo que _____ más adecuada es la primera.
6 Tenemos que pensar un plan de acción. _____ mejor es reunirnos todos.
7 He visitado muchos países. _____ más impresionante, sin duda, fue Vietnam.
8 El ruido constante es _____ menos agradable de mi barrio.

## B ¿TIENES SAL?

**6** Completa el crucigrama según las definiciones. Tienes ayuda en el texto de la página 148 del libro del alumno.

1 Persona a la que pertenece una cosa o animal.
2 Instrumento que nos ayuda a hacer ciertos trabajos. Tradicionalmente era de hierro o metal, hoy en día puede ser digital.
3 Persona que se interesa mucho por las películas y el mundo del cine en general.
4 Atender a una persona mayor, un niño, un animal…
5 Superar el momento inicial de timidez en una relación.
6 En lenguaje coloquial, sustantivo del verbo "quedar".
7 Instrumento que tenemos en casa y con el que podemos llegar a lugares altos.
8 En femenino, persona que crea una empresa, empieza una iniciativa…

## CULTURAS 18

**7** 🔊 122-128 📄 **DELE** Vas a escuchar siete mensajes que tienes que relacionar con un enunciado. Hay tres enunciados que no necesitas.

- a ☐ Anuncia un evento con una persona famosa.
- b ☐ Le piden su número de teléfono.
- c ☐ Tiene un aparato que no funciona.
- d ☐ Va a cuidar a los hijos de su amigo.
- e ☐ Quiere comprar algo para otra persona.
- f ☐ Informan del horario de apertura.
- g ☐ Va a viajar durante diez días.
- h ☐ No puede ayudar a su vecino.
- i ☐ Informan sobre un concierto.
- j ☐ Informa de un cambio de lugar.

### ESTRATEGIAS PARA EL EXAMEN

Este ejercicio corresponde a la Tarea 4 de la Prueba 2 del DELE A2. Escuchas siete mensajes y tienes que relacionar cada uno con un enunciado. Hay más enunciados que mensajes. Escuchas cada mensaje dos veces.
- Lee con atención los enunciados antes de la audición.
- En la primera audición, escucha el contenido general del mensaje y marca qué enunciados son posibles.
- En la segunda audición, elige cuál de tus opciones es la correcta.

**8** ¿Qué verbo se necesita: *dejar / prestar* o *dar*? Marca la opción correcta.

1. • Ay, Paula, ¿te importa **prestarme / darme** tus gafas de sol? Es que he olvidado las mías en casa, y como tú no las estás usando…
   ▪ Claro, mujer, sin problema. Toma, toma.
2. • ¡Qué camiseta tan bonita!
   ▪ ¡Gracias! Era de Lautaro, pero como a él le queda pequeña, me la ha **dejado / dado**.
3. • ¡Oh, no! ¡He olvidado la cartera! ¿Puedes **dejarme / darme** un poco de dinero para un café?
   ▪ Sí, claro, sin problema. ¡Te invito yo al café!
4. • ¡Vaya! Quería llamar a mi hija, pero he venido sin el móvil.
   ▪ Toma, te **dejo / doy** el mío.
5. • Camila, ¡qué bolso más bonito tienes! ¿Es nuevo?
   ▪ No, no, es de Sofía. Me lo ha **prestado / dado** para venir a la fiesta.

### ¡Fíjate!
Los verbos *dejar* y *prestar* son sinónimos.

**9a** ¿Cómo pides los favores en las siguientes situaciones? Escríbelo y después grábate con tu móvil.

1. Tu coche está en el taller y mañana tienes que recoger a tus padres en la estación.
   _____
2. Necesitas un pañuelo de papel y no tienes.
   _____
3. Una lámpara de tu casa no funciona y tu vecino es electricista.
   _____
4. Estás comiendo con amigos y tu comida está un poco sosa. El salero está en la mesa, un poco lejos de ti.
   _____
5. Estás en clase de español y has olvidado el libro.
   _____

**9b** Escucha tus peticiones y comprueba estos aspectos.
- ¿Has hecho una pausa después de las palabras que sirven para llamar la atención del oyente?
- ¿Has usado un tono suave?

### Recuerda
Cuando **hacemos una petición**,…
- empezamos con *oye / perdona / mira*… y hacemos una pausa después de estas palabras.
- la introducimos con *¿puedes / podrías / te importa / me das / me dejas / me ayudas*…?
- explicamos por qué la hacemos con *es que*…
- no siempre decimos *por favor*, pero utilizamos un tono suave.

**10** ¿Cómo reaccionan las personas a los favores que les piden?

1. • Hola, perdona, es que quería hacer una tarta pero no tengo levadura, y como es domingo… ¿Tienes tú un poco?
   ▪ _____ (No tiene)
2. • Hola, Martina, ¿puedes quedarte mañana un rato con mi perro? Es que tengo que ir al supermercado y con este calor no puedo dejarlo en el coche.
   ▪ _____ (Sí puede)
3. • Oye, Masi, la próxima semana me voy de vacaciones. ¿Te importa regarme las plantas?
   ▪ _____ (No le importa)
4. • Lucas, hijo, baja la basura.
   ▪ _____ (No tiene muchas ganas, pero dice que sí)
5. • Oye, Benito, ¿puedes dejarme un poco de aceite? Pensé que tenía más, pero no.
   ▪ _____ (Sí puede)
   • Muchas gracias, mañana te traigo otra botella.

ciento treinta y tres

# 18 CULTURAS

**11a** Lee este escrito de una comunidad de vecinos y contesta a las preguntas.

### Comunidad de vecinos
# El Nogal

Estimados vecinos:

Últimamente había en el patio muchas colillas de cigarrillos. Esto tiene lamentables consecuencias higiénicas, ya que en el patio juegan los niños, y ambientales, pues con la lluvia las sustancias tóxicas de las colillas se filtran al subsuelo. Además, resulta poco agradable estéticamente.

Por estos motivos y para solucionar la situación, se ha colocado en el patio un cenicero de exteriores en el que depositar las colillas. Por favor, utilícenlo. El servicio de limpieza lo vaciará una vez a la semana.

Muchas gracias por su colaboración.

Muy atentamente,

La comunidad de vecinos.

1. ¿Cuál es el problema? _____
2. ¿Qué consecuencias tiene? _____
3. ¿Qué solución se ha llevado a cabo? _____
4. ¿Qué se pide a los vecinos? _____

**11b** Lee la siguiente situación y escribe en tu cuaderno una carta a los vecinos de parte de la comunidad para informarlos.

> Algunos vecinos escuchan música muy alta durante el día los fines de semana o por la noche; los otros vecinos no pueden escuchar su propia música o dormir; todos los vecinos deben escuchar la música con un volumen que no moleste a los demás.

## C ¿ERES UNA PERSONA EDUCADA?

**12** Relaciona el principio de cada frase con el final correspondiente.

1. Me gusta ser siempre puntual…
2. Hay ciertos lugares, como los hospitales,…
3. Juan Antonio es muy simpático, pero…
4. Ainhoa tiene un gran sentido de la discreción y…
5. En la puerta de embarque tuvimos que esperar…
6. Ignacio tiene estudios…
7. Sara tiene mucho sentido del…
8. Mi madre no puede evitar reírse…

a. nuestro turno en la cola para subir al avión.
b. humor y siempre está contando chistes.
c. porque no me gusta hacer esperar a la gente.
d. universitarios; por eso ha conseguido el trabajo.
e. donde en teoría está prohibido levantar la voz.
f. no tiene tacto y dice las cosas sin pensarlas.
g. muy alto y la gente siempre la mira cuando lo hace.
h. por eso nunca pregunta por la vida de los demás.

# CULTURAS 18

**13a** Clasifica estos comportamientos en "buena educación" (BE) o "mala educación" (ME) según las costumbres de tu país.

|   | BE | ME |
|---|---|---|
| 1 No esperar con la puerta abierta de nuestro edificio cuando se acerca un vecino. | ☐ | ☐ |
| 2 Dejar nuestro asiento en el autobús a una mujer embarazada. | ☐ | ☐ |
| 3 Interrumpir constantemente cuando nos están contando algo. | ☐ | ☐ |
| 4 Corregir a otras personas cuando cometen un pequeño error. | ☐ | ☐ |
| 5 Mirar nuestro teléfono móvil cuando el profesor habla con nosotros. | ☐ | ☐ |
| 6 Sonreír cuando alguien nos está hablando. | ☐ | ☐ |
| 7 Dar siempre los buenos días cuando llegamos a un lugar. | ☐ | ☐ |
| 8 No esperar a los demás cuando vamos a comer. | ☐ | ☐ |
| 9 Ayudar a una persona mayor con las bolsas de la compra. | ☐ | ☐ |
| 10 Estornudar y cubrirnos la boca. | ☐ | ☐ |
| 11 Quitarse los zapatos en un lugar público. | ☐ | ☐ |
| 12 Dar siempre las gracias y pedir las cosas por favor. | ☐ | ☐ |

**13b** Piensa ahora dos comportamientos más que son de "buena educación" y dos de "mala educación" en tu país.

**14** 🔊 129 Escucha las recomendaciones de una *youtuber* sobre cómo tener buenos modales y contesta a las preguntas.

1 Si llego tarde a una reunión con un amigo, puedo escribirle…
   a cinco minutos antes.
   b diez minutos antes.
   c una hora antes.
2 Según esta *youtuber*, ¿qué puedo llevar cuando me invitan a cenar a casa de otra persona?
   a Flores.
   b Libros.
   c El postre.
3 Cuando estoy hablando por teléfono, es importante…
   a levantar la voz.
   b decir a todo el mundo que estoy hablando por teléfono.
   c hablar con un nivel ni muy alto ni muy bajo.
4 Si me invitan a una fiesta,…
   a es de buena educación invitar a más gente.
   b no puedo llevar a más invitados.
   c es de mala educación ir solo.
5 ¿Qué dice sobre nosotros llegar tarde a una cita?
   a Refleja una imagen nada positiva sobre nosotros.
   b Refleja que somos personas con muchas responsabilidades.
   c Refleja que tenemos demasiados eventos sociales.
6 Si voy por la calle y mi acompañante se para a hablar con una persona que yo no conozco,…
   a me paro pero no saludo.
   b me paro y saludo a esta persona.
   c dejo que mi madre o mi amiga hable.
7 ¿Qué hago con mi teléfono móvil durante una cena?
   a Tengo que compartir mis mensajes con las otras personas.
   b Tengo que dejar el teléfono móvil en casa.
   c Puedo dejar el teléfono móvil en un lugar menos visible.

# 18 CULTURAS

**15a** Lee estos testimonios de turistas y decide qué país de la lista han visitado.

> España - Japón - Alemania - Estados Unidos - Escocia

**JEREMY:** "En _____ normalmente se quitan (1) **los** / Ø zapatos antes de entrar en (2) **la** / Ø casa. Si visitan a alguien, normalmente se ponen (3) **unos** / Ø calcetines para no pasar frío en (4) **los** / Ø pies. Además, en (5) **el** / Ø tren, es bastante habitual quitarse (6) **los** / Ø zapatos también".

**SUSANA:** "Casi todos los estudiantes en _____ viven en (1) **el** / Ø campus de (2) **la** / Ø universidad y a veces van a (3) **una** / Ø clase en (4) **el** / Ø pijama. Hacen muchos (5) **los** / Ø deportes y también participan en (6) **las** / Ø actividades extracurriculares, como (7) **la** / Ø orquesta, (8) **el** / Ø club de debate, (9) **el** / Ø voluntariado, etc. Muchos viven lejos de (10) **la** / Ø familia y no los pueden visitar con mucha frecuencia".

**KEVIN:** "En _____ (1) **la** / Ø gente come y cena mucho más tarde que en otros (2) **los** / Ø países. ¡Fuimos a (3) **un** / Ø restaurante a (4) **las** / Ø ocho y estaba cerrado! Todos se van a (5) **la** / Ø cama más tarde, ¡incluso (6) **los** / Ø niños! Otra diferencia es que aquí casi todos tienen dos apellidos: (7) **el** / Ø apellido de su padre y (8) **el** / Ø de su madre".

**HEIKE:** "En _____ lo que más me sorprendió es que es de (1) **una** / Ø buena educación hacer ruido cuando comes. Eso significa que (2) **la** / Ø comida está buena. Por (3) **el** / Ø contrario, es de (4) **una** / Ø mala educación comer en (5) **la** / Ø calle. Otra curiosidad es que cuentan con (6) **los** / Ø dedos de (7) **las** / Ø manos de manera diferente".

**HARUKA:** "¡En _____ (1) **los** / Ø hombres llevan (2) **una** / Ø falda! Es parte de (3) **la** / Ø cultura e historia, pero no es habitual para mí. (4) **Una** / Ø cosa que no me gustó fue que muchas veces (5) **los** / Ø baños están separados en dos habitaciones. (6) **La** / Ø mayoría de las tiendas cierran muy pronto, a las seis o seis y media. ¡Ah! Y llueve muchísimo".

**15b** Lee otra vez los testimonios y marca si es necesario o no el artículo.

**16** Sustituye las partes en negrita por *el mío, los tuyos, la nuestra*, etc.

1. En este barrio hay muchos servicios públicos, pero en **nuestro barrio** casi no hay. _____
2. Mi restaurante favorito es Verduras Verdaderas, ¿cuál es **tu restaurante favorito**? _____
3. Hace años la gente tenía buena relación con sus vecinos, pero yo a **mis vecinos** ni los conozco. _____
4. No me gusta cuando mi familia me pregunta por mi vida privada, ¡yo no les pregunto por **su vida privada**! _____
5. Tenemos que estar abiertos a otras formas de ver el mundo, **nuestra forma de ver el mundo** no es siempre la correcta. _____
6. ¿Te pones a mirar las notificaciones de tu teléfono móvil si un amigo mira **sus notificaciones**? _____
7. Mi amiga Irene no está muy contenta en su trabajo, pero yo en **mi trabajo** soy muy feliz. _____
8. ¿Esos libros de español son **tus libros de español** o son **mis libros de español**? _____ / _____

# CULTURAS 18

## EN ACCIÓN

**17** 🔊 130-135 📄 **DELE** Vas a escuchar seis conversaciones y tienes que contestar a las siguientes preguntas.

**1** ¿Qué quiere cocinar la mujer?

  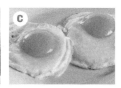

**2** ¿Qué no hay cerca de la casa?

**3** ¿Qué le duele al hombre?

  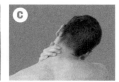

**4** ¿Qué objeto no van a comprar?

**5** ¿Qué necesita el hombre?

**6** ¿Adónde fue la mujer?

### ESTRATEGIAS PARA EL EXAMEN

Este ejercicio corresponde a la Tarea 1 de la Prueba 2 del DELE A2. Escuchas seis conversaciones cortas e informales y tienes que contestar a seis preguntas con tres opciones cada una. Las opciones son fotos o imágenes. Escuchas cada conversación dos veces.
- Lee la pregunta y piensa cómo se llaman los objetos o lugares que ves en las imágenes. No te preocupes si no conoces alguna palabra, puedes eliminar por el contexto.
- En la primera audición, intenta comprender la conversación en general.
- En la segunda audición, localiza el momento en que se dice la respuesta.
- Pon atención porque es posible que en la conversación se hable de elementos de diferentes imágenes, pero solo hay una respuesta correcta.

## Y PARA ACABAR...

Lo que más te gusta de tu barrio o pueblo:

Un problema que has tenido con tus vecinos:

Un comportamiento que no te gusta:

Información interesante de esta unidad:

ciento treinta y siete

# TRANSCRIPCIONES

## UNIDAD 1

### Pista 1
— Hola, me llamo Carlos, ¿y tú?
— Hola, Carlos. Yo soy Catarina, ¿cómo estás?
— Bien, bien. ¿De dónde eres, Catarina?
— Soy de Oviedo.
— ¡Ah! ¿Eres española?
— Sí. ¿Y tú?, ¿de dónde eres?
— Soy de la Ciudad de México.
— ¡Encantada!
— ¡Mucho gusto!

### Pista 2
— ¡El trece! ¡El cero! ¡El treinta! ¡El ocho! ¡El veintiséis! ¡El cinco! ¡El diez! ¡El veinticinco! ¡El dieciocho! ¡El nueve! ¡El diecisiete! ¡El veintinueve! ¡El cuatro!
— ¡Bingo!

## UNIDAD 2

### Pista 3
**Sofía (S):** Hola, ¿qué tal? ¿Tú cómo te llamas?
**Lucia (L):** Yo soy Lucia. ¿Y tú?
**S:** Soy Sofía, una amiga de Anabel. Lucia, pero tú no eres española, ¿no?
**L:** No, no… ¡soy italiana!
**S:** Ah, pero hablas muy bien español.
**L:** Bueno, es que el español es bastante fácil para los italianos. En cambio, ahora estoy aprendiendo danés, y es muy difícil. Solo puedo hablar un poco.
**S:** Claro, danés… ¡Uff, qué locura! Mi amigo Matthias también aprende danés y lo habla bastante bien, pero claro, él es alemán.
**L:** Ah, claro, para él es más fácil.
**S:** Jo, pues yo soy muy mala para los idiomas. Como muchos españoles, solo hablo un poco de inglés.
**L:** ¡Aprende italiano, que es más fácil!
**S:** ¡Sí! *(Risas)*

### Pista 4
¡Bienvenido a nuestra ciudad! ¡Santiago de Chile tiene de todo! En Santiago hay novecientos ochenta y cinco hoteles, ciento dieciocho estaciones de metro, veinticuatro cines, mil doscientos bancos, ocho mil quinientos restaurantes y bares… ¡Ah!, y mucha gente que conocer, ya que en Santiago de Chile viven cinco millones de personas.

### Pista 5
1 Hola, me llamo Luis y soy de México. Tengo que estudiar inglés por mi trabajo. Mi empresa tiene contacto con muchas empresas de Canadá.
2 ¿Qué tal? Soy Roberto, de Cuba. ¿Por qué estudio alemán? *(Risas)* Pues por amor. ¡Mi novia es de Alemania!
3 Yo soy Letizia, de Italia, y estudio español por la literatura sudamericana del realismo mágico. Laura Esquivel, García Márquez… ¡Me encantan!
4 Hola, me llamo María Inés y soy de Argentina. Yo estudio japonés por mis viajes. Me gusta mucho viajar a Japón, y a Asia en general.
5 ¡Hola! Soy Nadine, de Francia, y estudio español ¡porque me encantan la música y los bailes caribeños! Salsa, merengue, bachata… ¡todos!

### Pista 6
1 ¿Raquel vive en Sevilla?
2 Lorena tiene cuarenta años.
3 Juan Carlos habla dos lenguas.
4 ¿Yordanis trabaja en un hotel?
5 ¿María Eugenia es de Venezuela?

## UNIDAD 3

### Pista 7
1 La mayor es Patricia, es un poco tímida y muy responsable. Vive con su novio Óscar en Salamanca.

### Pista 8
2 Rebeca también vive en Salamanca y es profesora de matemáticas. ¡Es muy inteligente!

### Pista 9
3 Daniel es el chico rubio de la foto, tiene catorce años y es muy cariñoso con sus dos hermanas.

### Pista 10
4 El chico bajito de la derecha es Manuel. Él es vendedor de coches. Es un poco irresponsable, ¡pero muy divertido!

### Pista 11
5 Mi prima favorita es Carlota, tiene solo seis años y es una niña muy alegre. Tiene un pelo moreno y rizado precioso.

### Pista 12
6 Miguel Ángel es el chico con barba y bigote. Es muy delgado, ¿verdad? Trabaja de enfermero en Valencia.

### Pista 13
7 Rocío estudia Historia en la universidad y también se dedica a la música. Toca muy bien la guitarra.

### Pista 14
8 Esta chica tan guapa es Desiré. Ella y su mamá son de Venezuela.

### Pista 15
— Oye, ¿sabes qué? Ayer vi la película *Truman*.
— Ah, qué bien. ¿Y qué tal está?
— Pues es muy bonita… aunque un poco triste, ¿eh? Pero los dos actores, Ricardo Darín y Javier Cámara, son fantásticos.
— ¡Uy, pues tengo que ver entonces esa "peli"! Ricardo Darín, ¿quién es? Es el actor mayor que…
— ¡No, mujer! Ricardo Darín no es taaan mayor. Bueno, aunque ahora tiene el pelo gris o un poco blanco… Pero es este actor argentino de todas las películas argentinas, ¿sabes? Ese que tiene unos ojos claros muy bonitos… ¡El de *El hijo de la novia*!
— ¡Ay, sí! *El hijo de la novia* es una de mis películas favoritas! ¡Y Ricardo Darín es muy bueno! Y parece un hombre tan amable y agradable… ¡Me encanta! ¿Y cómo se llama el otro actor de la película?
— ¿Héctor Alterio?
— No, Héctor Alterio es el mayor, ¿no? Es fantástico también, con su barba blanca y su pelo blanco… Bueno, aunque ya no tiene mucho pelo, ¿no? Pero no… Yo digo el actor que en la película es el amigo de Ricardo Darín y creo que tiene el pelo castaño, un poco rizado…, no sé si lleva bigote, ¿sabes?
— Ah… ese creo que se llama… Eduardo Blanco.
— Pues ese parece muy simpático también… Oye, y Javier Cámara, el de *Truman*… ¿ese quién es?
— Pues es este actor bajito, que tiene poco pelo… ¡bueno, no tiene pelo! Creo que lleva un poco de barba. ¿Sabes quién es? Trabajó en *Hable con ella*, de Almodóvar…
— ¡Ah, sí, ya sé quién es! Ay, está claro que no soy muy buena para los nombres…
— ¡No, la verdad es que no! *(Risas)*

## UNIDAD 4

### Pista 16
1 ¡Hola a todos! Soy Susana y soy de Buenos Aires, pero vivo en Madrid. Me gustan mucho los idiomas, ¡ahora estudio chino! Y me encantan los animales, tengo dos gatos y un perro. ¿Qué más? Bueno… me gusta mucho la comida asiática, ¡me encanta el arroz!

### Pista 17
2 ¡Muy buenas! Yo soy Jaime. ¿Qué tal? Soy estudiante de Bellas Artes. Me gusta mucho pintar, ¡claro! Y escuchar música, siempre escucho música en mi celular.

### Pista 18
3 ¡Hola! Yo soy Luismi. Soy estudiante de Diseño y Fotografía. ¡Me encanta hacer fotos, siempre llevo mi cámara! También me gustan bastante los videojuegos y las películas de ciencia ficción como *Star Wars*, ¡es mi favorita!

### Pista 19
4 ¿Qué tal? Soy Bárbara. Soy profesora de música y me encanta el *jazz*, pero también me gusta el pop o la música de cantautores como Jorge Drexler. Además, me gusta

# TRANSCRIPCIONES

bailar, sobre todo bailes clásicos. Y… no sé… ¡Bueno, sí! En mi tiempo libre también cocino: me gusta mucho cocinar con mi pareja.

### Pista 20
¡Hola! Yo soy Raquel, ¿qué tal? A mí me encanta leer: leo horas y horas… ¡Y me gusta mucho leer en la playa! Pero también me gusta bastante viajar y visitar países diferentes.

### Pista 21
**Diálogo 1**
— Bueno, Daniela, cuéntame, ¿qué planes tienes para el fin de semana?
— ¡Uy! Pues esta semana he trabajado muchísimo, así que el fin de semana quiero pasar tiempo con mis hijas.

### Pista 22
**Diálogo 2**
— Oye, Álex, ¿montamos en bici este fin de semana?
— Hmm… a mí no me gusta mucho montar en bici. Prefiero hacer algo tranquilo como ir a un museo…

### Pista 23
**Diálogo 3**
— El sábado quiero ir de excursión a la montaña. ¿Tú quieres ir?
— ¡Sí, buena idea! Y podemos llamar también a Sonia.

### Pista 24
**Diálogo 4**
— ¡Qué bien, por fin es fin de semana! Quiero leer, descansar en casa, no hacer nada…
— ¿De verdad? ¡Pues yo quiero salir con mis amigos y bailar!

### Pista 25
**Diálogo 5**
— Che, David, ¿querés ir de compras este fin de semana? Yo tengo que comprar algunas cosas.
— ¡Vale! Yo quiero comprar unos libros y unas gafas.

## UNIDAD 5

### Pista 26
1 La ciudad está en la montaña.
2 Tiene arquitectura colonial.
3 Hay árboles en las calles.
4 Hay muchos edificios altos.
5 Vemos barcos de pescadores.
6 Hay vistas al mar.

### Pista 27
1 Rosario es una ciudad en Argentina.

### Pista 28
2 La arquitectura de los incas es impresionante.

### Pista 29
3 Los mercados al aire libre de la zona antigua parecen interesantes.

### Pista 30
4 En Madrid hay muchos museos de arte.

### Pista 31
Normalmente paso mis vacaciones de verano en Quintanar de la Morena, en casa de mis abuelos. Es un pueblo precioso. ¡Me encanta! Es pequeño, solo viven unas ochocientas personas, pero me gusta mucho porque hay muy pocos turistas, solo hay un pequeño hotel. Cerca del hotel hay una iglesia antigua, ¡es pequeña, pero muy bonita! Además, en la plaza de la iglesia hay dos restaurantes donde puedes probar la gastronomía local. Son restaurantes tradicionales que tienen buenos precios. También hay cuatro tiendas donde puedes comprar cosas básicas. Están cerca de la plaza. Pero bueno, ¡allí todo está cerca! Además, el pueblo tiene un río donde nadar y, si te interesa la naturaleza, puedes hacer excursiones en bicicleta. Lo que más me gusta a mí es que todo es muy tranquilo y puedo descansar del estrés de la ciudad. Lo que menos me gusta es que la conexión a internet no es muy buena y no puedo hacer una videoconferencia con mis amigos.

## UNIDAD 6

### Pista 32
Hola, me llamo Lara y trabajo como pediatra en un hospital. Normalmente trabajo por la tarde. En un día normal me levanto a las ocho, desayuno y voy a hacer la compra. Luego voy al gimnasio, me ducho y vuelvo a casa. En casa, no sé… hago cosas con el ordenador, ordeno un poco… Luego cocino y como. A la una y media tengo que salir de casa porque empiezo a trabajar a las dos. A las diez termino de trabajar y quedo con mis amigos. Normalmente tomamos algo en un bar, cenamos… A las once o así vuelvo a casa y leo: me encanta leer. Después, más o menos a las doce y media, me acuesto.

### Pista 33
Hola, yo soy Néstor y trabajo como arquitecto en un estudio de arquitectura. Normalmente me levanto a las siete, me ducho y desayuno con mi familia. Llevo a los niños a la escuela y a las nueve empiezo a trabajar. A las dos termino de trabajar y como en casa con mi mujer. Luego descanso un poco y por la tarde voy al estudio otra vez. Termino de trabajar a las siete y voy a hacer la compra. En casa preparo la cena y más o menos a las nueve cenamos todos juntos. Luego ordenamos un poco la casa, vemos la tele, pasamos tiempo en familia… Los niños tienen que acostarse a las diez. Después, mi mujer y yo tenemos un poco de tranquilidad y leemos o vemos una película. Nos acostamos normalmente a las doce.

### Pista 34
Creo que soy bastante deportista. Me gusta practicar muchos deportes. Siempre voy en bicicleta al trabajo y hago yoga los lunes y los jueves. A veces mi amiga Alicia hace yoga conmigo. También nado a menudo, me gusta ir por las mañanas el sábado o el domingo. Además, normalmente tengo una rutina bastante estricta: me acuesto a las once y me levanto a las siete, para dormir ocho horas, y desayuno fuerte, para tener energía. Pero mi deporte favorito es el esquí, pero casi nunca puedo practicarlo. Mis amigos y yo siempre vamos en enero a esquiar, ¡me encanta!

## UNIDAD 7

### Pista 35
1 ¿Vas a ir hoy a casa de Lucas y Ana?

### Pista 36
2 Si estáis aburridos, podéis hacer una excursión.

### Pista 37
3 Olalla y Suso van a ir al teatro y yo voy a escuchar un concierto.

### Pista 38
4 Quiero hablar con Antonia sobre el plan del domingo.

### Pista 39
1 ¡Atención, por favor! El tren con destino a Córdoba y salida a las cinco y media sale hoy del andén número tres.

### Pista 40
2 ¡Hola! Yo voy a tomar una ración de bacalao con tomate y una ensalada mixta. ¡Ah! Y un agua también, por favor.

### Pista 41
3 Señoras y señores, por favor, apaguen sus móviles, nuestro espectáculo de música y danza va a comenzar. Esperamos que lo disfruten.

### Pista 42
4 Si se siente cansado, puede usted tomar estas vitaminas, pero también le recomiendo dormir más horas y tomar fruta.

### Pista 43
5 Buenas tardes. Quería una entrada para mayores de 65 años para la película *Superlópez*, en la sesión de las ocho.

# TRANSCRIPCIONES

## UNIDAD 8

### Pista 44

A  Hola, ¿qué tal? Soy Marcos. A mí me gusta el calor, me gusta ir a la playa… ¡me encantan las vacaciones! Mi novio y yo siempre vamos unos días a la costa, nadamos en el mar, comemos en la playa…, llevamos, por ejemplo, un bocadillo de tortilla, y pasamos todo el día al sol… ¡Es lo mejor!
B  ¿Qué tal? Yo soy Inés. Para mí, lo más bonito es ver el cambio de colores por todas partes: amarillo, naranja, marrón… Además, no hace tanto calor y puedo pasear con mi perro tranquilamente. Él juega con las hojas caídas de los árboles y los dos disfrutamos mucho de nuestros paseos.
C  Yo soy Eva y mi deporte favorito es esquiar, por eso espero cada año la nieve. El frío no me molesta, ¡con mi ropa estoy calentita! No me gusta que los días son más cortos, pero la ciudad también está blanca y todo parece más bonito.

### Pista 45

Y ahora pasamos a ver qué tiempo hace en las principales capitales de América del Sur. Empezando por el norte, en Caracas hay tormenta. En Bogotá está nublado y llueve. Algo más al sur, en Lima no llueve, pero también está nublado, y hace una temperatura de unos dieciocho grados. En La Paz hoy hay tormenta. En Brasilia, en cambio, hace sol y treinta grados. Y en Montevideo y Buenos Aires también hace sol, y una temperatura de veinte grados. En Santiago de Chile el tiempo es un poco peor, está nublado.

## UNIDAD 9

### Pista 46

**1** A mí me gusta mucho […]. Es verdad que ahí es donde trabajo, pero es un espacio muy agradable. Además, tengo una estantería con mis objetos más personales. Ahí guardo, por ejemplo, cuadernos de mi infancia, cartas de mis compañeros o fotos de los amigos de la universidad.

### Pista 47

**2** A mí me gusta […] porque mi hermano Felipe y yo jugamos a los barcos. Nos bañamos todas las noches y en la bañera tenemos juguetes y barcos. Y eso me gusta mucho.

### Pista 48

**3** Pues a mí me gusta […] porque allí también tenemos muchos juguetes y muchas veces también están mamá y papá y juegan con nosotros. Y a veces también vemos una película todos juntos en el sofá. También con mi hermana, Anabel. Pero normalmente Anabel está con sus amigas.

### Pista 49

**4** Mis hermanos son muy simpáticos, pero a veces… uff, es demasiado. Entonces me voy a […]. Es mi lugar favorito de la casa. Ahí tengo tranquilidad. Puedo leer, escuchar música en la cama… Y muchas veces viene alguna amiga y hablamos, miramos vídeos en internet… ¡Es mi oasis!

### Pista 50

**5** Mi parte favorita de la casa es, por supuesto, […]. Me encantan los olores y sabores que hay allí. Y es que a mí me gusta cocinar para toda la familia. Además, a mi hija Anabel también le gusta, así que a veces sale de su habitación y cocinamos los dos juntos. Son momentos muy bonitos.

### Pista 51

— Entonces, ¿qué sofá compramos para el salón? A mí me gusta el modelo Coqueto.
— No está mal, pero es un poco pequeño. Yo creo que prefiero el Comodi. Es más caro, pero parece más cómodo que el Coqueto, ¿no?
— Sí, quizás… Oye, ¿y el Esquina? Es muy original, ¿no?
— Sí, muy original, ¡pero es incluso más pequeño que el Coqueto!
— ¿Y el Scandi? ¡Es muy barato! ¡Y además es sofá-cama!
— ¡Jajaja! ¡Pero seguro que es superincómodo! ¡Yo creo que dormir en ese sofá es menos cómodo que dormir en el suelo!
— ¡Pero qué exagerado eres! ¿Y qué te parece el Modular? Tiene más posibilidades que los otros porque tiene diferentes módulos.
— No sé… Yo creo que el Comodi es perfecto, y cuesta menos dinero que el Modular…
— ¡Mira el Lelux! ¡Es genial!
— ¡Pero si es enorme! ¡Es más grande que nuestro salón!
— ¿Entonces compramos el Coqueto?
— Hmm… Mira, en el Comodi pueden sentarse más personas que en el Coqueto. ¡Yo creo que es mejor que los otros!
— Bueno, venga… Compramos el Comodi.

### Pista 52

**1** Mi piso tiene dos baños, cuatro habitaciones, salón-comedor, terraza, amplia cocina…
**2** Vivo en una urbanización que tiene zonas comunes amplias, plazas de garaje, piscina, buena comunicación…
**3** Busco apartamento con tres habitaciones, grandes ventanas, salón-comedor, exterior y con terraza.
**4** Mis padres viven en una casa muy grande con buhardilla, tres habitaciones, cocina, comedor, salón y un aseo.
**5** Quiero alquilar un piso pequeño con salón, aseo, cocina, dormitorio amueblado y bien comunicado.
**6** Se vende estudio en el centro de Madrid con dos habitaciones, buenas vistas y por un precio muy económico.

### Pista 53

**1**
— ¿Qué piensas? ¿Cuáles nos llevamos?
— Pues yo creo que los pequeños son más prácticos, ¿no?
**2**
— Bueno, ¿qué te parecen entonces?
— Pues yo creo que necesitamos la grande, porque con los niños siempre hay mucho que lavar.
**3**
— Le podemos regalar la roja, ¿no?
— No sé… ¡la roja es un poco cara!
**4**
— ¿Te gusta aquel? Parece muy cómodo.
— ¿El verde? Sí, y también es muy bonito. ¡Vamos a probarlo!
**5**
— ¡Tenemos que decidir! ¿Compramos la gris o la blanca?
— La más barata.
— ¡Ah! Entonces la blanca. ¡Listo!

## UNIDAD 10

### Pista 54

Comienzo mi aventura por la zona más famosa de Colombia: el Eje Cafetero.
Llego del aeropuerto a mi primer destino: Calarcá. En Calarcá visito el mercado, donde veo muchos productos frescos de la zona, especialmente frutas y verduras. En Colombia llaman a los mercados "galerías". Después del mercado tengo hambre, así que voy hasta un restaurante para comer una bandeja paisa, un plato típico con muchas cosas: carne, huevo, arroz, frijoles, aguacate… ¡Es delicioso!
En el Eje Cafetero hay paisajes impresionantes y se pueden hacer muchas actividades diferentes, pero yo estoy aquí por el café. Mi hotel, por ejemplo, es una antigua finca de café: poder dormir aquí es una de las cosas más especiales del Eje Cafetero.
El segundo día voy a ver una plantación de café. Voy en un *Willy*: los *Willys* son carros de los años cincuenta. En otros lugares del mundo son carros de colección, pero en el Eje Cafetero son muy importantes para ir a las fincas, a la escuela…
En Pijao visito el café La Floresta y aprendo a hacer un café suave, no concentrado, para poder apreciar los sabores maravillosos. En el carro, vamos por unos paisajes de montaña impresionantes y por fin llego a la Hacienda San Alberto. Allí aprendo sobre la producción de café: primero es una flor, luego una fruta y, después, un grano de café. ¡Después de unos días aquí he aprendido

muchas cosas sobre el café y la gente del Eje Cafetero!

## UNIDAD 11
### Pista 55
Hay objetos que tienen un pasado y cobran interés en aquellos que desean coleccionarlos. Desde motocicletas del siglo XX, una réplica de un soldado de terracota, o una barca de dos metros, son algunas de las antigüedades que integran la colección de Gabriel del Campo, un argentino que adquiere objetos que le emocionan para después venderlos en el anticuario en el que reside.
(…)
En uno de sus depósitos, llegó a acumular diecisiete mil piezas en 2010, hasta que en un momento decidió dejar de contabilizar lo que adquiría.
"Me convertí en esto que…: tengo una moto porque me gusta, tengo autos porque me gustan, tengo lanchas viejas, tengo muebles, tengo estatuas rotas cualquier cosa que me conecte y que me provoque una emoción, la cargamos".
Entre los objetos que llenan sus locales, se encuentran una chaqueta de cuero del cantante de rock estadounidense Buddy Holly, coches que recorrieron las calles con el expresidente argentino Juan Domingo Perón al volante y maletas de Louis Vuitton, que una familia aristocrática argentina utilizó para viajar en barco para pasar seis meses en París y Londres.
(…)
Un lugar que invita a perderse entre objetos que fueron testigos del pasado de Argentina y que ahora tienen una segunda oportunidad.

### Pista 56
a/bue/lo - pa/ís - te/a/tro - vein/te - Ma/rí/a - Lau/ra - rí/o - pia/no - no/via - po/e/ma - san/da/lia - pue/blo - pa/e/lla - a/cei/te - ma/es/tro

### Pista 57
abuelo - veinte - Laura - piano - novia - sandalia - pueblo - aceite

### Pista 58
**Peter (P):** Cristina, estos son mis compañeros de español, ¡nuestra clase es muy divertida!
**Cristina (C):** ¡Qué foto más bonita!
**P:** ¡Gracias! Mira, delante de mí está Lidia, ella es la más trabajadora de la clase. A la derecha de Lidia se sienta Jean-Claude, él es francés y viene todos los veranos a mi escuela para aprender español, ¡le encanta!
**C:** ¿Viene todos los veranos a la misma ciudad?
**P:** Sí, es que su hija vive aquí y así también la visita.
**C:** ¿Quién es la chica que está detrás de Jean-Claude?
**P:** Esa es Ariadna; ella y su hermana Despi son de Grecia. Y entre las dos chicas está Daniel, él es profesor de matemáticas, ¡como yo!
**C:** ¡Vaya! ¡Qué casualidad!
**P:** Delante de Daniel está Henry, en la foto parece un chico serio, pero él y Markus, que está a la izquierda de Despi, siempre están haciendo bromas.
**C:** ¿Y cómo se llama el chico que está al lado de Henry?
**P:** Ese es Dimitri, de Ucrania. Trabaja aquí para una empresa de su país.

### Pista 59
**Fernando (F):** Bueno, Ana, tú llevas ya… creo que seis años aquí, ¿no?
**Ana (A):** Pues sí, seis años y medio… pero estoy contenta, me gusta vivir aquí.
**F:** ¿Ah, sí? ¿Y por qué, qué te gusta?
**A:** No sé… Me gusta la gente, por ejemplo. Hay de todo, claro, pero, en general, me parece muy amable. Aquí se dice "por favor" y "gracias" y eso en España no se hace mucho y creo que es una pena.
**F:** Ah, claro, yo no noto diferencia, porque en México sí decimos normalmente "por favor" y "gracias".
**A:** Ya, sois más educaditos… También me parece que aquí la gente es más seria, o sea, no quiero decir que no son simpáticos, sino… Por ejemplo, en España una persona te dice "Tenemos que quedar para tomar un café", pero luego nunca se queda. Parece que no hay interés de verdad. ¿Sabes lo que te digo?
**F:** Ajá…
**A:** En cambio aquí, sí. Si alguien te dice "Tenemos que quedar para un café", días más tarde se queda para tomar ese café.
**F:** Sí, eso es cierto. Pero mira, ¿no te parece que a veces es todo demasiado tranquilo? En los camiones, por ejemplo, ¡todo el mundo va en silencio! ¡Yo extraño el ruido de las calles de México!
**A:** ¡Jajaja! ¿De verdad?
**F:** Sí, jaja. En cambio, adoro la puntualidad. En México decimos "ahora" o "ahorita" y no se sabe cuándo va a ser, pero aquí se cumplen los horarios…
**A:** Ay, pero a veces la gente llega demasiado puntual a una invitación, ¡llega incluso antes de la hora!
**F:** ¡Ay, sí! ¡Eso no me gusta nada! ¡Jajaja!
**A:** Oye, algo que es superdiferente es la comida, ¿verdad? Yo echo de menos el pan blanco con las comidas. Es que en España siempre se acompaña la comida con pan y me encanta. ¿Y tú?, ¿echas de menos alguna comida?
**F:** Bueno… claro que extraño los tamales y los moles… y nuestras tortillas. Pero eso es normal, ¿no? Todo el mundo extraña un poco la comida de su país.
**A:** Sí, supongo que sí.

## UNIDAD 12
### Pista 60
**Rodrigo (R):** ¿Qué tal, Cristian? ¿Has encontrado algo?
**Cristian (C):** Sí, me gusta este jersey blanco de aquí, tengo que preguntar si hay mi talla.
**R:** ¡Ah! ¡Sí, qué bonito! Pero ese verde me gusta más. Y quieres unos vaqueros, ¿no? ¿Has visto aquellos?
**C:** Sí, aquel vaquero negro está bien. Me lo voy a probar. También he mirado estas gorras grises, ¿te gustan?
**R:** No están mal, pero son mejores aquellas negras de allí.
**C:** Bah, creo que no voy a comprar una gorra hoy. ¿Y tú? ¿Te interesa algo?
**R:** Pues, necesito una camisa para la boda de mi hermana, y he mirado estas que están aquí. ¿Qué te parece esta?
**C:** ¡Esa está muy bien! ¡Qué color más bonito! ¿Y cuánto cuesta?
**R:** Ese es el problema: es un poco cara… ¡Pero mi hermana solo se va a casar una vez!

### Pista 61
1 En Centroamérica.

### Pista 62
2 Sí, tengo dos.

### Pista 63
3 Sí, en el centro.

### Pista 64
4 No, se llama Claudia.

### Pista 65
5 Tengo tres. Yo soy el más pequeño.

### Pista 66
6 Se llama María.

### Pista 67
**Lidia (L):** ¡Hola, Raúl! ¡Qué casualidad! ¿Qué tal, cómo estás?
**Raúl (R):** ¡Hola, Lidia! Pues muy bien, por aquí, comprando algunas cosas para irnos de viaje.
**L:** ¿De viaje? ¿De verdad? ¿Y adónde vais?
**R:** Pues nada, resulta que Víctor y yo hemos cogido tres semanas de vacaciones y hemos alquilado una autocaravana para irnos de viaje con los niños. Queremos ir al norte de España, a los Pirineos y por ahí.
**L:** ¡Genial! ¡Qué buena idea! Y vais a hacer senderismo, me imagino.
**R:** Sí, ya sabes que nos encanta. También llevamos las bicicletas para hacer alguna ruta.
**L:** Pues el año pasado Paula y Fran también alquilaron una autocaravana, pero ellos fueron a Portugal, a la costa.

# TRANSCRIPCIONES

**R:** Sí, me lo contó Paula. Con los niños es genial lo de la autocaravana. Pero, dime, ¿qué vas a hacer tú? ¿Tienes vacaciones?
**L:** ¡Uy, no! Yo hasta finales de septiembre, nada. En verano es cuando tenemos más alumnos en la escuela, así que me toca trabajar.
**R:** Vaya... Oye, nosotros no nos vamos hasta el lunes. ¿Por qué no quedamos mañana para cenar? Podemos avisar también a Paula y Fran.
**L:** Ah, pues es una buena idea. ¿Cenamos en mi casa?
**R:** No, mujer, que es mucho trabajo.
**L:** ¡Qué va! A mí me encanta cocinar. Además, quiero probar una receta nueva. Y para los niños hacemos pasta.
**R:** Vale, pues vamos a tu casa, pero vamos sin los niños, así estamos más tranquilos. Ya llamo luego a Paula para organizarlo.
**L:** ¡Perfecto! Nos vemos entonces mañana sobre las nueve en mi casa.
**R:** Muy bien. Voy a acabar mis compras. ¡Hasta mañana entonces!
**L:** ¡Adiós, hasta luego!

### Pista 68
**1** [Sonido de ducha]

### Pista 69
**2** [Sonido de información meteorológica en la radio]

### Pista 70
**3** [Sonido de cocinar]

### Pista 71
**4** [Sonido de lavarse los dientes]

### Pista 72
**5** [Sonido de ver un partido de tenis]

### Pista 73
**6** [Sonido de abrir la puerta / entrar en casa]

### Pista 74
**7** [Sonido de escribir en el ordenador]

### Pista 75
**8** [Sonido de calentar comida en el microondas]

### Pista 76
**María (M):** Hola, Harry, ¿qué tal todo?
**Harry (H):** Muy bien, ¿y tú? ¿Qué haces aquí, en la biblioteca?
**M:** Pues he pedido información sobre un curso que ofrecen en agosto.
**H:** ¿Ah, sí? ¿De qué es el curso?
**M:** De arte.
**H:** ¡Qué interesante!
**M:** Sí, eso espero. Me gusta mucho el arte pero nunca he ido a una clase.
**H:** ¿Dónde son las clases?
**M:** En la facultad de Historia, pero vamos a hacer visitas a diferentes museos.
**H:** ¡Genial! Yo también voy a hacer un curso de verano, de español.
**M:** ¡Qué bien! ¡A ti te encanta hacer cursos de idiomas! ¿Cuándo es el curso?
**H:** Empieza el uno de julio. Tengo clases de español, pero también un taller de escritura creativa. Hay muchas actividades más.
**M:** ¡Estupendo! Y seguro que vas a conocer a muchas personas nuevas. ¿Y sabes cómo son las clases?
**H:** Ya he hecho un curso en esta escuela y las clases son muy divertidas. ¡Ay!, y también hay noches de tapas. ¡Tienes que venir!
**M:** ¿Noches de tapas! ¡Claro que voy! Por cierto, si quieres tomar unas tapas, te recomiendo el nuevo bar que está en mi calle, se llama La Flor. He ido varias veces y está muy bien.
**H:** ¡Ay! ¡Tapas! Ahora tengo hambre. ¿Vamos a tomar algo? ¿Tienes tiempo ahora?
**M:** ¡Vale! Pero antes necesito ir a la librería para comprar mi libro de arte.
**H:** ¿En la librería Universitas?
**M:** Sí, ¿vienes conmigo?
**H:** ¡Claro! Así yo miro la sección de música.
**M:** Perfecto, ¡vamos!

## UNIDAD 13

### Pista 77
**Ana (A):** Bueno, Letizia, entonces tú tienes tres lenguas maternas porque... tú naciste en Argentina, ¿no?
**Letizia (L):** Bueno, en realidad, yo nací en Sudán.
**A:** ¿De verdad? Pero no creciste allí, ¿no? ¿Cuánto tiempo estuviste en Sudán?
**L:** Muy poco. A los dos años toda mi familia se fue para Buenos Aires por el trabajo de mi papá. Yo crecí en la Argentina.
**A:** Ah, vale... ¿Y por qué hablas francés?
**L:** Bueno, porque en Buenos Aires fui a la escuela francesa y allá todo es en francés.
**A:** Ah, ya entiendo... Pero, ¿y el italiano? ¿Estudiaste luego en Italia?
**L:** No... En realidad, estudié en España y en Francia, pero hablo italiano ¡porque mis papás son italianos!
**A:** ¡Aaahh! Oye, ¡pero tú has vivido en muchos países!
**L:** Sí, bueno, por el trabajo de mi papá, pero no siempre fue fácil, la verdad...

### Pista 78
empezamos - hice - encontró - rápido - compro - estudió

### Pista 79
**1** Hola, Marga, y hola a todos. Gracias por tu invitación a venir hoy aquí.

### Pista 80
**2** Bueno..., tiene una explicación, sí. Es que yo crecí en España, pero mi familia es de Italia y de Alemania. De ahí viene el nombre.

### Pista 81
**3** Sí, así es. Estamos acostumbrados a leer u oír hablar de biografías de personas famosas, pero, en realidad, cada uno de nosotros tiene una historia diferente y una vida interesante que contar. Yo creo que cada uno de nosotros debería contar su historia para las generaciones futuras. Y lo que yo hago es escribir las biografías de esas personas que se deciden a hacerlo.

### Pista 82
**4** Pues es un proceso que dura varios meses. En la primera fase hay muchas horas de conversación. Yo entrevisto a la persona y ella me habla de su vida, sus recuerdos, sus anécdotas...

### Pista 83
**5** Sí, claro, indudablemente. En un primer encuentro es importante ver si nos entendemos y si es posible crear esa confianza. Si no hay química entre nosotros, no podemos trabajar juntos.

### Pista 84
**6** Sí. A partir de las conversaciones yo voy escribiendo el texto. Pero el cliente o la cliente tiene también mucho trabajo, porque tiene que leer lo que escribo, completar la información, corregirla...

### Pista 85
**7** Generalmente, no. Normalmente, las personas con las que trabajo lo que quieren es dejar su historia para sus nietos, por ejemplo, y lo que hacen es imprimir algunos ejemplares para familiares y amigos.

### Pista 86
**8** Sí, es verdad que muchos de mis clientes son empresarios o empresarias que quieren contar su vida o también la historia de la empresa, pero no solo... ¡Yo animo a todo el mundo a escribir su biografía! De hecho, también ofrezco talleres para ayudar a la gente que quiere hacerlo.

### Pista 87
**9** Sí, así es. De joven nunca me interesé por las historias de mis abuelos y luego mis abuelos murieron y se llevaron sus historias con ellos. Entonces me dio mucha pena no conocer sus recuerdos de infancia y de juventud, o su día a día durante la guerra, sus miedos, sus alegrías... Creo que tiene un valor incalculable conocer el pasado de tu familia. Además, es una gran experiencia personal escribir la propia biografía.

**Pista 88**

**Marga (M):** Buenas noches, queridos amigos. Bienvenidos a "Personas que dan que hablar". Esta noche está conmigo en el estudio un hombre que se dedica a algo muy especial: escribe biografías. Christian Duelli, bienvenido. Gracias por estar aquí con nosotros.
**Christian (C):** Hola, Marga, y hola a todos. Gracias por tu invitación a venir hoy aquí.
**M:** Antes de nada, Christian, tengo curiosidad por tu nombre: Christian Duelli. ¿De dónde viene ese nombre tan original?
**C:** Bueno…, tiene una explicación, sí. Es que yo crecí en España, pero mi familia es de Italia y de Alemania. De ahí viene el nombre.
**M:** Con esa procedencia tan especial, no me sorprende tu profesión. Christian, tú escribes biografías, ¿verdad? Pero no de famosos, sino de personas que no todos conocemos…
**C:** Sí, así es. Estamos acostumbrados a leer u oír hablar de biografías de personas famosas, pero, en realidad, cada uno de nosotros tiene una historia diferente y una vida interesante que contar. Yo creo que cada uno de nosotros debería contar su historia para las generaciones futuras. Y lo que yo hago es escribir las biografías de esas personas que se deciden a hacerlo.
**M:** ¿Y cómo funciona el proceso? ¿Cuáles son los pasos hasta tener la biografía?
**C:** Pues es un proceso que dura varios meses. En la primera fase hay muchas horas de conversación. Yo entrevisto a la persona y ella me habla de su vida, sus recuerdos, sus anécdotas…
**M:** Me imagino que esas personas, tus clientes, tienen que tener mucha confianza en ti.
**C:** Sí, claro, indudablemente. En un primer encuentro es importante ver si nos entendemos y si es posible crear esa confianza. Si no hay química entre nosotros, no podemos trabajar juntos.
**M:** Claro… Y después de las entrevistas, con el material que tienes, escribes el libro, ¿no?
**C:** Sí. A partir de las conversaciones yo voy escribiendo el texto. Pero el cliente o la clienta tiene también mucho trabajo, porque tiene que leer lo que escribo, completar la información, corregirla…
**M:** ¿Y luego ese libro se publica y se vende en las librerías?
**C:** Generalmente, no. Normalmente, las personas con las que trabajo lo que quieren es dejar su historia para sus nietos, por ejemplo, y lo que hacen es imprimir algunos ejemplares para familiares y amigos.
**M:** Pero, Christian, dinos, ¿qué tipo de personas son tus clientes? ¡Porque me imagino que no todo el mundo puede pagar a alguien como tú para escribir su biografía!
**C:** Sí, es verdad que muchos de mis clientes son empresarios o empresarias que quieren contar su vida o también la historia de la empresa, pero no solo… ¡Yo animo a todo el mundo a escribir su biografía! De hecho, también ofrezco talleres para ayudar a la gente que quiere hacerlo.
**M:** Es decir, que das a la gente las herramientas para escribir… Oye, ¿y cómo empezaste tú a hacer este trabajo? Porque creo que estudiaste Economía y trabajaste en el mundo del turismo, ¿no?
**C:** Sí, así es. De joven nunca me interesé por las historias de mis abuelos y luego mis abuelos murieron y se llevaron sus historias con ellos. Entonces me dio mucha pena no conocer sus recuerdos de infancia y de juventud, o su día a día durante la guerra, sus miedos, sus alegrías… Creo que tiene un valor incalculable conocer el pasado de tu familia. Además, es una gran experiencia personal escribir la propia biografía.
**M:** ¡Qué bonito! Christian, muchísimas gracias por estar hoy aquí con nosotros. Y, queridos amigos, ya sabéis, empezad a tomar nota de vuestros recuerdos y los momentos importantes de vuestra vida. Como dice Christian Duelli, conocer nuestro pasado tiene un gran valor.

## UNIDAD 14
**Pista 89**

Hoy les voy a contar cómo hacer arroz con leche. El arroz con leche es uno de mis postres favoritos. Esta sabrosa versión que me mandó mi tía desde Colombia, es dulce y cremosa.
Para empezar, en una olla, ponga dos tazas de agua y cuatro ramas de canela y cocine durante diez minutos. Después de diez minutos, saque las ramas de canela.
Después, eche una taza de arroz en el agua de canela y cueza el arroz cinco minutos a fuego medio.
A continuación, añada primero una pizca de sal, dos cucharadas de mantequilla y una cucharada y media de extracto de vainilla y mezcle bien. Y después, añada también dos tazas de leche y una de azúcar, y cocine sin tapar durante quince minutos aproximadamente.
Después de quince minutos, agregue dos tazas más de leche y una taza y media de leche condensada y mezcle con una cuchara de madera. Cocine durante una hora y quince minutos, el arroz tiene que estar espeso. Saque del fuego y déjelo enfriar a temperatura ambiente. Luego enfríe el arroz con leche en la nevera una hora o toda la noche. Sirva muy frío.

## UNIDAD 15
**Pista 90**
**1** • ¿Te gusta? Creo que me la voy a llevar.
▪ ¡Pero cómo te la vas a llevar! ¿Tú has visto el precio?

**Pista 91**
**2** • Dime, ¿cómo me quedan?
▪ ¡Te quedan muy bien!
• ¿Sí? Pues me las llevo.

**Pista 92**
**3** • Hmm… Yo creo que te queda un poco estrecha.
▪ ¡Qué pena! ¡Con lo bonita que es!

**Pista 93**
**4** • ¿Qué te parece este?
▪ Bueno, es muy bonito y, además, está muy bien de precio.

**Pista 94**
**5** • Mira qué bonitos, me los voy a probar.
▪ ¿Qué tal te quedan?
• Pues un poco pequeños, voy a preguntar si tienen un número más.

**Pista 95**
**6** • Lo siento, pero te queda fatal.
▪ ¿De verdad? ¡Pues entonces no me lo llevo!

**Pista 96**
**1** Visitad el museo de arte contemporáneo.

**Pista 97**
**2** Comprad las entradas con antelación.

**Pista 98**
**3** Viaja al desierto en invierno.

**Pista 99**
**4** Comed la comida típica, ¡está buenísima!

**Pista 100**
**5** Compra *souvenirs* para amigos y familiares.

**Pista 101**
**6** Si hace mucho calor, usa crema solar.

## UNIDAD 16
**Pista 102**

**Sofía (S):** Mirad qué artículo más interesante, seguro que vosotros recordáis estas cosas.
**Nacho (N):** ¡Anda, claro! Yo utilizaba una máquina de escribir como esta para hacer mis deberes en la universidad.
**Aurora (A):** Sí, sí, yo también. Tardaba horas para escribir una página y gastaba muchísimo papel.
**N:** ¿Y el teléfono? Solo teníamos teléfono en casa y no perdíamos el tiempo como ahora con el móvil.

# TRANSCRIPCIONES

**A:** No, perdíamos el tiempo con el fijo. ¿No te acuerdas de las horas que pasábamos al teléfono? Yo tenía uno en mi habitación, el problema era que los abuelos escuchaban mis conversaciones con el teléfono que había en el salón.
**N:** Sí, me acuerdo de eso, así conocí a tu padre.
**S:** ¡Qué horror! Afortunadamente ahora la vida es más fácil que antes.
**N:** Pues yo creo que no. Teníamos menos tecnología, pero éramos muy felices, ¿verdad, Aurora?
**A:** Bueno, depende, ¿no? Éramos felices porque éramos más jóvenes, pero yo pienso que hoy en día hay más libertad y más opciones. Por ejemplo, ahora podemos ver cualquier película en cualquier momento, pero antes solo había dos canales de televisión y teníamos que ver lo que había.
**S:** Uff, no me lo puedo imaginar.
**N:** Bueno, sí, es verdad, pero yo recuerdo que antes la gente salía de la oficina y se olvidaba del trabajo hasta el día siguiente. Actualmente estás localizado todo el tiempo.
**A:** No estoy de acuerdo con eso, depende de la persona: yo, cuando llego a casa, no me conecto y no miro los e-mails del trabajo.
**S:** Bueno…
**N:** ¿Y la comida?, ¿crees que comemos mejor ahora… con tantos químicos y cosas artificiales?
**A:** Sí, eso es verdad.
**N:** Además, hay más contaminación y eso es un problema para la salud.
**S:** Bueno, bueno, está claro que hay cosas mejores y otras peores. Pero yo estoy feliz viviendo en el presente. Bueno, me voy, que he quedado para jugar a la Play.

**Pista 103**
1 ¿Que si comprábamos mucho? No comprábamos tanto como ahora.

**Pista 104**
2 No, íbamos al pueblo todos los veranos.

**Pista 105**
3 Claro que no viajábamos como en la actualidad.

**Pista 106**
4 No, éramos felices con lo que teníamos.

**Pista 107**
5 ¿Que si veíamos mucho la tele? No, escuchábamos la radio.

**Pista 108**
6 No, escribíamos más cartas y postales que ahora.

**Pista 109**
1 ¿Les escribiste las postales a tus primos?

**Pista 110**
2 ¿Quién le recomendó ese restaurante?

**Pista 111**
3 ¿A ti quién te corta el pelo?

**Pista 112**
4 ¿Quién te dio el gato?

**Pista 113**
5 ¿Cuándo te dijeron que tenías el trabajo?

**Pista 114**
6 ¿Dónde te haces las uñas? ¡Me gustan mucho!

## UNIDAD 17

**Pista 115**
**Médico (M):** Hola, buenas tardes.
**Laura (L):** Hola, doctor, ¡me siento horrible!
**M:** ¿Qué le pasa?
**L:** Bueno, me siento fatal. Me duele la cabeza, tengo mucha tos y también me duele la garganta.
**M:** ¿Cuándo empezaron los síntomas?
**L:** Hace tres días.
**M:** A ver… No tiene fiebre. Esto es un simple resfriado.
**L:** ¿Tengo que tomar algo? No me gusta tomar pastillas.
**M:** Bueno, si no le gustan las pastillas, entonces tómese este jarabe dos veces al día. Aquí tiene la receta. Además, debería descansar y beber mucha agua o té. Para el resfriado, lo mejor es tener paciencia.
**L:** Muchas gracias, doctor, voy a ir a la farmacia ahora mismo.

**Pista 116**
1 Las operaciones de cirugía estética. ¿Es esta una fórmula eficaz para sentirnos bien y mejorar nuestra autoestima? ¿O deberíamos aprender a dar menos importancia al aspecto físico? En nuestro próximo programa, que tendrá lugar el miércoles a las ocho de la tarde, van a participar expertos de diferentes campos para debatir sobre este tema de actualidad.

**Pista 117**
2 ¡Abren las piscinas al aire libre de Sar! El precio de la entrada para adultos es de tres euros y para niños, de un euro. Las piscinas abren todos los días de diez de la mañana a ocho de la tarde, y los viernes y sábados, hasta las nueve de la noche.

**Pista 118**
3 ¿Tienes ganas de un cambio de look? Ven a la peluquería SPS. Nuestros estilistas te aconsejarán para ofrecerte el mejor corte de pelo para ti. Visítanos hasta el quince de agosto y aprovecha nuestra oferta especial: con cada corte de pelo ofrecemos un descuento del quince por ciento en manicura o recorte de barba.

**Pista 119**
4 Centros de peluquería y estética Clara Miñón. ¿Quieres formarte en una profesión creativa y con futuro? Haz el curso de peluquería y estética en nuestro centro. Formación teórica y práctica de la mano de profesionales de prestigio. Ya está abierto el plazo de matrícula para el próximo curso, que empezará en septiembre. ¡Te esperamos!

**Pista 120**
5 A lo largo de la historia, las diferentes culturas han usado los tatuajes con distintas finalidades: desde muestras de amor o reconocimiento social a marcas de criminales. La tatuadora Simona Gila nos hablará del tema el sábado dieciocho a las siete de la tarde en la Fundación Bustamante. ¡Una cita no solo para amantes del tatuaje!

**Pista 121**
6 En el centro de estética natural Biosana ofrecemos tratamientos faciales y corporales adaptados a cada persona, y utilizamos productos de cosmética ecológica de alta calidad, no probados en animales. Además, contamos con un departamento de dietética especializado en crear dietas personalizadas. Salud y respeto al medio ambiente, ese es nuestro lema. Ven a conocernos en la calle Allende número 86.

## UNIDAD 18

**Pista 122**
1 Hola, Juan, ¿qué tal? Estoy en la calle y acabo de ver en un escaparate la cafetera que querías para tu casa, así que, si quieres, ya te la compro yo. Porfa, llámame o mándame un mensaje.

**Pista 123**
2 Estimados clientes, estos almacenes cerrarán en quince minutos. Les rogamos que se dirijan a las cajas. Mañana abriremos otra vez de diez de la mañana a diez de la noche para ofrecerles, como siempre, la mejor calidad y el mejor servicio.

**Pista 124**
3 ¿Qué tal, Natalia? Oye, mañana empieza el ciclo de cine al aire libre y quería preguntarte si te apetecía ir. Este año no es en el parque al lado de casa, sino en el patio del instituto. Me llamas, ¿vale?

**Pista 125**
4 Buenos días, llamamos de Electrodomésticos Vázquez. Ya hemos recibido la pieza que necesitábamos para reparar su

lavavajillas. Por favor, llámenos para ver cuándo podemos pasar por su casa. Nuestro teléfono es el nueve ocho seis, cinco nueve nueve, cuatro cuatro cero.

### Pista 126

**5** Señores clientes, les informamos de que mañana por la tarde, a partir de las ocho, la cantante Rosalía estará firmando copias de su nuevo disco en nuestra sección de música. Los invitamos a ver en persona a la conocida cantante.

### Pista 127

**6** Oye, Julián, me ha dicho Liliana que necesitas a alguien que se quede con tus niños mañana por la tarde. Yo puedo sin problema. A las cuatro me paso por tu casa para recogerlos, ¿vale? Venga, ¡hasta mañana!

### Pista 128

**7** ¡Ángel! Me voy de viaje de trabajo la semana que viene, ¿tú podrías cuidarme las plantas? Van a ser solo diez días, ¡pero como hace tanto calor...! Llámame, por favor.

### Pista 129

Hoy voy a hablarles de algunas reglas de buenos modales que todo el mundo debe saber.

- Cuando tienes una cita con una persona, es de mala educación mandarle un mensaje cinco minutos, o diez minutos antes, o a la misma hora de la cita, diciendo que llegas tarde. Si vas a llegar tarde, puedes enviarle un mensaje una hora antes para que esa persona se arregle y esté esperando.
- Cuando te inviten a una cena o a una fiesta siempre lleva algo contigo: una botella de vino, una planta, rosas, lo que sea. Trata de llevar algo porque no es de buena educación presentarse en una cena sin absolutamente nada.
- Cuando estés hablando en el celular, trata de mantener una conversación con un tono que no sea muy alto, que no todo el mundo en esa habitación o en el lugar donde estás pueda escuchar tu conversación porque no es de buena educación.
- Cuando te invitan a una fiesta, a una cena, es muy importante que no lleves a tus amigas sin avisar. Si te invitaron a ti, y no te dieron la opción de invitar a una persona, simplemente no la lleves.
- La puntualidad también es algo muy importante: si siempre llegas tarde a una cita, a una reunión, a una cena... eso manda un mensaje muy negativo acerca de ti. Entonces, siempre trata de llegar a tiempo a todas tus responsabilidades.
- Cuando estás caminando con una persona, con un amigo, con tu mamá... y esa persona le dice "hola" a alguien que no conoces, aunque no lo conozcas, tienes que saludar, simplemente puedes decir "hola", nada más, pero di algo.
- Y por último, cuando ustedes están con personas, cenando, comiendo... nunca dejen su celular encima de la mesa porque manda un mensaje terrible. Indica que lo que está pasando en tu celular es más importante que la conversación que estás haciendo con las personas con las cuales estás compartiendo. Entonces ponte siempre el celular, sí, en tu silla.

### Pista 130

**1** Va a escuchar a una mujer que pide un favor a su vecino.

**Mujer:** *Hola, Toni, perdona, ¿tienes algún huevo? Es que me he puesto a hacer un bizcocho para el cumpleaños de Luis pero me he dado cuenta de que no me quedan.*

**Hombre:** *Sí, claro, claro, ¿solo necesitas uno?*

**Mujer:** *Sí, con uno es suficiente.*

**Hombre:** *Ay, pues no me quedan. Es que ayer cenamos huevos fritos y los terminamos todos. ¡Lo siento!*

**Mujer:** *Nada, hombre, no te preocupes...*

¿Qué quiere cocinar la mujer?

### Pista 131

**2** Va a escuchar a un hombre que habla de su casa nueva.

**Hombre:** *Oye, Patri, a ver si vienes a ver mi casa nueva, ¡es preciosa!*

**Mujer:** *Sí, claro, cuando me digas, voy. ¿Dónde está?*

**Hombre:** *Eso es lo único malo, está en la carretera del Lago, un poco lejos, y no se puede llegar en metro.*

**Mujer:** *Bueno, pero seguro que estáis muy tranquilos por allí, ¿no?*

**Hombre:** *Sí, sí, rodeados de zonas verdes y con zonas de juego para los niños. Mi hijo está encantado. Es el paraíso...*

¿Qué no hay cerca de la casa?

### Pista 132

**3** Va a escuchar a un hombre que habla con una amiga médica.

**Hombre:** *Hola, Gema, perdona que te moleste. Es que necesito consejo médico. ¿Tienes un momento?*

**Mujer:** *Sí, sí, claro. Dime. ¿Qué te pasa?*

**Hombre:** *Pues la semana pasada hice un pequeño viaje, caminé mucho y ahora me duele la rodilla.*

**Mujer:** *Bueno, probablemente no es nada grave. Toma ibuprofeno durante tres días. Si no mejora, pide una cita con el especialista.*

**Hombre:** *¡Muy bien! Así lo haré.*

¿Qué le duele al hombre?

### Pista 133

**4** Va a escuchar a dos amigos que quieren comprar un regalo.

**Mujer:** *Bueno, ¿qué le compramos entonces a Patricia?*

**Hombre:** *Pues, no sé... ¿Qué tal algo para su cocina nueva?*

**Mujer:** *¡Buena idea! Quizás unos vasos, los suyos están un poco viejos.*

**Hombre:** *¡Perfecto! Y también le podemos regalar un bote para la harina o esas cosas...*

**Mujer:** *Hmm... Creo que ya tiene muchos... ¿Pero qué tal unos paños? Siempre son necesarios y ahora los hay muy bonitos.*

**Hombre:** *También me parece muy bien. ¿Vamos a la tienda Maravillas?*

**Mujer:** *Sí, tienen unas cosas preciosas.*

¿Qué objeto no van a comprar?

### Pista 134

**5** Va a escuchar a un hombre que habla con una vecina.

**Hombre:** *Hola, Marijose, ¿qué tal?*

**Mujer:** *Todo bien, gracias, no me puedo quejar, ¿y tú?*

**Hombre:** *Bien, bien... Oye, lo único... Tengo que cambiar una bombilla y no llego. Vosotros no tenéis una escalera por ahí, ¿no?*

**Mujer:** *Creo que sí, voy a mirar. Creo que tenemos una en el garaje, al lado del coche. Lo compruebo y te aviso, ¿vale?*

**Hombre:** *Vale, genial, muchas gracias.*

¿Qué necesita el hombre?

### Pista 135

**6** Va a escuchar a dos compañeros que hablan sobre el fin de semana.

**Mujer:** *Bueno, Alejandro, cuéntame, ¿cómo pasaste el fin de semana?*

**Hombre:** *Pues teníamos el plan de hacer una excursión en bicicleta por la montaña, pero como vino mi hermano con sus niños, nos fuimos a la piscina.*

**Mujer:** *Ah, genial. Yo también pensé en ir a la piscina, pero al final fui con dos amigos al lago.*

**Hombre:** *Claro, es que con este calor, ¡no se puede hacer otra cosa!*

¿Adónde fue la mujer?

# SOLUCIONES

## UNIDAD 1

### A ¡ENCANTADO! ¡ENCANTADA!

**1** 1 ¿De dónde eres? 2 ¿Cómo te llamas? 3 ¿Qué tal? / ¿Qué tal estás? / ¿Cómo estás? 4 ¿Cómo te llamas?

**2a** 1 rusa; ruso 2 francés; francesa 3 coreano; coreana 4 española; español 5 canadiense; canadiense

**2b** Respuesta libre.

**3** 1 ¿De dónde eres? 2 Yo me llamo Ana. 3 ¿Qué tal estás? 4 Soy italiana. 5 Hasta mañana, Roberto. 6 Yo soy Laura, ¿y tú? 7 Soy la profesora de español. 8 Hasta luego, Max.

**4** 1 ¡Buenos días! 2 ¡Buenas noches! 3 ¡Buenas noches! 4 ¡Buenas tardes!

**5** 1 a; 2 b; 3 b; 4 a.

**6** Respuesta libre.

### B PALABRAS Y NÚMEROS

**7** 1 música 2 museo 3 banco 4 cine 5 siesta 6 restaurante 7 amor 8 sol

**8a** 1 Guatemala 2 Honduras 3 Bolivia 4 Perú 5 Uruguay 6 Venezuela 7 Argentina 8 México

**8b** 1 México 2 Guatemala 3 Honduras 4 Venezuela 5 Colombia 6 Perú 7 Bolivia 8 Uruguay 9 Argentina

**9** 1 pe - ele - a - zeta - a 2 ka - i - uve doble - i 3 pe - ele - a - i griega / ye - a 4 te - o - eme - a - te - e 5 ce - i - ene - e

**10**

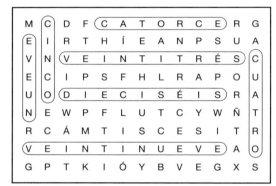

cuatro (4), cinco, (5), nueve (9), catorce (14), dieciséis (16), veintitrés, (23), veintinueve (29)

**11** Lucas

**12** 1 dos 2 quince 3 veinticuatro 4 treinta 5 siete 6 once 7 veintisiete 8 dieciocho

**13** 1 seis 2 trece 3 veintitrés 4 doce 5 dieciséis

**14** 1 g; 2 f; 3 b; 4 d; 5 e; 6 a; 7 c.

### C APELLIDOS

**15** 1 me llamo 2 eres 3 se llama 4 es 5 soy 6 te llamas

**16** 1 es 2 te llamas 3 se llama; Es 4 eres; soy 5 se llama 6 es 7 me llamo; te llamas 8 es

**17** Guevara; Duque; Heras; Lahuerta; Bruguera

**18** /k/: Cristóbal; Carlos; Quique /θ/ o /s/: Zacarías; Celia; Zoé /g/: Gabriela; Guillermo; Gladis /x/: Jimena; Gerardo; Julia

### EN ACCIÓN

**19** 1 significa "siesta" 2 no entiendo 3 "hola" en portugués 4 al servicio 5 escribe 6 repetir, por favor

**20** 1 c; 2 d; 3 b; 4 e; 5 a.

## UNIDAD 2

### A IDIOMAS EN EL MUNDO

**1** 1 francés 2 japonés 3 inglés 4 hindi 5 portugués 6 árabe 7 chino 8 alemán

En español se dice: "gracias".

**2** 1 tercera 2 cuarto 3 segundo 4 primera

**3a** 1 Italia; muy bien; un poco de 2 Alemania; bastante bien 3 España; un poco de

**3b** Respuesta libre.

**4** a 985; b 118; c 24; d 1200; e 8500; f 5 millones / 5 000 000.

**5** 1 trescientos noventa 2 setecientos 3 quinientos cincuenta 4 sesenta

**6** 1 doscientas 2 setecientos 3 cuarenta y una 4 cuatrocientos cincuenta 5 quinientas setenta y una 6 seiscientos ochenta 7 trescientos veinte 8 novecientas treinta y cinco

**7** 1 Respuesta libre 2 México 3 El hindi 4 Respuesta libre 5 Respuesta libre 6 Irlanda, Malta y Reino Unido

### B ¿POR QUÉ ESTUDIAS ESPAÑOL?

**8** 1 d; 2 f; 3 e; 4 c; 5 h.

**9** 1 c; 2 a; 3 a; 4 c; 5 b; 6 a.

**10** Respuesta libre.

**11** 1 cuántos años tienes 2 a qué te dedicas 3 Dónde trabajas / Dónde vives 4 Cuál es tu correo electrónico 5 tienes móvil

**12** 1 ella 2 yo 3 tú 4 usted 5 él 6 tú 7 él 8 ella

**13** 1 Escucho 2 trabajas / trabaja (si se habla de otra persona o de "usted") 3 Soy 4 se llama 5 es; habla 6 Estudio 7 es; Tiene 8 comprende 9 tengo 10 es

**14** **soy / eres / es:** profesor de griego; de Italia; alemán; **tengo / tienes / tiene:** muchos seguidores en Instagram; una profesión muy interesante; teléfono móvil; 40 años; familia en Turquía; **vivo / vives / vive:** en El Salvador; en Barcelona; **trabajo / trabajas / trabaja:** en un museo de historia; en El Salvador; en un bar; en Barcelona; **hablo / hablas / habla:** muchos idiomas diferentes; dos lenguas extranjeras; bastante bien francés; alemán; despacio.

**15** **Posible respuesta:** ¡Hola! Me llamo Henrik y tengo 33 años. Soy danés, de Aarhus. Hablo danés, claro. También hablo muy bien inglés y bastante bien alemán. Hablo inglés y alemán por mi trabajo. Ahora hablo un poco de español. Estudio

# SOLUCIONES

español porque me interesa Sudamérica, para viajar a Perú, Ecuador, Chile… Trabajo para una revista sobre cultura. Escribo artículos sobre literatura europea. ¡Es muy interesante!

**16a** 1 F; 2 F; 3 V; 4 F; 5 V; 6 V.

**16b** Respuesta libre.

**17** 1 Pregunta 2 Frase afirmativa 3 Frase afirmativa 4 Pregunta 5 Pregunta

## C MUY TÍPICO

**18** 1 b; 2 a; 3 b; 4 b; 5 a.

**19** **Una comida:** la pasta; la salsa; la hamburguesa. **Una bebida:** el café; la sangría; el té. **Un deporte:** el fútbol; el hockey; el tenis. **Un baile:** el tango; la salsa; el flamenco.

**20** 1 La; un 2 El; la 3 la 4 El; el; el; las 5 Las; una 6 El; una 7 la; los 8 La; una

**21a** 1 las 2 Los; unos 3 el 4 El; un / el 5 las 6 El; la 7 la

**21b** **Posible respuesta:** 1 Son una comida típica muchos países de Latinoamérica. 2 No, son una comida típica de México. 3 En Sudamérica, especialmente en Argentina y Uruguay. 4 No, es típico del sur de España. 5 El español, el quechua y el aimara. 6 No, es el quetzal. 7 Respuesta libre.

## EN ACCIÓN

**22** **Sofía Vergara:** es colombiana; es actriz; trabaja en películas y series; vive en Los Ángeles. **David Muñoz:** es español; es cocinero; trabaja en un restaurante; vive en Madrid. **Garbiñe Muguruza:** es venezolana y española; es tenista; trabaja en una pista de tenis; vive en Suiza. **Leo Messi:** es argentino; es futbolista; trabaja en un estadio de fútbol; vive en Barcelona.

# UNIDAD 3

## A LA FAMILIA EN CINE

**1** 1 *Captain Fantastic* 2 *La familia Bélier* 3 *Una familia de Tokio* 4 *Captain Fantastic* 5 *La familia Bélier* 6 *Captain Fantastic* 7 *Una familia de Tokio*

**2a**

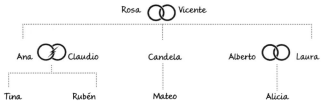

**2b** 1 hijas; nietos 2 hermanas / padres 3 marido 4 madre 5 abuelos 6 padre; madre 7 hermanos 8 primos 8 tías / abuelos 9 sobrinos

**2c** Respuesta libre.

**3** 1 mi madre 2 mis nietas 3 mi tío 4 mi primo 5 mi sobrina 6 mi hermana

**4** 1 sus 2 Mi; nuestro / mi; su 3 su 4 tu; nuestros / mis 5 tu 6 Vuestros / Mis 7 tus 8 vuestra

## B FAMILIA DE ARTISTAS

**5** **Es:** morena; bajito; un poco gordito; joven; pelirroja; guapa; muy mayor. **Tiene:** el pelo rubio; los ojos claros; el pelo blanco; el pelo liso; el pelo castaño; los ojos verdes; el pelo rizado. **Lleva:** bigote; gafas; dos tatuajes; barba.

Fíjate: normalmente usamos *tener* con aspectos físicos naturales y *llevar* con aspectos físicos no naturales o no permanentes: *Alicia tiene el pelo liso pero ahora lleva el pelo rizado. / Jacinto lleva barba. Ahora tiene la barba blanca..*

**6a** 1 es; Es; tiene; tiene; lleva 2 Tiene; es; Es; Lleva / Tiene; Tiene 3 Tiene; es; Tiene; tiene; lleva 4 es; Es; tiene / lleva; Tiene; lleva 5 Tiene; es; Es; tiene 6 Tiene; es; lleva / tiene; Tiene

**6b** a Estefanía b Joseph c Mariana d Alberto e Rachel f Karl

**6c** **Posible respuesta: Juan:** es joven. Tiene el pelo negro, corto y liso. Lleva bigote y perilla. Creo que es taxista. **María Angélica:** no es joven, es un poco mayor. Tiene el pelo rubio, largo y bastante liso. Lleva gafas. Creo que es profesora.

**7a** **Sonido fuerte:** red; arroz; perro; repetir; restaurante; guitarra **Sonido suave:** interesante; generoso; bar; arepa; tarde; primo

**7b** **Sonido fuerte:** 1 narración 2 romántica 3 terror **Sonido suave:** 1 decorado 2 vestuario 3 directora

## C FAMILIA CON CARÁCTER

**8** 1 f; 2 j; 3 c; 4 g; 5 h; 6 i; 7 b; 8 d.

**9** 1 a; 2 b; 3 a; 4 a; 5 b; 6 b.

**10** 1 f; 2 e; 3 g; 4 a, h; 5 d; 6 b, c.

**11** **bailar:** bailo; bailas; baila; bailamos; bailáis; bailan; **comer:** como; comes; come; comemos; coméis; comen. **escribir:** escribo; escribes; escribe; escribimos; escribís; escriben.

**12** 1 vive 2 es 3 tienen 4 trabajamos 5 pareces 6 viajamos 7 se llaman 8 preguntáis 9 viven 10 tenéis 11 comprendo

**13** 1 morenas 2 bajito; atractivo 3 simpáticos; responsables 4 egoísta; divertido 5 rubia; corto 6 amable 7 tímidas 7 irresponsable; buena 8 claros; verdes; azules

**14** Respuesta libre.

## EN ACCIÓN

**15a** 1 Javier Cámara 2 Eduardo Blanco 3 Ricardo Darín 4 Héctor Alterio

**15b** 1 actores 2 Argentina; películas 3 amable 4 fantástico; mayor 5 simpático 6 ella

# UNIDAD 4

## A ME GUSTA

**1a** a Bárbara c Susana d Luismi e Jaime

**1b** **Posible respuesta:** ¡Hola! Yo soy Raquel, ¿qué tal? A mí me encanta leer: leo horas y horas… ¡Y me gusta mucho leer en la playa! Pero también me gusta bastante viajar y visitar países diferentes.

**2** 1 No me gustan las películas tristes. / Las películas tristes no me gustan. 2 Me encanta jugar al tenis con mi padre. / Jugar

## SOLUCIONES

al tenis con mi padre me encanta. **3** No me gustan mucho las novelas de ciencia ficción. / Las novelas de ciencia ficción no me gustan mucho. **4** Me gusta bastante ir a conciertos. / Ir a conciertos me gusta bastante. **5** No me gusta nada tomar café. / Tomar café no me gusta nada. **6** Me encantan los videojuegos de deportes. / Los videojuegos de deportes me encantan.

**3**  1 b; 2 a; 3 b; 4 b; 5 b; 6 a.

**4**  1 A mí no; A mí tampoco; A mí sí; A mí también  2 A mí también; A mí no; A mí sí; A mí también  3 A mí sí; A mí no; A mí tampoco; A mí sí

**5**  Respuesta libre.

### B  NO SOLO TRABAJO

**6**  1 corremos  2 dormir / dormir la siesta  3 cocina / prepara  4 cuerpo  5 pintan  6 Jugar con videojuegos

**7**  1 d; 2 e; 3 c; 4 a; 5 b.

**8**  1 le  2 les  3 le; me  4 nos  5 os; nos  6 te

**9**  1 gusta  2 interesa  3 encantan  4 encanta  5 gustan

**10**  1 la medicina  2 el deporte  3 la gastronomía  4 la literatura  5 la música  6 el arte

**11**  A todos les interesa la música. A la mayoría le interesa el deporte. A casi nadie le interesa el arte. A muchos les interesa la literatura. A pocos les interesa la gastronomía.

### C  ESTE FIN DE SEMANA YO QUIERO...

**12**  1 b; 2 a; 3 d; 4 b; 5 d.

**13**  1 queremos  2 gusta  3 queréis  4 quiere  5 quieren  6 gusta  7 quiero  8 gustan  9 quiero  10 Quieres

**14**  **hacer:** un maratón; yoga; deporte; una fiesta; una excursión; **estar:** con los hijos; solo/a; en casa; cansado/a; tranquilo/a; **ir:** de compras; con los hijos; solo/a; de excursión; a la montaña; al cine.

**15**  1 tomas / quieres  2 cocina  3 queréis; cenamos / quedamos  4 hacen / montan  5 conoces  6 descansamos / cenamos / cocinamos; pasamos  7 quedáis / cenáis / cocináis  8 monta

**16**  **Posible respuesta:** **1** Yo tampoco. / Yo sí. **2** Yo también. / Yo no, a mí me encanta la playa. **3** A mí también. / A mí no. **4** A mí tampoco. / A mí sí. **5** Yo también. / Yo no.

### EN ACCIÓN

**17a**  (...) Me llamo Sofía, soy de Valencia (España) y tengo 33 años. Soy nueva en Montevideo y busco personas para pasar el tiempo libre. Soy una persona alegre, tranquila y responsable, pero un poco tímida.

Trabajo como bióloga y el fin de semana me gusta mucho ir de excursión a la montaña, montar en bici o ir al cine. Además, por mi profesión, me interesan la medicina, la salud y la ecología. ¡Ah! Me encanta cocinar, pero también me gusta ir a cenar a restaurantes.

Normalmente no leo mucho y no me gusta mucho ir de compras. Tampoco me gusta pintar, pero sí me gusta visitar exposiciones de arte.

Si tienes gustos o intereses similares, ¡escríbeme! ☺
¡Un saludo!

**17b**  1 b; 2 a; 3 b; 4 a; 5 b; 6 b.

**17c**  Respuesta libre.

## UNIDAD 5

### A  AQUÍ VIVO

**1**  1 b; 2 c; 3 e; 4 f; 5 a; 6 d.

**2**  1 F; 2 V; 3 V; 4 F; 5 F; 6 V.

**3**  1 están  2 es  3 Hay  4 está  5 hay  6 están  7 son  8 hay

**4**  **Posible respuesta:** Buenos Aires es la capital de Argentina. Está en el este de Argentina y cerca de Montevideo (Uruguay). Es una ciudad grande y cosmopolita con edificios altos y modernos, pero en Buenos Aires también hay barrios antiguos, por ejemplo, el barrio de San Telmo. En la zona antigua hay terrazas al aire libre con música en directo. Además, en Buenos Aires hay un obelisco muy famoso y un puente moderno: el Puente de la Mujer.

**5a**  1 Rosario es una ciudad en Argentina.

2 La arquitectura de los incas es impresionante.

3 Los mercados al aire libre de la zona antigua parecen interesantes.

4 En Madrid hay muchos museos de arte.

**6a**  1 adverbio  2 nombre  3 nombre  4 adjetivo  5 verbo  6 nombre  7 adjetivo  8 verbo

**6b**  1 muy  2 muchos  3 Muchas  4 muy  5 mucho  6 mucho  7 muy  8 mucho

**7**  1 especial; muchos  2 grande; interesantes  3 nuevo; precioso  4 alta; buenas; antigua  5 divertidos; alegres  6 muchas; increíbles  7 viejo; baratas; originales  8 extranjeros; modernista; famosos

### B  ¿QUÉ SABES DE...?

**8**  1 el jardín  2 antiguo/a  3 la ruina  4 las vistas  5 cerca

**9a**  1 océano  2 pueblo  3 isla  4 lengua  5 casas  6 pescadores  7 costa  8 famosa  9 estatuas  10 familia  11 increíbles  12 turistas

**9b**  **El texto habla de:** 1 (costa de la isla), 3 (barcos de pescadores de Hanga Roa) y 5 (volcanes). **El texto no habla de:** 2 (danza tradicional), 4 (es posible bucear en la Isla de Pascua) y 6 (a veces hay tortugas verdes en Hanga Roa).

**10a**  1 Qué  2 Cuál  3 Qué  4 Cuáles  5 Qué  6 Cuáles  7 Cuál  8 Qué  9 Cuáles

**10b**  1 Es un baile típico de Colombia. 2 Respuesta libre. 3 Son lenguas de Sudamérica, por ejemplo, de Bolivia. 4 Respuesta libre. 5 Respuesta libre. 6 El español, el quechua y el aimara. 7 El peso. 8 El mate. 9 Machu Picchu

**11**  **Posibles respuestas:** 1 ¿Cuál es la capital de Cuba? 2 ¿Qué hay en la isla de Pascua? 3 ¿Qué es Cartagena? 4 ¿Dónde está la isla de Pascua? 5 ¿Qué lenguas se hablan en la isla de

# SOLUCIONES

Pascua? / ¿Cuáles son las lenguas de la isla de Pascua? **6** ¿Qué ruinas antiguas hay en Perú?

**12** **1** h; **2** d; **3** j; **4** f; **5** g; **6** c; **7** i; **8** a; **9** b; **10** e.

## C TU DESTINO IDEAL

**13** **1** tranquilidad **2** arquitectura **3** pueblo **4** probar **5** playa **6** animación **7** terraza **8** ubicación

**14** **1** Madrid **2** Cáceres **3** Ezcaray **4** Menorca; El Hierro **5** Cáceres; Portomarín **6** Portomarín; Madrid **7** El Hierro **8** Menorca

**15** **1** c; **2** b; **3** d; **4** f; **5** e; **6** a.

**16** **Posible respuesta:** En mi ciudad puedes visitar una iglesia antigua muy famosa. También tienes que ir al museo de arte moderno. Además, puedes ver un partido de baloncesto o fútbol. En los bares y restaurantes tienes que probar la gastronomía local tradicional, ¡es increíble! Pero también puedes comer en restaurantes modernos. Además, en mi ciudad hay mucha oferta cultural y puedes ver conciertos todas las noches.

**17** **1** precioso / pequeño **2** muchos **3** iglesia **4** tradicionales / baratos **5** cuatro **6** descansar **7** mala

## EN ACCIÓN

**18a** La ciudad es Oporto.

**18b** **1** Está en el oeste de Portugal, cerca de la costa. **2** En el puente de Don Luis I. **3** Ir en barco, tomar algo en una terraza, visitar bodegas y probar el vino. **4** Hay muchas casas de colores y terrazas al aire libre. **5** El bacalao, un pescado. **6** El vino.

# UNIDAD 6

## A RUTINAS

**1a** **1** sábado **2** jueves **3** lunes **4** miércoles **5** martes

**1b** Respuesta libre.

**2** **Lara:** levantarse, desayunar, hacer la compra, ir al gimnasio, ducharse, ordenar la casa, cocinar, comer, empezar a trabajar, terminar de trabajar, quedar con amigos, cenar, leer, acostarse. **Néstor:** levantarse, ducharse, desayunar, empezar a trabajar, terminar de trabajar, comer, descansar, empezar a trabajar, terminar de trabajar, hacer la compra, cocinar, cenar, ordenar la casa, leer, ver una película, acostarse.

**3** **1** d; **2** b; **3** e; **4** g; **5** a; **6** c; **7** h; **8** f.

**4** **2** Son las tres menos diez de la tarde. **3** Son las diez menos veinticinco de la noche. **4** Son las nueve y veinticinco de la mañana. **5** Es la una menos veinte de la tarde / del mediodía. **6** Son las ocho y media de la tarde / de la noche.

**5** **1** Ø; por **2** a; de **3** por **4** A; por **5** A; de **6** Ø **7** Ø a **8** a; de

**6** **1** ¿A qué hora / Cuándo cenas (normalmente)? **2** ¿Qué hora es? **3** ¿Cuándo quedas con tus amigos? **4** Perdona, ¿tienes hora? / Perdone, ¿tiene hora?

**7** **1** i; **2** j; **3** h; **4** c; **5** a; **6** d; **7** b.

## B MI DÍA A DÍA

**8** **cocinar:** yo cocino; tú cocinas; él / ella / usted cocina; nosotros/as cocinamos; vosotros/as cocináis; ellos / ellas / ustedes cocinan; **desayunar:** yo desayuno; tú desayunas; él / ella / usted desayuna; nosotros/as desayunamos; vosotros/as desayunáis; ellos / ellas / ustedes desayunan; **leer:** yo leo; tú lees; él / ella / usted lee; nosotros/as leemos; vosotros/as leéis; ellos / ellas / ustedes leen; **beber:** yo bebo; tú bebes; él / ella / usted bebe; nosotros/as bebemos; vosotros/as bebéis; ellos / ellas / ustedes beben; **vivir:** yo vivo; tú vives; él / ella / usted vive; nosotros/as vivimos; vosotros/as vivís; ellos / ellas / ustedes viven; **escribir:** yo escribo; tú escribes; él / ella / usted escribe; nosotros/as escribimos; vosotros/as escribís; ellos / ellas / ustedes escriben.

**9** **1** él / ella / usted **2** usted **3** yo **4** vosotros/as **5** nosotros **6** tú **7** ellos **8** ellos

**10** **1** lee **2** se levanta / desayuna / sale de casa **3** vemos **4** viven / estudian / trabajan **5** se acuesta **6** empiezan / comienzan **7** van / llegan **8** como **9** volvéis / regresáis / llegáis **10** sales

**11** **empezar:** yo empiezo; tú empiezas; él / ella / usted empieza; nosotros/as empezamos; vosotros/as empezáis; ellos / ellas / ustedes empiezan; **querer:** yo quiero; tú quieres; él / ella / usted quiere; nosotros/as queremos; vosotros/as queréis; ellos / ellas / ustedes quieren; **volver:** yo vuelvo; tú vuelves; él / ella / usted vuelve; nosotros/as volvemos; vosotros/as volvéis; ellos / ellas / ustedes vuelven; **poder:** yo puedo; tú puedes; él / ella / usted puede; nosotros/as podemos; vosotros/as podéis; ellos / ellas / ustedes pueden; **jugar:** yo juego; tú juegas; él / ella / usted juega; nosotros/as jugamos; vosotros/as jugáis; ellos / ellas / ustedes juegan; **salir:** yo salgo; tú sales; él / ella / usted sale; nosotros/as salimos; vosotros/as salís; ellos / ellas / ustedes salen.

**12a** **a** 3 - salgo; Voy; vivo **b** 9 - vuelvo; me ducho; ceno **c** 5 - Leo; hablo; trabajo **d** 1 - Me levanto; Me ducho; me afeito; me pongo **e** 7 - como; vuelvo / volvemos **f** 6 - salgo; tomo; trabajo **g** 8 - termino; hago **h** 2 - desayuno **i** 4 - llego; empiezo **j** 10 - veo; escucho; me acuesto

**12b** Respuesta libre.

**13** **Verbos regulares:** trabajar, levantarse, escribir, estudiar, leer, terminar. **Verbos irregulares:** e > ie: empezar, venir, tener, querer; o > ue: acostarse, volver, dormir, poder; e > i: pedir, vestirse; irregular en "yo": venir, tener, ver, salir.

**14** **Posible respuesta: 1a** El padre acuesta al bebé / El hombre acuesta a su hijo. **1b** La mujer / La chica se acuesta. **2a** Las chicas visten a su amiga. **2b** El niño se viste. **3a** La chica / La mujer se maquilla. **3b** La niña / La hija maquilla a su padre. **4a** El hombre ducha al perro. **4b** El niño se ducha.

**15a** Respuesta libre.

**15b** Respuesta libre.

## SOLUCIONES

### C FUERTES Y CON DETERMINACIÓN

**16a** 1 fútbol 2 natación 3 golf 4 ciclismo 5 baloncesto 6 tenis 7 esquí 8 voleibol

**16b** Respuesta libre.

**17** 1 rutina 2 desayuno 3 deportista 4 medalla 5 ciclista 6 dulces 7 uñas 8 tatuaje

**18a** 1 c; 2 a; 3 d; 4 f; 5 e; 6 b.

**18b** 1 a menudo 2 siempre 3 casi siempre 4 casi nunca 5 a veces 6 nunca

**19** Respuesta libre.

**20** 1 V; 2 F; 3 V; 4 V; 5 F; 6 F.

### EN ACCIÓN

**21a** 1 c; 2 b; 3 a; 4 d; 5 c.

**21b** Respuesta libre.

## UNIDAD 7

### A ¿CÓMO ESTÁS?

**1** 1 b; 2 a; 3 b; 4 a; 5 b.

**2** **tener:** frío, hambre, sueño, miedo, sed, calor; **estar:** cansado/a, estresado/a, triste, contento/a, nervioso/a, enfadado/a, aburrido/a.

**3** 1 Tiene miedo. 2 Está enfadado. / Tiene sueño. 3 Está feliz. / contento. 4 Está nervioso. / Tiene miedo. 5 Está aburrido. / Está triste.

**4**

|   | Adjetivo | Sustantivo |
|---|---|---|
| 1 | alegre | la alegría |
| 2 | triste | la tristeza |
| 3 | aburrido/a | el aburrimiento |
| 4 | estresado/a | el estrés |
| 5 | cansado/a | el cansancio |
| 6 | deprimido/a | la depresión |
| 7 | feliz | la felicidad |

**5** **Posibles respuestas:** 1 Estoy muy cansado por las mañanas y no me puedo concentrar bien. 2 Creo que estoy un poco deprimido, necesito hablar de mis problemas. 3 Estoy un poco gordito. 4 Por las tardes me aburro mucho en casa, ¡no sé qué hacer! 5 Mis notas este semestre son muy, muy malas. 6 Soy nueva en la ciudad y quiero conocer gente.

**6a** 1 la quinoa 2 el salmón 3 el plátano 4 el chocolate 5 la manzana 6 los frutos secos 7 el huevo 8 las sardinas 9 el arroz

**6b** 1 salmón; sardinas 2 quinoa 3 huevo 4 arroz; chocolate; frutos secos 5 manzanas; plátanos

### B ¿QUÉ TOMAMOS?

**7** 1 V; 2 F; 3 F; 4 V; 5 F; 6 V.

**8** 1 aceite 2 tortilla 3 café con leche 4 huevo 5 aceituna 6 croqueta

**9a** Patatas bravas, ensalada, tortilla de patata, croquetas de queso, verduras a la plancha, sándwich vegetal*, pimientos con huevo.

*Un sándwich vegetal en España puede llevar jamón o atún. En este caso no es para vegetarianos.

**9b** Tortilla de patata, porque lleva huevo; croquetas de queso, porque llevan leche; sándwich vegetal*, si lleva huevo, jamón o atún; pimientos con huevo porque lleva huevo.

**10a** 1 Qué vais a tomar 2 para mí / me pones 3 de segundo 4 Qué llevan 5 me pones / para mí 6 Nada más 7 Cuánto es

**10b** Usan la forma "tú / vosotros": tenéis, vais, pones, queréis. Estas son las formas con "usted / ustedes": tienen, van, pone, quieren

**11a Posibles respuestas:** 1 ¿A qué hora abre el restaurante Galia los miércoles?; Abre a las diez de la mañana. / Abre de diez de la mañana a diez de la noche. 2 ¿Qué quieres tomar?; Un agua, por favor. / Un agua mineral, por favor. 3 ¿Cuánto es? / ¿Cuánto cuesta el bocadillo de jamón? / ¿Qué le debo (por el bocadillo)?; Son 2,50 euros. 4 ¿Qué lleva la tortilla? / ¿Qué ingredientes lleva la tortilla?; Lleva huevo y patatas.

**11b Posibles respuestas:** 1 Abre a las diez de la mañana. / Abre de diez de la mañana a diez de la noche. 2 Un agua, por favor. / Un agua mineral, por favor. 3 ¿Cuánto es? / ¿Cuánto cuesta el bocadillo de jamón? / ¿Qué le debo (por el bocadillo)? 4 ¿Qué lleva la tortilla? / ¿Qué ingredientes lleva la tortilla?

**12a** 1 Plato 2 Restaurante 3 Tradicional 4 Postre 5 Lleva 6 Está bueno con

**12b** Respuesta libre.

### C ¿DÓNDE VAMOS?

**13** 1 próxima 2 cerrado 3 Lugar 4 Horario 5 Precio 6 Carnet 7 mayores 8 espectador

**14 Posibles respuestas:** 1 Va a dormir. 2 Van a cocinar pasta con tomate. 3 Va a montar en bici. / Va a hacer una excursión en bici. 4 Van a ver una película en la tele.

**15 Posibles respuestas:** 1 domingo 2 lunes 3 martes 4 2020 5 once y veinte de la mañana 6 las doce y veinte del mediodía

**16a** 1 vais a; vamos a 2 va a; vas a; voy a 3 van a; voy a 4 van a; vamos a 5 vais a

**16b Posibles respuestas:** 1 Voy a trabajar. / Voy a descansar. 2 Voy a dormir mucho. / Voy a ir a un concierto. 3 Voy a hacer el ejercicio número 17. / Voy a hacer la cena.

**17a** 1 ¿Vas a ir hoy a casa de Lucas y Ana?

2 Si estáis aburridos, podéis hacer una excursión.

3 Olalla y Suso van a ir al teatro y yo voy a escuchar un concierto.

4 Quiero hablar con Antonia sobre el plan del domingo.

# SOLUCIONES

**18** 1 Estoy; ir a 2 tenemos; Vamos a 3 tiene; está 4 ir a; tomar 5 ir a; estar; tomar 6 estoy; tengo; voy a; 7 vamos a; tiene; 8 van a; tomar

**19** 1 e; 2 h; 3 g; 4 b; 5 c.

## EN ACCIÓN

**20**

|  | Tipo de situación | | Pronombre | |
|---|---|---|---|---|
|  | Formal | Informal | España | En otros países |
| 1 En una entrevista de trabajo. | ✓ |  | usted / ustedes | usted / ustedes |
| 2 Cuando conoces a los padres de tu novia. | ✓ |  | vosotros | ustedes |
| 3 En el autobús, con dos personas mayores. | ✓ |  | ustedes | ustedes |
| 4 Con tus padres. |  | ✓ | vosotros | ustedes |
| 5 Con el camarero de una cafetería. |  | ✓ | tú | usted |
| 6 Con tu profesor de español. |  | ✓ | tú | usted |

**21** **tú / vosotros:** chicos, vuestras, os, tío, te, tus, perdona; **usted / ustedes:** señora Pérez, les, don Carlos, su, perdone, se, le.

**22** 1 ¿A qué hora te levantas tú? 2 Señores, ¿les gustan las verduras o prefieren la carne? (España o América) / Chicos, ¿les gustan las verduras o prefieren la carne? (América) 3 Si estáis cansados, debéis hablar con vuestro médico. 4 ¿Qué haces cuando estás enfadado? 5 ¿Dónde van a celebrar su cumpleaños? 6 Puede hacer deporte si no tiene mucha energía. 7 ¿Vais a salir a cenar esta noche? 8 Tienes que hablar con tu psicólogo si tienes mucho estrés.

## UNIDAD 8

### A DE COLORES

**1**

**2** 1 febrero 2 mayo, junio, julio, agosto 3 marzo, abril, mayo, agosto 4 septiembre 5 julio

**3** 1 mayo 2 septiembre 3 octubre 4 febrero 5 enero 6 diciembre 7 abril

**4a** 1 No se dice 2 Inés 3 Eva 4 No se dice 5 Eva 6 Marcos 7 Inés 8 Marcos

**4b** a verano b otoño c invierno

**5** 1 rosa 2 la luz que llega a nuestros ojos 3 verde; rojo 4 ojos; cerebro

**6** 1 ¿Qué tal? 2 ¿Qué día es hoy? 3 ¿Qué llevas a la escuela? 4 ¿Qué color es? / ¿De qué color es? 5 ¿Qué lees? / ¿Qué haces? 6 ¿Qué prefieres, café o té? / ¿Qué prefieres, té o café?

**7** 1 El hombre que vive en la casa con árboles es jardinero. 2 La habitación que tiene cuatro ventanas es muy grande. 3 El restaurante que hay cerca de mi casa es nigeriano. 4 Ese actor que hace películas de acción me gusta mucho. 5 La arquitecta que diseña nuestro jardín es de Guatemala. 6 La casa que tiene ventanas verdes está cerca de la playa.

### B ¿QUÉ TIEMPO HACE?

**8** 1 Caracas ⚡
2 Bogotá 🌧
3 Lima ☁
4 La Paz ⚡
5 Brasilia ☀
6 Montevideo ☀
7 Buenos Aires ☀
8 Santiago de Chile ☁

**9** 1 Llueve. 2 Hace frío, hace 18 grados bajo cero / hace 0 grados Fahrenheit. 3 Hace sol, hace buen tiempo. 4 Está nublado, hay tormenta. 5 Hace calor, hace cuarenta y cinco grados. 6 Nieva, hace frío. 7 Está nublado, hace viento. 8 Hay niebla.

**10** Respuesta libre.

**11** 1 templado 2 húmedo 3 seco 4 tropical

**12** 1 bastante / mucho 2 un poco de 3 mucha / bastante; nada 4 muy / bastante 5 bastantes / muchas 6 un poco de / bastante / mucho 7 nada / mucho 8 mucho 9 muy 10 un poco

**13** Respuesta libre.

### C MI ROPA, MI ESTILO

**14** 1 el vestido 2 las botas 3 la blusa 4 la camisa 5 la chaqueta 6 el reloj 7 los calcetines 8 los pantalones cortos 9 las sandalias 10 la gorra 11 las gafas de sol 12 la corbata 13 la bolsa de deporte 14 el biquini

**15** 1 el cinturón 2 las gafas de sol 3 el biquini 4 los calcetines 5 el gorro 6 el reloj

**16a** 1 C; 2 D; 3 E; 4 A; 5 B.

**16b** Respuesta libre.

**16c** 1 de tacón 2 trabajo 3 perfecto 4 complemento

# SOLUCIONES

**17** 1 azul 2 rojos / verdes 3 amarillo 4 verdes / negras 5 blancas / grises 6 amarillos 7 blanca 8 roja

**18** 1 los calcetines 2 el bañador / el gorro / el biquini 3 la mochila / la bolsa 4 la gorra 5 las sandalias / las botas 6 el reloj

**19** Respuesta libre.

## EN ACCIÓN

**20** La frase 2.

**21** 1 b; 2 c; 3 e; 4 a; 5 d; 6 f.

**22** 1 Por lo general 2 Según 3 por eso 4 En resumen

# UNIDAD 9

## A MI CASA Y YO

**1a** 1 estudio 2 baño 3 salón-comedor 4 dormitorio 5 cocina

**1b** Respuesta libre.

**2** 1 flores 2 sociable 3 cuaderno 4 vender 5 prisas 6 frescas

**3a** 1 ordenada 2 sociable 3 moderno 4 caótica 5 práctico

**3b** Respuesta libre.

**4** 1 siente 2 disfrutan 3 me siento 4 se sienten 5 se da; se siente 6 huele 7 nos relajamos 8 sentarte

**5** 1 sobre / de 2 a / en 3 de; con 4 en 5 con 6 sin 7 de 8 a 9 en 10 en

## B ¿CASA O PISO?

**6**

| Tipos de casa | Partes de la casa | Servicios |
|---|---|---|
| piso | aseo | calefacción |
| dúplex | dormitorio | plaza de garaje |
| ático | cocina | vigilancia 24 horas |
| apartamento | salón-comedor | aire acondicionado |
| chalet | cuarto de baño | zona de juegos infantil |
|  | terraza |  |
|  | buhardilla |  |

**7** 1 Óscar 2 Ana y Esperanza 3 Susan 4 Carmen

**8** 1 en zona residencial 2 está reformado 3 sin amueblar 4 exterior 5 Se alquila 6 aire acondicionado

**9** 1 cinco 2 Valencia; Barcelona 3 Málaga 4 seis meses 5 Barcelona 6 Torrevieja 7 24

**10** 1 F (El chalet tiene más dormitorios que el piso de Valencia / El piso de Valencia tiene menos dormitorios que el chalet) 2 V 3 V 4 V 5 F (El ático en Madrid es más pequeño que el dúplex / El dúplex es más grande que el ático en Madrid) 6 F (El chalet tiene más cuartos de baño que el piso de Valencia / El piso de Valencia tiene menos cuartos de baño que el chalet) 7 V 8 F (En el chalet pueden vivir más personas que en el ático / En el ático pueden vivir menos personas que en el chalet)

**11a** 1 más; más 2 más; que 3 menos; que 4 más 5 menos; que 6 más; que 7 más; que; que

**12** 1 Mi piso tiene dos baños, cuatro habitaciones, salón-comedor, terraza, amplia cocina… 2 Vivo en una urbanización que tiene zonas comunes amplias, plazas de garaje, piscina, buena comunicación… 3 Busco apartamento con tres habitaciones, grandes ventanas, salón-comedor, exterior y con terraza. 4 Mis padres viven en una casa muy grande con buhardilla, tres habitaciones, cocina, comedor, salón y un aseo. 5 Quiero alquilar un piso pequeño con salón, aseo, cocina, dormitorio amueblado y bien comunicado. 6 Se vende estudio en el centro de Madrid con dos habitaciones, buenas vistas y por un precio muy económico.

## C DECORA TU VIDA

**13 Posibles respuestas:** Nunca invito a amigos y familiares. A veces pongo la chimenea en invierno. A menudo me doy un baño. Siempre pongo flores en un jarrón. A menudo me quedo en la cama el sábado. A veces pongo platos y vasos especiales. Nunca juego a juegos de mesa. A veces pongo velas para cenar.

**14 Muebles:** mesa, cama, sillón, armario, sofá, silla. **Electrodomésticos:** horno, nevera, televisión. **Objetos de decoración:** lámpara, cuadro, cortinas, jarrón, velas.

**15 Posibles respuestas: En el comedor:** mesa, silla, lámpara. **En el salón:** chimenea, sofá, sillón, televisión, lámpara. **En la cocina:** platos, vasos, tazas, horno, nevera, mesa, sillas. **En el dormitorio:** cama, armario, cómoda, mesilla de noche. **En el cuarto de baño:** bañera, lavabo, váter.

**16a** 1a los vasos 1b las tazas 2a el lavaplatos 2b la lavadora 3a la lámpara 3b las velas 4a la cama 4b el sofá 5a el horno 5b la nevera

**16b** 1 a; 2 b; 3 a; 4 b; 5 b.

**17** 1 el 2 los 3 el; el 4 las 5 la; la 6 el 7 Los; los 8 las; las

**18** Respuesta libre.

## EN ACCIÓN

**19a** 1 V; 2 F; 3 F; 4 V; 5 F.

**19b** Respuesta libre.

**19c Posibles respuestas:** 1 Aitana 2 Zambrano García 3 17/07/1986 4 Ecuatoriana 5 Soy jardinera de profesión, ¡me encantan las plantas! Y en el tiempo libre me gusta preparar tartas, hacer rutas por la naturaleza y escuchar música clásica. 6 Esmeraldas (Ecuador) 7 Casa 8 Cinco 9 Frigorífico, horno, microondas, lavaplatos y lavadora 10 Mi casa tiene una sola planta. Es pequeña, pero muy acogedora. Tiene ventanas grandes con vistas al mar y un pequeño jardín con una mesa para comer. 11 Costa Rica 12 Indiferente 13 Dos 14 Es suficiente una casa o un piso pequeño, pero tiene que tener una cama cómoda y estar muy limpio. También necesitamos una plaza de garaje.

# SOLUCIONES

## UNIDAD 10

### A ¡QUÉ CURIOSO!

**1a** 1 destino; distinto 2 turísticos 3 exótica 4 rutas; transporte público 5 *selfies*; costumbres 6 idioma; saludar

**2** 1 embarazada 2 sustancia 3 llamar la atención 4 techo 5 boda 6 estar en silencio 7 asientos 8 gallina

**3** 1 c; 2 c; 3 a; 4 b; 5 a; 6 c.

**4** 1 b; 2 f; 3 c; 4 e; 5 a; 6 d.

**5a Posibles respuestas:** 1 ¡Qué raro! / ¡Qué me dices! 2 ¡Qué bonito! / ¡Anda! 3 ¡Qué interesante! / ¡Qué curioso! / ¡Qué raro! 4 ¡Ni idea! 5 ¡Qué bonito! / ¡Qué divertido! / ¡Anda! 6 ¡Qué interesante! / ¡Qué curioso! / ¡Qué raro! / ¡Anda!

**5b** Respuesta libre.

### B ADICTO AL MÓVIL

**6** 1 f; 2 c; 3 d; 4 g; 5 a; 6 e; 7 h; 8 b.

**7** Respuesta libre.

**8** 1 ha subido 2 ha vendido 3 has visto 4 hemos llamado 5 han puesto 6 He encendido 7 ha dicho 8 os habéis hecho

**9 Posibles respuestas:** 1 La chica ha comprado muchas cosas. Ha pagado con tarjeta de crédito. 2 El chico se ha dormido en su mesa. No ha trabajado mucho. 3 La familia ha preparado la cena. No ha limpiado la cocina. 4 La chica ha corrido por el parque. Se ha cansado mucho. 5 Los niños han ido a la playa. Se han bañado en el mar.

**10 Posibles respuestas:** 1 He ido en metro muchas veces. 2 He comido sushi varias veces. 3 He hecho yoga alguna vez. 4 No he visitado Asia nunca.

**11a** 1 V; 2 F; 3 F; 4 F; 5 V; 6 F; 7 V; 8 F.

**11b Posible respuesta:** No, porque los chicos usan el móvil para todas las actividades: leen blogs, hacen fotos, usan aplicaciones…

### C DIARIO DE UNA NÓMADA

**12** 1 *ferry* 2 isla 3 alquilar 4 costa 5 puerto 6 nicaragüense 7 córdoba 8 taxista

**13a** a 4; b 1; c 2; d 3; e 6; f 7.

**13b** 1 Un mercado. 2 Carne, huevo, arroz, frijoles, aguacate… 3 En una antigua finca de café. 4 Son importantes para ir a las fincas, a la escuela… 5 El café suave, no concentrado.

**14a** Respuesta libre.

**14b** Respuesta libre.

**15** 1A de 1B a 2A de 2B a 3A hacia 3B a 4A por 4B a

**16 Posibles respuestas:** 1 El hombre viene del mercado. 2 Los niños salen de la escuela. 3 El padre ha llegado al aeropuerto. 4 La mujer va al trabajo. 5 El hombre y la mujer pasean por la playa. 6 Los chicos pasean en bicicleta.

**17a** 2 f; 3 i; 4 a; 5 b; 6 h; 7 d.

**17b** Respuesta libre.

### EN ACCIÓN

**17 Clima / Tiempo:** calor, agradable, frío, buen tiempo. **Transporte:** avión, transporte público, coche de alquiler, bicicleta. **Alojamiento:** casa de un amigo, apartamento, hotel, casa alquilada. **Actividades:** pasear por la ciudad, hacer una excursión, visitar un mercado de artesanía, hacer una ruta en bicicleta, visitar un museo, subir a una montaña, probar la comida típica. **Compras:** ropa, artesanía, comida, guantes, postales para los amigos, cuadros.

**18a** 1 b; 2 a; 3 b; 4 c.

**18b** 1 Nos vemos pronto. 2 ¡No puedo esperar! 3 Hola, Vera: 4 ¡Ya verás las fotos! 5 Te escribo desde… 6 Lo que más me ha gustado es…

## UNIDAD 11

### A OBJETOS QUE NOS ALEGRAN

**1** 1 b; 2 a; 3 b; 4 c; 5 a; 6 c.

**2a** 1 c; 2 a; 3 f; 4 b; 5 e; 6 d.

**2b** Respuesta libre.

**3 Es…:** un instrumento; un mueble; cuadrado; un alimento; una prenda; un objeto; una cosa; una bebida; redondo; grande. **Es de…:** plástico; algodón; papel; cristal; madera; cerámica; metal; tela; cuero. **Se usa para… / Sirve para…:** leer; escribir; escuchar música; ver; guardar cosas.

**4a** 1 un objeto; proteger nuestros ojos del sol; redonda; cristal; alargada; plástico 2 una prenda; en el cuello; alargada; lana 3 un objeto; escribir cosas importantes; rectangular; papel 4 un objeto; llevar agua; plástico; cristal 5 una cosa; beber; cerámica

**4b Posibles respuestas: Un teléfono móvil:** es un objeto que sirve para comunicarnos, hacer fotos, navegar en internet, etc. Normalmente es blanco o negro, y es de metal y plástico. También tiene una pantalla de cristal. Es alargado o rectangular. **Una mesa:** es un mueble de madera, de plástico o de cristal que se usa para escribir, comer y poner cosas encima. Normalmente está en el salón o en el comedor y tiene cuatro patas. **Unos guantes:** son una prenda de ropa que sirve para proteger nuestras manos del frío. Normalmente los usamos en invierno. Son de piel o de lana.

**5** 1 porque 2 por eso 3 porque 4 pero 5 por eso 6 pero 7 por eso 8 pero

**6 Posibles respuestas:** 1 He leído un libro precioso, por eso voy a regalárselo a mi hermana Nuria por su cumpleaños. 2 Quiero aprender a tocar la guitarra, pero no tengo demasiado tiempo. 3 Necesito gafas porque no veo muy bien. 4 Soy vegano, por eso no compro objetos de cuero o piel. 5 Me han regalado una mesa de madera muy bonita, pero no tengo espacio en mi casa. 6 Uso mucho estos zapatos blancos porque me recuerdan al día de mi boda.

**7a** abuelo, veinte, Laura, piano, novia, sandalia, pueblo, aceite

**7b Dos sílabas:** veinte, Laura, piano, novia, pueblo. **Tres sílabas:** abuelo, sandalia, aceite.

# SOLUCIONES

## B OBJETOS PERDIDOS

**8a** [sopa de letras con: BOLÍGRAFO, GAFAS, CARTERA, GUANTES, PARAGUAS, PINTALABIOS, LLAVES]

**8b** 1 gafas 2 pintalabios 3 bolígrafo 4 paraguas 5 guantes 6 llaves

**9** 1 perder el tiempo 2 perder peso 3 perder el tren 4 perder la motivación 5 perder un objeto

**10** 1 al lado del 2 detrás de 3 en el 4 delante de 5 encima de 6 a la derecha de

**11 Posibles respuestas:** 1 El boli está encima del cuaderno. 2 Las gafas están al lado de la planta. 3 El cuaderno está debajo del boli. 4 El café está a la derecha del cuaderno. 5 La planta está lejos del café.

**12a** 1 Markus 2 Despi 3 Daniel 4 Ariadna 5 Dimitri 6 Henry 7 Jean-Claude 8 Lidia

**12b** 1 Lidia 2 Jean-Claude 3 Profesor de matemáticas 4 Son hermanas 5 Henry y Markus 6 Dimitri

**13 Posible respuesta:**

¡Hola, Jorge!

¡Qué bien que vas a Londres! Yo no tengo una guía de la ciudad, lo siento, pero puedes ir a la biblioteca, allí tienen muchas guías.

Yo este verano voy a Zambia a visitar a una amiga. Podemos quedar la próxima semana y te cuento. ¿Qué tal el martes a las ocho en el Bar Pinganitos?

Oye, ¿y qué tal el trabajo nuevo? ¿Estás contento?

Un abrazo,

Almudena

## C DE ACÁ PARA ALLÁ

**14** 1 e; 2 h; 3 f; i; 4 b; i; 5 a; g; 6 c; d.

**15a** 1 se bebe; se toman 2 se come 3 se limpian; se baldean; se echa 4 se usa; se gasta 5 se dice; se acepta 6 se bebe

**15b** 1 Suecia 2 Marruecos 3 Cuba 4 Japón 5 Irán 6 Turquía

**16** Respuesta libre.

**17** 1 Se alquilan bicicletas por horas o días. 2 Se compra diccionario de español en buen estado. 3 Se ofrecen clases de pintura. 4 Se busca gato desaparecido. 5 Se intercambian películas y libros. 6 Se vende violín a buen precio. 7 Se cuidan plantas durante las vacaciones. 8 Se necesitan personas para probar nuevos productos.

**18a** 1 F; 2 F; 3 V; 4 F; 5 V; 6 F; 7 V; 8 V; 9 F; 10 F.

**18b** 1 Ana lleva en el país seis años y medio. 2 A Ana le gusta que en el país de acogida se dice "por favor" y "gracias". 4 A Ana la gente del país de acogida le gusta porque es seria, cumple lo que dice. 6 Fernando extraña el ruido de México de los camiones / autobuses y las calles. 9 Ana echa de menos el pan blanco con las comidas. 10 Según Fernando, es normal extrañar la comida del país de origen.

## EN ACCIÓN

**19** 1 voy a hablar 2 En primer lugar 3 pero 4 por ejemplo 5 también 6 En segundo lugar 7 Por eso 8 Para terminar

**20 Posibles respuestas:** 1 en el este 2 en el oeste 3 costa 4 ciudades 5 decorar 6 beber 7 cuadrado/a 8 alargado/a 9 rectangular 10 papel 11 cristal 12 tela 13 metal 14 lo / la utilizo para trabajar

# UNIDAD 12

## A MIS ÚLTIMAS VACACIONES

**1** 1 Esta 2 aquellos 3 aquel 4 esas 5 Esta

**2** 1 este 2 ese 3 aquellos 4 aquel 5 estas 6 aquellas 7 estas 8 esta 9 Esa 10 Ese

**3** 1 de 2 que 3 Ø 4 que 5 de 6 que 7 Ø 8 de

**4** 1 la de la cazadora vaquera 2 la rubia 3 el que toma café 4 la del pelo largo

**5 Posible respuesta:**

Viernes, 26 de junio

Carolina y yo hemos venido a las montañas y vamos a quedarnos aquí hasta el domingo para celebrar su 40 cumpleaños. Hoy hemos hecho una ruta de senderismo y hemos cenado temprano en la terraza del hotel. ¡El paisaje es increíble!

Mañana vamos a ir al Lago de las Garzas. Allí queremos intentar hacer esquí acuático.

Este pequeño viaje es fantástico, tiene todo lo que me gusta: naturaleza, buena comida y deporte.

**6b** 1 b; 2 d; 3 a; 4 c; 5 f; 6 e.

## B UN VERANO EN LA OFICINA

**7** 1 g; 2 b; 3 e; 4 h; 5 a.

**8 Posibles respuestas:** 1 Está descansando y leyendo mucho. 2 Está viajando / haciendo un viaje en coche con su perro. 3 Está aprendiendo a caminar. 4 Está estudiando para un examen. 5 Está tocando el violín. 6 Está nadando casi todos los días en la piscina. 7 Están haciendo un curso de cocina.

**9a** 1 viviendo 2 viendo; riendo 3 siendo; pidiendo 4 durmiendo 5 comiendo 6 diciendo; comprando

**9b** 1 A; 2a B; 2b B; 3a B; 3b A; 4 A; 5 B; 6a B; 6b A.

**10** 1 Está duchándose. 2 Está viendo / escuchando la información del tiempo en la radio. 3 Está cocinando. 4 Está lavándose los dientes. 5 Está viendo un partido de tenis / jugando al tenis. **6** Está abriendo la puerta / entrando en casa. **7** Está escribiendo en el ordenador. **8** Está calentando comida / usando el microondas.

**11** Respuesta libre.

## C PLANES DE OCIO

**12** **1** estación **2** encanto **3** espectáculo **4** madrugada **5** proyectar **6** promoción **7** atracciones **8** infantil **9** ocio; programación

**13** **1** Ninguno de los dos **2** María **3** Harry **4** Harry **5** Ninguno de los dos **6** María

**14** **1** B; **2** A; **3** F; **4** E; **5** D.

**15** **1** d; **2** j; **3** c; **4** f; **5** a; **6** e; **7** i; **8** g; **9** b; **10** h.

**16** **1** d; **2** e; **3** c; **4** f; **5** a; **6** b.

**17** Posibles respuestas: **1** + Sí, perfecto, ¡qué buena idea! / - Uy, ¿este fin de semana? Es que hace un poco de frío, ¿no? **2** ¡Claro! ¿Quedamos mañana en la puerta de la Biblioteca? / - Lo siento, es que ya la he visto. **3** + Vale, ¿cuándo quedamos? / - Uy, es que no me gustan los zoos. **4** + ¡Genial! Conozco unos pueblos muy bonitos. / - Uy, es que a mí el campo no me gusta mucho…

**18** Posible respuesta:

Sarah: ¡Hola! ¿Te apetece ir a montar en bici?
Julio: ¡Hola! Lo siento, imposible. Voy a comer a casa de mis abuelos.
Sarah: Ah, bueno… Oye, ¿y qué tal si quedamos para cenar?
Julio: ¡Perfecto! ¿Dónde quedamos?
Sarah: Mmmm… ¿vamos a comer una hamburguesa con patatas? Sabes que me encantan.
Julio: ¿Hamburguesa? Lo siento, es que soy vegetariano y no como carne.
Sarah: Bueno…, a ver… ¿por qué no vamos a un restaurante asiático?
Julio: ¡Genial! ¿A qué hora quedamos?
Sarah: Podemos quedar a las diez, y luego podemos ir a bailar y a tomar algo.
Julio: Vale, genial. Nos vemos a las diez.
Sarah: Perfecto, un beso.

**19** **1** a; **2** c; **3** b; **4** c; **5** b.

## EN ACCIÓN

**20a** 1, 3, 5.

**20b** Posibles respuestas: **2** Jugar con los amigos. / Organizar una noche de juegos. **4** Hacer manualidades. / Hacer un *collage*. **6** Jugar al fútbol.

**20c** Respuesta libre.

**21** **1** b; **2** e; **3** a; **4** d; **5** f; **6** c.

# UNIDAD 13

## A MAYORES EN LA RED

**1** **1** Miroslav; Marina **2** Marina **3** Kazue (no está claro si cambió su profesión o no); Miroslav **4** Kazue **5** Kazue; Marina **6** Miroslav **7** Kazue **8** Miroslav; Marina

**2** **estudiar:** tú estudiaste; él / ella / usted estudió **casarse:** yo me casé; él / ella / usted se casó **volver:** yo volví; tú volviste **vivir:** yo viví; él / ella / usted vivió **ir / ser:** tú fuiste; él / ella / usted fue **estar:** yo estuve; tú estuviste

**3a** **1** naciste **2** nací **3** creciste **4** estuviste **5** se fue **6** crecí **7** fui **8** estudiaste **9** estudié **10** fue

**4a** **1** c; d; **2** d; **3** f; **4** a; **5** e; **6** b.

**4b** Posibles respuestas: **1** ¿En qué año / Cuándo te fuiste allí (con tu mujer)? **2** ¿A qué edad / Cuándo empezaste a tocar el piano? **3** ¿Cuándo lo conociste? / ¿Cuándo conociste a Marco? **4** ¿De qué año a qué año trabajaste como periodista? **5** ¿Desde cuándo subes fotos a la red? **6** ¿Cuándo estuviste en China?

**5** Posible respuesta: Adeline nació en diciembre de 1956 cerca de Lyon (Francia). Después del instituto pasó un año en Costa Rica donde trabajó como voluntaria en un parque natural. Luego estudió Biología Marina y se fue a trabajar a un centro de investigación en Sudáfrica. Allí conoció a su marido, estuvo casada cinco años y luego se divorció. En 1994 se mudó a Nueva Zelanda. Trabajó allí durante unos años y en 2006 volvió a Francia. A los 52 años abrió una tienda de productos sin plástico y desde hace unos años es activa en las redes en la lucha contra la contaminación de los mares.

**6** Respuesta libre.

## B HÉROES ANÓNIMOS

**7a** **estudiar:** nosotros/as estudiamos; vosotros/as estudiasteis; ellos / ellas / ustedes estudiaron **casarse:** nosotros/as nos casamos; vosotros/as os casasteis; ellos / ellas / ustedes se casaron **volver:** nosotros/as volvimos; vosotros/as volvisteis; ellos / ellas / ustedes volvieron **vivir:** nosotros/as vivimos; vosotros/as vivisteis; ellos / ellas / ustedes vivieron **salir:** nosotros/as salimos; vosotros/as salisteis; ellos / ellas / ustedes salieron

**7b** **estar:** yo estuve; tú estuviste; él / ella / usted estuvo; nosotros/as estuvimos; vosotros/as estuvisteis; ellos / ellas / ustedes estuvieron **querer:** yo quise; tú quisiste; él / ella / usted quiso; nosotros/as quisimos; vosotros/as quisisteis; ellos / ellas / ustedes quisieron **poner:** yo puse; tú pusiste; él / ella / usted puso; nosotros/as pusimos; vosotros/as pusisteis; ellos / ellas / ustedes pusieron **decir:** yo dije; tú dijiste; él / ella / usted dijo; nosotros/as dijimos; vosotros/as dijisteis; ellos / ellas / ustedes dijeron **venir:** yo vine; tú viniste; él / ella / usted vino; nosotros/as vinimos; vosotros/as vinisteis; ellos / ellas / ustedes vinieron

**8a** **A: 1** salí **2** fui **3** llegué **4** tuve **5** empecé **6** vi **7** Me levanté **8** me acerqué **9** pregunté **10** dijo **11** volví **12** perdió **13** se cayó **14** escuché **15** pensé **16** salté **17** cogí **18** salvé **B: 1** empezó **2** salió **3** intentó **4** se cayeron **5** quedaron **6** desaparecieron **7** murieron **8** encontraron / rescataron / salvaron **9** perdieron **10** dejaron **11** oyeron **12** apareció **13** decidieron **14** llevó **15** movieron **16** encontraron **17** pudieron **18** salvaron / rescataron

**8b** Posibles respuestas: **A** Héroe camino del trabajo. **B** Un héroe de cuatro patas.

**8c** Respuesta libre.

**9a** **1** diciembre de 2013 **2** noviembre de 2018 **3** junio, julio y agosto de 2018 **4** noviembre y diciembre de 2017 **5** 12 de enero de 2019 **6** finales de diciembre de 2018 o principios de enero de 2019 **7** 11 de diciembre de 2018

**9b** Respuesta libre.

# SOLUCIONES

**10a** empezamos - **hi**ce - encon**tró** - **rá**pido - **com**pro - estu**dió**

**10b** 1 b; 2 a; 3 c; 4 b; 5 c; 6 a.

## C ¿QUÉ TAL UN CONCURSO?

**11** 1 d; 2 c; 3 f; 4 e; 5 b; 6 a.

**12a Pretérito perfecto:** hoy, en mi vida, a lo largo del mes, este año. **Pretérito indefinido:** el año pasado, en 2004, ayer, el mes pasado.

**12b** Respuesta libre.

**13 Posibles respuestas: Julio:** La semana pasada vio una película. El lunes comió palomitas. Este fin de semana ha hecho una fiesta. Hoy ha cocinado en la barbacoa. **Tomás y Claudia:** Este verano han ido de vacaciones. En el viaje han hecho / hicieron muchas fotos. El mes pasado visitaron un castillo. El primer día comieron helado.

**14** 1 ha estado 2 pintó 3 creó 4 viajó 5 fue 6 permaneció 7 dijo 8 llegó 9 han podido 10 ha despertado

**15a** 1 b; 2 b; 3 a; 4 c; 5 a; 6 a.

**15b** 1 campesino/a (línea 4) 2 indígena (líneas 2, 15 20, 21 y 33) 3 lucha (líneas 2 y 14) 4 guatemalteco/a (líneas 26 y 33) 5 escapar (línea 17)

## EN ACCIÓN

**16a** 1 a; 2 f; 3 c; 4 b; 5 i; 6 h; 7 e; 8 d; 9 g.

**16b** 1 F (La familia del entrevistado es alemana e italiana) 2 V 3 F (Christian piensa que todos tenemos una historia interesante) 4 F (Christian solo puede trabajar con una persona cuando se entiende bien con ella) 5 V 6 V 7 F (Christian no se interesó por las historias de sus abuelos) 8 F (La entrevistadora recomienda a los oyentes tomar notas para escribir su biografía)

# UNIDAD 14

## A HÁBITOS SALUDABLES

**1a** 2, 3, 5.

**1b** Respuesta libre.

**2** 1 desayunar 2 el almuerzo 3 comer 4 merendar 5 la cena

**3** 1 salmón (porque el resto son tipos de carne) 2 queso (porque el resto son frutas) 3 aceite (porque el resto son bebidas) 4 zanahoria (porque el resto son lácteos) 5 frutos secos (porque el resto son verduras) 6 manzana (porque el resto son tipos de cereales)

**4a A** dieta paleo **B** dieta vegana **C** dieta flexitariana **D** dieta crudívora

**4b** 1 nada de 2 muchas / bastantes 3 mucha / demasiada 4 nada de 5 muchas / bastantes 6 bastantes / muchos 7 muchas / bastantes 8 un poco de 9 mucha 10 mucho 11 muchas / bastantes 12 un poco de 13 bastante 14 nada de 15 muchos 16 un poco de / bastante

**5 Posibles respuestas:** Jorge compra demasiado arroz. Jorge compra bastantes botellas de vino. Jorge no compra nada de verduras. Jorge no compra mucha comida saludable. Jorge compra demasiadas hamburguesas. Jorge compra poca fruta.

**6** 1 Mis padres duermen poco y por eso normalmente toman dos o tres cafés al día. 2 Suelo evitar cenar pasta y carne, prefiero cenas más ligeras. 3 ¿Qué desayunas normalmente? 4 Marta y yo solemos comprar la fruta y la verdura en un mercado ecológico. 5 Los alimentos procesados normalmente tienen mucha sal y muchas grasas. 6 Fran normalmente no toma alcohol, solo una cerveza los fines de semana.

**7 Posible respuesta:**

En mi país hay dos tipos de personas: Hay personas que se preocupan por su alimentación y gastan dinero en comprar productos frescos y de calidad. Muchas veces también compran productos biológicos, que son más caros. Pero también hay muchas personas que no se interesan por la alimentación, o quizás no tienen mucho dinero, y compran toda la comida en supermercados baratos. En estos supermercados hay productos envasados, por ejemplo, la carne, que quizás no son de buena calidad.

Los platos típicos de mi país llevan carne, así que normalmente la gente toma mucha carne y salchichas, y poco pescado; pero creo que cada vez hay más personas que saben que no es bueno tomar siempre carne e intentan reducir su consumo y toman más verdura.

Creo que la comida más importante es la cena, porque es cuando las familias tienen tiempo para cocinar y todos están en casa. El desayuno es más importante que en otros países y los fines de semana, a mucha gente le gusta preparar un desayuno grande y desayunar tranquilamente. En cambio, en el trabajo o en las escuelas la pausa para el almuerzo no es muy larga, así que hay que comer rápido.

Yo creo que en mi país hay muchos vegetarianos y bastantes veganos, en comparación con otros países. En los restaurantes los platos vegetarianos suelen estar marcados de alguna forma. Además, hay personas que prueban diferentes dietas, por ejemplo, la dieta *low carb*, o la dieta paleo... Son sobre todo los jóvenes, pero creo que no hay mucha gente que sigue estas dietas.

Yo también he probado la dieta *low carb* y la dieta vegetariana, pero me gusta mucho la pasta, y me gusta tomar a veces carne, por eso ahora como de todo. Intento comer mucha fruta y verdura, pero también como mucha pizza, pasta y arroz. ¡Y carne! Dos o tres veces a la semana como carne. En general, creo que como mejor que la mayoría de la población, pero sé que hay gente que se alimenta mejor que yo.

## B A COCINAR

**8 Preparaciones:** molido, rallado, frito, cocido. **Alimentos:** aceite de girasol, vinagre, diente de ajo, miga de pan. **Objetos de cocina:** sartén, bol, plato, taza.

**9** 1 freír 2 cocido/a 3 rallar 4 molido/a 5 rellenar 6 tostado/a

**10a a** 7; **b** 9; **c** 6; **d** 3; **e** 2; **g** 4; **h** 8; **i** 5.

**10b a** 4 tazas **b** 1 taza y media **c** 1 cucharada y media **d** 1 taza **f** 2 tazas **h** 1 taza **i** 2 cucharadas

**10c** 1 ponga; hierva 2 saque 3 Eche; cueza 4 añada; mezcle 5 añada; cocine 6 Agregue 7 enfríe 8 Sirva

# SOLUCIONES

**11** 1 piensa 2 haz 3 escribe 4 Busca 5 ve 6 compra 7 cocina 8 pon 9 saca 10 ten

**12a** 1 Hazla siguiendo mis instrucciones. 2 Añádelas. 3 Mézclalos bien. 4 Cocínala durante quince minutos. 5 Ponlo en la nevera. 6 Sírvelo muy frío.

**12b** *Añádelas, mézclalos, cocínala* y *sírvelo*, porque cuando añadimos el pronombre, se forma una palabra esdrújula.

## C EXPERIENCIA GASTRONÓMICA

**13**

**14** 1 c; 2 a; 3 b; 4 c; 5 a; 6 c; 7 b; 8 a.

**15** 1 gusta 2 pareció; encanta 3 gustó 4 encantaron 5 pareció; gustaron 6 pareció 7 encanta 8 gustan; parecen; gusta

**16** 1 genial; caro 2 buena 3 exóticos 4 simpáticos 5 bonita; moderna 6 interesantes; aburridas

**17** 1 le 2 os 3 Les 4 te; 5 me; me 6 nos

**18a** 1 Negativa / Le parece fría. 2 Positiva / Hay platos de carne, pescado y vegetarianos. 3 Positiva / Usan ingredientes frescos, a veces de producción ecológica. 4 Positiva / La comida se sirve en boles de metal muy bonitos. 5 Positiva y negativa / Es muy agradable, pero lento. 6 Positiva / El precio es bueno para la calidad de la comida.

**18b** Respuesta libre.

## EN ACCIÓN

**19** 1 "la comida casera permite ahorrar mucho dinero" 2 No está en el texto. 3 "Es una excusa perfecta si (…) no tienes tiempo para preparar la comida" 4 "en los restaurantes tienes una gran variedad de platos y cada persona puede elegir uno diferente" 5 "Cuando cocinamos en casa, sabemos qué ingredientes llevan los platos que comemos" 6 No está en el texto. 7 "Cuando vas a un restaurante (…) No hay que recoger los platos al final"

**20** 1 ahorrar 2 se preocupa 3 descubrimos 4 comida casera 5 excusas 6 porciones

# UNIDAD 15

## A REGALOS Y MÁS

**1** 1 le 2 le 3 Me 4 le 5 le 6 les 7 les 8 nos 9 me 10 te

**2** Respuesta libre.

**3** 1 tantos 2 tan 3 tanta 4 tantas 5 tanto; tan 6 tanto 7 tanto 8 tan

**4 Posibles respuestas:** 1 David tiene tantos hermanos como Julián. 2 David tiene más años que Julián. / Julián tiene menos años que David. / David es mayor que Julián. / Julián es más joven que David. 3 David es tan alto como Julián. / David mide tanto como Julián. 4 David duerme más que Julián. / David duerme más horas que Julián. / Julián duerme menos que David. / Julián duerme menos horas que David. 5 David bebe menos café que Julián. / Julián bebe más café que David.

**5a** 1 f; 2 b; 3 d; 4 c; 5 a; 6 e.

**5b** Respuesta libre.

**5c** 1 el consumismo 2 la comida o bebida 3 un amigo 4 los niños 5 los niños 6 los regalos

## B DE COMPRAS

**6** 1 chaqueta 2 pañuelo 3 falda 4 bolso / mochila 5 vestido 6 collar 7 gafas de sol 8 vaqueros 9 jersey 10 pulsera 11 anillo 12 zapatos (de tacón)

**7** a 1; b 5; c 8; d 3; e 10; f 2; g 7; h 4; i 9; j 6; k 11.

**8** 1 la pulsera 2 las gafas 3 la camisa 4 el bolso 5 los zapatos 6 el sombrero

**9 Posibles respuestas:** 1 Hola, quería unos zapatos marrones. 2 Pues clásicos. Es que tengo una celebración en el trabajo. 3 Sí, son muy bonitos. 4 El 40. 5 Uy, pues me quedan un poco pequeños. ¿Puede traerme un número más, por favor? 6 ¡Son muy cómodos! ¿Qué precio tienen? 7 Oh, son un poco caros. Me lo voy a pensar.

**10a** 1 panadería 2 librería 3 floristería 4 pastelería 5 papelería 6 óptica 7 supermercado 8 centro comercial

**10b** Respuesta libre.

**11a Posibles respuestas: [Descripción general de la escena:]** En la foto veo a dos personas, un hombre y una mujer, que están en una tienda de instrumentos musicales… de violines. **[Descripción de las personas:]** El hombre trabaja en la tienda, es el dependiente. Tiene el pelo blanco, lleva gafas y barba también blanca. Está sonriendo. Creo que tiene unos 65 años. Lleva una camisa clara y lleva también algo que no sé cómo se llama: es una prenda de trabajo para proteger la camisa. En las manos tiene un violín. La mujer tiene el pelo un poco largo y rubio o claro. No veo su cara pero creo que está sonriendo también. Quizás tiene 60 años. Lleva una camiseta o un jersey de color oscuro. **[Descripción de lo que pasa en la escena, con suposiciones:]** El hombre y la mujer están hablando porque la mujer quiere comprar un violín. Creo que está jubilada y tiene tiempo, por eso quiere aprender a tocar un instrumento. **[Información adicional sobre la escena:]** Al lado del señor hay algo… No sé si es una caja para el violín. Detrás de las personas hay un mueble antiguo de madera y también hay muchos violines.

**11b Posibles respuestas:** 1 Quería comprar un violín para mi nieta. 2 Pues no sé, porque yo no entiendo de música. Pero tiene que ser un violín pequeño, para una niña de siete años. 3 No. Quiere aprender. Va a empezar ahora. 4 Pues, no sé… Unos 100 € como máximo. 5 Muy bien. ¿Y cuánto cuesta? / ¿Y qué precio tiene? 6 ¿El precio incluye la caja del violín? / ¿La caja del violín está incluida en el precio? 7 Perfecto. Entonces, me lo llevo. 8 Muchas gracias. Hasta luego.

## C EN LA MALETA

**12** 1 guantes 2 chanclas 3 una bufanda 4 zapatos de tacón 5 un traje

**13a** 1 EC; 2 EC; 3 L; 4 EC; 5 L; 6 EC; 7 L.

**13b llevar:** llevad (vosotros/as); lleven (ustedes) **probar:** probad (vosotros/as); prueben (ustedes) **beber:** bebed (vosotros/as); beban (ustedes) **descubrir:** descubrid (vosotros/as); descubran (ustedes) **hacer:** haced (vosotros/as); hagan (ustedes) **ir:** id (vosotros/as); vayan (ustedes) **relajarse:** relajaos (vosotros/as); relájense (ustedes)

**14** 1 Si quieren probar la auténtica paella valenciana, vayan al restaurante Malvarrosa, en la playa. 2 Para no tener que esperar muchas colas, comprad las entradas con antelación. 3 Si van a la montaña en verano, lleven una chaqueta para por la noche. 4 Si os interesa visitar la Galería Nacional, reservad las entradas en la web. 5 Lleven siempre protector solar si van a la playa. 6 Acuérdense de llevar el pasaporte si viajan al extranjero. 7 Poneos guantes y bufanda si vais a caminar por la nieve. 8 Si venís a Ciudad de México, visitad la casa museo de Frida Kahlo, en el barrio de Coyoacán.

**15** 1 usad; mantened 2 Respetad; reciclad 3 usad 4 moveos 5 Utilizad 6 Colaborad 7 respetadlo; recordad

**16 Posible respuesta:**

Queridos Isabel y Jesús:

Os va a encantar Oviedo. Podéis visitar el Teatro Campoamor, donde todos los años se dan los Premios Princesa de Asturias, y la iglesia Santa María del Naranco, ¡es muy antigua!

También tenéis que probar la comida típica en los restaurantes del centro.

En verano hace buen tiempo, pero por la noche bajan las temperaturas… ¡traed una chaqueta!

La gente aquí es muy agradable, así que os vais a sentir muy bien.

Un abrazo,

Ana

**17** 1 b; 2 b; 3 a; 4 b; 5 a; 6 a.

## EN ACCIÓN

**18a** 1 F; 2 V; 3 V; 4 V; 5 F; 6 F; 7 V; 8 F.

**18b Posibles respuestas:** 1 El comprador emocional compra dependiendo de su estado de ánimo. 5 La media de edad en los compradores equilibrados es más alta que en los compradores impulsivos. 6 El comprador impulsivo suele comprar con su teléfono móvil. 8 El comprador independiente no suele comprar cosas que no necesita.

# UNIDAD 16

## A RECUERDOS DEL PASADO

**1** 1 Rafa y Andira 2 José María y Rodrigo 3 Rodrigo 4 Silvia, Rafa, Andira y Rodrigo 5 José María

**2 estar:** yo estaba; tú estabas; él / ella / usted estaba; nosotros/as estábamos; vosotros/as estabais; ellos/as / ustedes estaban **volver:** yo volvía; tú volvías; él / ella / usted volvía; nosotros/as volvíamos; vosotros/as volvíais; ellos/as / ustedes volvían **salir:** yo salía; tú salías; él / ella / usted salía; nosotros/as salíamos; vosotros/as salíais; ellos/as / ustedes salían **ser:** yo era; tú eras; él / ella / usted era; nosotros/as éramos; vosotros/as erais; ellos/as / ustedes eran **ir:** yo iba; tú ibas; él / ella / usted iba; nosotros/as íbamos; vosotros/as ibais; ellos/as / ustedes iban **ver:** yo veía; tú veías; él / ella / usted veía; nosotros/as veíamos; vosotros/as veíais; ellos/as / ustedes veían

**3** 1 éramos; nos peleábamos; Teníamos 2 quería; leía; encantaba 3 erais; teníais; escuchaba; se llamaba 4 hablaba; decía 5 eras; había 6 gustaba; íbamos; era 7 eras; participabas; Corría; hacía; participaba 8 era; tenía; traía; gustaba

**4** 1 Antes tenía el pelo liso, ahora lo tiene un poco rizado. 2 Antes vivía con su padre, ahora vive solo. 3 Antes veía películas en la tele, ahora va mucho al cine. 4 Antes jugaba en el parque, ahora juega con los videojuegos. 5 Antes era mal alumno en el colegio, ahora tiene éxito en el trabajo. 6 Antes iba a casa de sus abuelos los fines de semana, ahora los pasa con su pareja.

**5** 1 Sara 2 Malú 3 Sara 4 Paula 5 Sara 6 Malú

**6** Respuesta libre.

## B ¿ANTES O AHORA?

**7a El *discman*:** 1 podías 2 tenías 3 se utilizaba 4 grababa 5 podías 6 era 7 elegías 8 podías 9 ocupaba 10 era 11 escuchabas. **El VHS:** 1 había 2 veías 3 era 4 querías 5 querías 6 estabas 7 podías 8 era 9 grababas 10 ocupaban.

**7b** Respuesta libre.

**8 Posibles respuestas: La educación:** Los profesores eran más estrictos. / Los libros de texto tenían ideas muy tradicionales. / Las clases eran más aburridas y los estudiantes no podían participar tanto. / Los estudiantes respetaban más a los profesores. **La familia:** Los padres trabajaban fuera de casa. / Las madres normalmente se quedaban en casa. / La relación entre padres e hijos era un poco más fría. / No había distintos modelos de familia, solo padre, madre e hijos. **Los viajes:** Los aviones eran muy caros y nunca viajábamos en ellos, así que se contaminaba menos. / El tren era más habitual pero tardaba mucho tiempo. / Las vacaciones no eran muy interesantes. / Solíamos ir al pueblo de mis abuelos a ver a la familia.

**9** 1 ya no 2 todavía 3 ya no 4 todavía 5 todavía 6 Ya no 7 ya no 8 todavía

**10** Respuesta libre.

**11 Posibles respuestas:** 1 Manuela ya no escribe a máquina, ahora escribe con el ordenador. 2 Ahora Roberto ya no juega con aviones, pero es piloto. 3 Meghan todavía lee muchos libros. 4 Lucía todavía juega al fútbol. Es una jugadora profesional.

# SOLUCIONES

**12** 1 F; 2 F; 3 V; 4 F; 5 V; 6 V; 7 F; 8 V.

**13a** Es necesario añadir coma en las frases 2, 4, 5 y 6 (**2** No, íbamos al pueblo todos los veranos. **4** No, éramos felices con lo que teníamos. **5** ¿Que si veíamos mucho la tele? No, escuchábamos la radio. **6** No, escribíamos más cartas y postales que ahora.)

**13b** Respuesta libre.

**14** **Argumentos a favor:** b, c, e, g, i. **Argumentos en contra:** a, d, f, h.

## C HISTORIA DEL TATUAJE

**15** 1 b; 2 b; 3 a; 4 b; 5 c; 6 a.

**16** 1 me lo lavo, me lo tiño, me lo peino, me lo corto 2 me la lavo, me la maquillo 3 me las quito, me las pongo, me las cambio, me las pruebo 4 me los hago, me los quito

**17** 1 b; 2 b; 3 a; 4 a; 5 b; 6 a.

**18** 1 Me puse un *piercing*; Me lo puse. 2 Eduardo les dijo la verdad; Eduardo se la dijo. 3 Les prepararon una sorpresa a sus padres; Se la prepararon a sus padres. 4 Le busqué un peluquero a mi amiga; Se lo busqué a mi amiga. 5 Te regalé los pendientes que querías; Te los regalé. 6 María nos dejaba los libros; María nos los dejaba. 7 Te compró la chaqueta; Te la compró. 8 Ayer le prestamos la bicicleta a Elena; Ayer se la prestamos a Elena. 9 Mi hermano me trajo muchas fotos viejas de la familia; Mi hermano me las trajo. 10 Mis amigas y yo nos hicimos el mismo tatuaje en el pie; Mis amigas y yo nos lo hicimos en el pie.

**19** 1 c; 2 d; 3 e; 4 a; 5 b; 6 f.

## EN ACCIÓN

**20a** Respuesta libre.

**20b** Respuesta libre.

**20c** Respuesta libre.

# UNIDAD 17

## A ¿SABÍAS QUE...?

**1** **Posibles respuestas:** 1 la oreja / el oído 2 la boca / el labio 3 el diente / la muela 4 la lengua / la boca / el labio 5 el ojo 6 el brazo / el codo 7 las pestañas / el ojo / la ceja 8 la nariz 9 el hueso 10 la pierna / la rodilla 11 el pie 12 el dedo / la mano 13 el dedo / la mano 14 el dedo / la uña 15 la cabeza 16 la cara / la cabeza

**2a** 1 el ojo 2 el cuello 3 la lengua 4 las uñas 5 las pestañas 6 el corazón

**2b** **Posibles respuestas: La rodilla:** es el punto donde se conectan los huesos de la pierna. Nos permite doblar bien la pierna. Las personas que corren mucho suelen tener problemas ahí. **La nariz:** es un órgano que está en la cara. Con él, podemos oler y respirar.

**3** 1 hueso 2 dientes 3 uñas 4 de la orientación 5 olores 6 estornudando

**4** **Posibles respuestas:** 1 boca, dientes, muelas, manos 2 cabeza, ojos 3 orejas, oídos 4 pies, piernas 5 dedos, manos, pies 6 boca, oreja, oído 7 ojos, oídos 8 cuello

**5** 1 los ojos 2 el gusto 3 las manos / la piel 4 el olfato 5 los oídos / las orejas

**6** Respuesta libre.

**7a** 1 Las muelas son los dientes más grandes. 2 El olfato es el sentido más desarrollado en los perros. 3 Una parte del oído es el órgano más pequeño. 4 El cerebro es el órgano más importante. 5 El meñique es el dedo más corto. 6 Un hueso de la pierna es el hueso más largo.

**7b** Respuesta libre.

## B ¡QUÉ MALA CARA!

**8** 1 enfermo 2 resfriado 3 masaje 4 estornudo

**9a** 1 d; 2 a; 3 f; 4 c; 5 b; 6 e.

**9b** **Posibles respuestas:** 1 Date una ducha fría. 2 Para eso va muy bien usar una pasta de dientes especial. 3 Lo mejor es tomarse una pastilla y dormir mucho. 4 Intenta hacer pausas.

**10** **Posibles respuestas:** 1 Me duelen los pies. / Me duele la espalda. 2 Me duelen las manos / los dedos. 3 Me duele la espalda. 4 Me duele la cabeza. / Me duelen los oídos. 5 Me duelen las piernas / los pies. 6 Me duele el estómago.

**11** 1 a; 2 a; 3 b; 4 b; 5 b.

**12** 1 b; 2 g; 3 c; 4 h; 5 e; 6 a.

## C SIÉNTETE BIEN

**13** 1 c; 2 a; 3 b; 4 b; 5 b; 6 a.

**14** 1 Voy a 2 acabo de 3 Estoy haciéndome 4 tiene que 5 He dejado de correr; he empezado a 6 dejó de; ha vuelto a

**15** 1 ha dejado de 2 ha empezado a 3 está 4 vuelve a / ha empezado a 5 va a 6 acaba de

**16** **Posibles respuestas:** 1 Sofía ha dejado de preocuparse tanto por su aspecto físico. 2 El mes pasado tuve gripe y ahora vuelvo a estar enfermo. 3 Acabamos de ver a Fernando en la calle. 4 Están abriendo muchos centros de estética en la ciudad. 5 He empezado a comer fruta.

**17a** Ideas que aparecen en el texto: 1 (línea 1), 4 (líneas 6-14), 5 (línea 18), 7 (líneas 19-24), 8 (líneas 26-28), 10 (líneas 37-38), 11 (línea 42).

**17b** Respuesta libre.

**17c** Respuesta libre.

## EN ACCIÓN

**18** **Peluquería:** corte de pelo; recorte de barba; alisado japonés. **Centro de estética:** uñas de gel; manicura semipermanente; pedicura; depilación láser; extensión de pestañas. **Clínica dental:** limpieza dental; blanqueamiento. **Centro de fisioterapia:** masaje deportivo; reflexología podal. **Estudio de tatuaje:** eliminación de tatuajes; diseño de tatuajes.

**19a** **Posibles respuestas:** 1 a / h; 2 a / j; 3 e; 4 f; 5 d / i / l; 6 g; 7 b; 8 c / k.

**19b** Respuesta libre.

# SOLUCIONES

## UNIDAD 18

### A UN BUEN BARRIO

1 **Posibles respuestas: Los servicios públicos:** los colegios, el centro de salud, el hospital, la zona deportiva, la policía. **Las compras:** el supermercado, el centro comercial, la tienda especializada, el mercado, la frutería, la zapatería, la librería. **La oferta de ocio:** el museo, el teatro, el restaurante, el cine, el parque infantil, el parque de atracciones, la playa. **Los transportes:** los autobuses, el metro, el coche, el taxi, la estación de tren, el aeropuerto.

2 **2** la facilidad **3** tranquilo/a **4** el peligro **5** antiguo/a **6** la necesidad **7** ruidoso/a

3a **Posibles respuestas: 1** tranquilo, zonas verdes, parques infantiles, moderno, grandes supermercados, en las afueras, seguro **2** bien comunicado, en el centro, problemas de aparcamiento, histórico, ruidoso, tiendas especializadas **3** bien comunicado, en el centro, problemas de aparcamiento, moderno, ruidoso, dinámico

3b a 3; b 1; c 2.

3c Respuesta libre.

4 **1** Está **2** es; hay **3** es; está **4** Hay **5** está; es **6** hay; está

5 **1** Lo **2** la **3** lo **4** el **5** la **6** Lo **7** El **8** lo

### B ¿TIENES SAL?

8

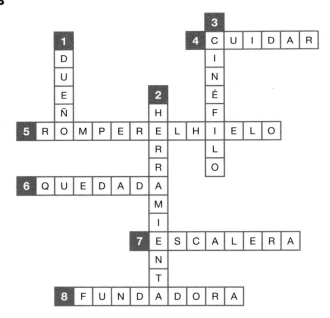

7 **1** e; **2** f; **3** j; **4** c; **5** a; **6** d; **7** g.

8 **1** prestarme **2** dado **3** dejarme **4** dejo **5** prestado

9a **Posibles respuestas: 1** Oye, Aydin, perdona… ¿Me podrías dejar mañana tu coche media hora? Es que a las cinco llegan mis padres a la estación y justo tengo el coche en el taller… **2** Ay, ¿me das un pañuelo? ¡Me he olvidado de coger un paquete en casa! **3** Hola, Diego. Oye, ¿me puedes ayudar con una lámpara en casa? Es que no funciona y no sé por qué. **4** Nicole, ¿me pasas la sal (, por favor / "porfa")? **5** Oye, Lena, ¿te importa si hoy trabajo contigo? Es que he olvidado el libro en casa.

9b Respuesta libre.

10 **Posibles respuestas: 1** Ay, pues no, no tengo. ¡Cuánto lo siento! **2** Sí, sí, por supuesto. Sin problema. **3** ¡Claro que no! Sin problema. Te las riego. **4** Bueno, vale… **5** Sí, claro… Toma, toma.

11a **1** Había muchas colillas en el patio. **2** Es poco higiénico para los niños que juegan, con la lluvia se filtran al subsuelo sustancias tóxicas y es poco agradable estéticamente. **3** Han colocado un cenicero en el patio. **4** Tienen que utilizar el cenicero.

11b **Posible respuesta:**

Estimados vecinos:

En algunos pisos del edificio se escucha música muy alta durante el día los fines de semana o incluso por la noche. Esto molesta a los otros vecinos porque no pueden disfrutar de su tranquilidad, escuchar su propia música o dormir.

Por estos motivos, por favor, escuchen su música con un volumen que no moleste a los demás.

Muchas gracias por su colaboración.

Muy atentamente,

La comunidad de vecinos.

### C ¿ERES UNA PERSONA EDUCADA?

12 **1** c; **2** e; **3** f; **4** h; **5** a; **6** d; **7** b; **8** g.

13a **Posibles respuestas: Comportamientos de buena educación - BE (en España):** 2, 6, 7, 9, 10, 12. **Comportamientos de mala educación - ME (en España):** 1, 3, 4, 5, 8, 11.

13b Respuesta libre.

14 **1** c; **2** a; **3** c; **4** b; **5** a; **6** b; **7** c.

15a **Jeremy:** Alemania. **Susana:** Estados Unidos. **Kevin:** España. **Heike:** Japón. **Haruka:** Escocia.

15b **Jeremy: 1** los **2** Ø **3** unos **4** los **5** el **6** los. **Susana: 1** el **2** la **3** Ø **4** Ø **5** Ø **6** Ø **7** la **8** el **9** Ø **10** la. **Kevin: 1** la **2** Ø **3** un **4** las **5** la **6** los **7** el **8** el. **Heike: 1** Ø **2** la **3** el **4** Ø **5** la **6** los **7** las. **Haruka: 1** los **2** Ø **3** la **4** Una **5** los **6** La.

16 **1** el nuestro **2** el tuyo **3** los míos **4** la suya **5** la nuestra **6** las suyas **7** el mío **8** los tuyos; los míos

### EN ACCIÓN

17 **1** a; **2** c; **3** b; **4** c; **5** a; **6** b.